HISTÓRIA DOS ESTADOS UNIDOS

das origens ao século XXI

HISTÓRIA DOS ESTADOS UNIDOS
das origens ao século XXI

Leandro Karnal
Sean Purdy
Luiz Estevam Fernandes
Marcus Vinícius de Morais

Copyright© 2007 dos Autores

Todos os direitos desta edição reservados à
Editora Contexto (Editora Pinsky Ltda.)

Imagem de capa
"Washington crossing Delaware",
Emanuel Leutze, 1851 (Óleo sobre tela).

Montagem de capa
Antonio Kehl

Consultoria histórica
Carla Bassanezi Pinsky

Diagramação
Gustavo S. Vilas Boas

Revisão
Lilian Aquino
Ruth Mitzuie Kluska

Dados Internacionais de Catalogação na Publicação (CIP)
(Câmara Brasileira do Livro, SP, Brasil)

História dos Estados Unidos : das origens ao século XXI / –
Leandro Karnal ... [et al.]. – 3.ed., 10ª reimpressão. – São Paulo :
Contexto, 2025.

Outros autores: Marcus Vinícius de Morais, Luiz Estevam
Fernandes, Sean Purdy.
Bibliografia.
ISBN 978-85-7244-361-6

1. Estados Unidos – História I. Karnal, Leandro.
II. Morais, Marcus Vinícius de. III. Fernandes, Luiz Estevam.
IV. Purdy, Sean.

07-2384   CDD- 973

Índice para catálogo sistemático:
1. Estados Unidos : História   973

2025

EDITORA CONTEXTO
Diretor editorial: *Jaime Pinsky*

Rua Dr. José Elias, 520 – Alto da Lapa
05083-030 – São Paulo – SP
PABX: (11) 3832 5838
contato@editoracontexto.com.br
www.editoracontexto.com.br

Proibida a reprodução total ou parcial.
Os infratores serão processados na forma da lei.

SUMÁRIO

APRESENTAÇÃO 9

INTRODUÇÃO 11
Leandro Karnal

UM PRIMEIRO OLHAR 11

CASO ANTIGO 14

NO BRASIL 18

POR FIM 21

A FORMAÇÃO DA NAÇÃO 23
Leandro Karnal

COMPARAÇÕES INCÔMODAS 25
    Outras explicações 26

O MODELO ORIGINAL: A INGLATERRA 31
    A ascensão dos Tudor 31
    O século XVII e os Stuart 35

O INÍCIO 39
    O difícil nascimento da colonização 40
    Nova chance para a Virgínia 42
    Quem veio para a América do Norte? 44
    Os peregrinos e a Nova Inglaterra 46
    Educação e religião 47

Os puritanos de Massachusetts 51
    O demônio ataca: o surto de Salem...51
Os quakers da Pensilvânia e outros grupos 53
Colônias do Norte 55
Colônias do Sul 58
Indígenas...59
Negros 63
População 66
Vida cotidiana 67

O processo de Independência 71

Guerras e mais guerras 71
Os colonos vencem a guerra e perdem a paz...74
As leis da ruptura 76
Chá amargo... 79

A ruptura e o novo país.. 81

"Deem-me a liberdade ou deem-me a morte!"..82
Os pais da pátria..90
E pluribus unum 92
As repercussões da Independência...94

OS EUA NO SÉCULO XIX 99
Luiz Estevam Fernandes e Marcus Vinícius de Morais

Inventando a nova nação 101

O que fazer com a liberdade conquistada?...101
Dobrando de tamanho 102
A nova luta pela Independência 103
Tempo de crescimento... para alguns..106
    Depressão e mudanças políticas 109
    Democracia branca 113
    A "questão bancária" 114

Reformismo religioso 117

Uma nação que se expande e se divide 123

De novo, a escravidão 123
Novos territórios..125

A "casa dividida" e a Guerra de Secessão 129

Das cinzas da guerra emerge o modelo do Norte 137
   A reconstrução 137
      A reconstrução presidencial 141
      A reconstrução radical 143
   A "redenção" 148

Os tempos modernos e os magnatas da indústria 151
   Transporte e comunicações 151
   Imigrantes 153
   Grandes empresas 154
   Urbanização 156
   Valores 157
   História e memória 159

A conquista da última fronteira 161

O imperialismo 165
   De um século a outro 170

O SÉCULO AMERICANO 173
Sean Purdy

A era progressista: 1900-1920 175
   Capitalismo monopolista e trabalho 176
      Imigrantes e o sonho de "fazer a América" 178
   Racismo e a grande migração de afro-americanos 181
      O jazz e o blues 184
   O impulso progressista e seus críticos 185
      Os *wobblies* 185
      O Partido Socialista da América 186
      Alternativos 187
      Feministas 188
      Cidadãos 190
   O cadinho da Primeira Guerra Mundial 192

Décadas da discordância: 1920-1940 197
   A nova era: imagem e realidade 198
      Mudanças sociais e desafios culturais nos anos 1920 203

Crise econômica 205
Tempos duros 206
O *New Deal* de Franklin Delano Roosevelt 209
    Cultura do protesto: a "resposta de baixo" 211
"Boa vizinhança" e Segunda Guerra Mundial 214

A Segunda Guerra e os eua como "world cop" 217
Guerra total na Europa e Ásia 218
Guerra total nos Estados Unidos 221
Planejando a ordem pós-guerra e a Guerra Fria 226
Sociedade e cultura na Guerra Fria 230

Rupturas do consenso: 1960-1980 235
O fenômeno John F. Kennedy e o Estado Liberal 236
"Contendo o comunismo" 238
    Cuba 239
    A tragédia do Vietnã 240
    América do Sul e Oriente Médio 242
O movimento por direitos civis 243
A nova esquerda, a liberdade sexual e a contracultura 249
A contraofensiva conservadora 253

McGlobalização e a nova direita: 1980-2000 257
A era do neoliberalismo 258
O novo imperialismo 260
A nova direita e os movimentos sociais 263
Mídia, cultura pop e guerras da cultura 271
O fim da História? 274

CONCLUSÃO 277
Leandro Karnal

Para finalizar 279

BIBLIOGRAFIA 283

ICONOGRAFIA 285

OS AUTORES 287

APRESENTAÇÃO

Os Estados Unidos. Como pode um país provocar tanto ódio, a ponto de muita gente no mundo ficar feliz até com ataques suicidas de fanáticos obscurantistas contra eles?

Os Estados Unidos. Como pode uma nação ser considerada sem Deus e ter, ao mesmo tempo, numerosas escolas que negam o evolucionismo, ensinando a seus alunos as alegorias bíblicas como verdades históricas? Como pode uma cultura influenciar tantas outras e ostentar, na América profunda, um provincianismo digno de rincões escondidos no espaço e no tempo?

Os Estados Unidos que espalharam para o mundo o cinema e o jazz, séries de TV e calças jeans, padrão de magreza anoréxica e de seios inflados; país que defendeu a democracia em "guerras justas" e atentou contra ela em invasões injustificáveis. Grande nação que absorveu mais imigrantes que nenhuma outra na História, que respeita as diferenças criando etiquetas para as minorias, que incorpora cientistas do mundo todo em suas melhores universidades, que inventou o macartismo e o gigante de pés de barro comunista para justificar a Guerra Fria.

É sobre esses Estados Unidos da América que trata este livro, encomendado a historiadores especializados. Todos os quatro trabalhando no Brasil (um deles, Sean Purdy, é canadense de origem), todos com pesquisas importantes na área, todos distantes da visão maniqueísta (o bem contra o mal) que tem orientado muitos livros publicados sobre o tema.

Aqui não se fala do Grande Satã nem da luz que ilumina a civilização ocidental. Os autores construíram esta obra em dois anos de escrita, discussão, correção e nova versão, até o livro ficar satisfatório para eles e para o, reconheçamos, exigente Editor.

Nunca se concebeu um projeto como este, no Brasil, para se entender a história fascinante e assustadora dos Estados Unidos.

O Editor

INTRODUÇÃO

"Os Estados Unidos não existiam. Quatro séculos de
trabalho, de derramamento de sangue, de solidão e medo
criaram esta terra. Construímos a América e o processo
nos tornou americanos – uma nova raça, enraizada em
todas as raças, manchada e tingida de todas as cores,
uma aparente anarquia étnica. Então, num tempo
pequeníssimo, tornamo-nos mais semelhantes do que
éramos diferentes – uma nova sociedade; não grandiosa,
mas propensa, por nossas próprias faltas, à grandeza, e
pluribus unum."

Steinbeck

UM PRIMEIRO OLHAR

Vamos começar a narrativa longe dos EUA, em plena África do Sul.
Corre o ano de 2001. Um jornalista norte-americano especializado em
questões ambientais cruza o continente para suas pesquisas e palestras. Mark
Hertsgaard tem vivo interesse pela opinião do mundo sobre seu país. Dentro
de um ônibus, ladeando a costa impressionante do Índico a caminho de
Durban, ele encontra uma boa conversa com um jovem negro, Malcom
Adams. Falante, o motorista entusiasmava-se com a origem do interlocutor.
Sua opinião era muito positiva, elogiando as roupas, a música e o chamado
"estilo americano de vida". Usando um boné de beisebol, o sul-africano
comentava em detalhes os seriados e filmes norte-americanos a que assistia.
Mark, vendo seu país tão conhecido e até amado, arriscou-se a perguntar
se os africanos mais velhos, como os pais do condutor, compartilhavam
do mesmo ponto de vista. A resposta foi estarrecedora: – "*Não, eles são*

mais cristãos – respondeu Malcom sem ironia. – *Querem levar uma vida sul-africana*".[1] O episódio é particularmente rico. Traz a ambiguidade da percepção mundial sobre a sociedade dos EUA. Nas palavras do motorista, há uma contradição clara entre ser cristão e levar um estilo de vida norte-americano. Não obstante, em poucos países do Ocidente, o cristianismo tem uma presença tão marcante como nos EUA. Seria plausível supor que a ironia não intencional do sul-africano, ao estabelecer uma impossibilidade de convivência entre valores cristãos e norte-americanos, soasse estranha – até incompreensível – à maioria absoluta dos cidadãos norte-americanos.[2]

As ambiguidades exploradas por Hertsgaard continuam. Em viagens pela Ásia e Europa ele repete a experiência de indagar e analisar as opiniões mundiais sobre a grande potência do século XXI. O autor enumera a lista contraditória do que os estrangeiros pensam sobre a América:

1. A América é provinciana e egocêntrica.
2. A América é rica e empolgante.
3. A América é a terra da liberdade.
4. A América é um império hipócrita e dominador.
5. Os americanos são ingênuos em relação ao mundo.
6. Os americanos são filisteus.[3]
7. A América é a terra da oportunidade.
8. A América acha que sua democracia é a melhor que existe.
9. A América é o futuro.
10. A América só pensa em si mesma.[4]

Como se constata com facilidade, muitas coisas boas e a maioria das ruins do mundo são atribuídas aos norte-americanos. Processo similar ocorreu com os Impérios Romano e Britânico: a potência dominante acaba concentrando tudo o que os externos a ela pensam de si e dos outros. Assim, pensar os EUA também é uma forma de pensar de maneira ampla, pois críticas e elogios são, com frequência, espelhos de duas faces.

Tomemos como exemplo a lista anterior. Quando criticamos os EUA como um país que apenas pensa em si e apenas conhece o mundo dentro de suas fronteiras, expressamos um sentimento de pesar por não sermos conhecidos/reconhecidos por eles. Nunca se ouviu, no planeta, a reclamação de que o Nepal só pensa nele e só conhece o mundo do Himalaia. É bastante provável que os nepaleses saibam menos sobre o Brasil do que os norte-americanos. Porém, reclamamos que os EUA não dominam nossa geografia e, duplo insulto, imaginam que nossa capital seja Buenos Aires. Por quê?

Falamos antes do Império Britânico. Há semelhanças entre os impérios. Eles constituem centros de decisão alheios aos anseios das partes dominadas ou externas. Porém, há uma diferença muito grande entre o domínio imperial britânico e o dos EUA. Os ingleses, no século XIX, tinham certeza de pertencerem ao melhor país do mundo, com uma capacidade muito superior não apenas a "bárbaros" africanos e asiáticos, mas também em relação aos próprios europeus. Para melhor cumprirem a "missão civilizadora do homem branco", a civilização britânica constituiu sociedades geográficas, museus antropológicos, jardins zoológicos, expedições para achar as nascentes do Nilo, atlas luxuosos e explicações ditas científicas (como o darwinismo social) para o "atraso" dos outros povos. De muitas formas, os europeus em geral (e os britânicos em particular) queriam classificar o mundo e reforçar a hierarquia profunda que dividia a Europa Ocidental do resto do planeta. O ser humano, na visão de muitos europeus do século XIX e parte do XX, tinha chegado ao seu apogeu em Londres, Paris e outros focos. Restava espalhar as luzes da civilização europeia sobre as áreas obscuras que ainda não partilhavam dos valores e do progresso que vicejava nas margens abençoadas do Tâmisa e do Sena.

O domínio atual dos EUA é bastante diferenciado. Por diversos e complexos motivos que tentaremos tratar ao longo do livro, os EUA apresentaram uma dificuldade maior de conhecimento do outro. Desastres da política externa como o Vietnã e a Revolução Xiita no Irã nasceram, entre outras coisas, da dificuldade estrutural em entender processos históricos e culturais distintos do norte-americano. O outro adquire certa invisibilidade para os EUA. O inglês do XIX olhava para o outro e dizia: "você é inferior!"; o norte-americano do XXI dificilmente reconhece a existência do outro a não ser no código eu/antieu. Isso talvez fique mais claro com o exemplo seguinte.

Começamos esse item com uma história real. Vamos agora ao mundo da ficção. No início do filme *Pulp Fiction*, dirigido por Quentin Tarantino (1994), há um diálogo extraordinário. O ator John Travolta interpreta um marginal que acaba de voltar da Europa. Ele faz reflexões com seu comparsa, Samuel Jackson, sobre a estranheza dos hábitos dos europeus. Para exemplificar, o traficante recém-chegado diz que, em Amsterdã, você pode comprar cerveja num cinema e a bebida vem em copo de vidro, como num bar. Outro dado "excêntrico" narrado: em Paris, é possível comprar cerveja no MacDonald's! Para identificar mais uma "bizarrice" europeia ao seu ouvinte, Vincent (Travolta) comenta que o clássico sanduíche *quarter pounder with cheese* é denominado, pelos europeus, de *royal with cheese*, em função do sistema métrico decimal. Para encerrar a conversa, Travolta constata, surpreso, que o tradicional Big Mac é chamado no outro lado do Atlântico de *le Big Mac.*

O que está contido no diálogo ficcional? O Big Mac não é uma convenção que pode ter nome diferente e manter as mesmas características. Chamá-lo a partir do artigo *le* é uma deformação. Big Mac é Big Mac e pronto. *Quarter pounder* é *quarter pounder.* Erra quem diz de outra forma. O significado está fundido com o significante. Essa fusão explica muito da força e das críticas que os EUA sofrem hoje. Quase todas as culturas são centradas em si e nos seus valores. O etnocentrismo une chineses da dinastia Ming e incas do final do século XV. Isso vale para um ianomâmi e para um cidadão de Washington. A especificidade dos EUA, a constituição do seu diálogo com as outras culturas e a densa história do país mais poderoso já registrado na memória mundial constituirão parte do nosso esforço de conferir sentido a esse emaranhado de dados. É um mundo complexo do qual vamos nos aproximando aos poucos.

CASO ANTIGO

Trata-se de uma relação antiga. O mundo observa os EUA há mais de dois séculos. Seria difícil constituir uma coerência nas opiniões. No fim do século XVIII, a Declaração de Independência e a Constituição circulavam por lugares que iam dos grotões das Minas Gerais a Paris. Tiradentes no Brasil e Robespierre na França pareciam ter encontrado naquelas colônias recém-libertas um exemplo concreto do Novo Mundo pelo qual lutavam.

O interesse cresceu no século XIX. O governo da França mandou um magistrado nobre, Alexis de Tocqueville, observar aquela nova organização social e política. A obra *Democracia na América* é o resultado de uma observação privilegiada. Todas as ambiguidades das relações do Velho Mundo com o Novo estão ali registradas. Já os irlandeses (que provavelmente não liam Tocqueville) não estavam interessados nas ambiguidades. Os olhos dos imigrantes queriam as terras fartas e as promessas de um sonho americano de ascensão social. Nenhum outro país parece ter recebido tantos observadores e tantos imigrantes como os Estados Unidos da América.

A riqueza proverbial dos EUA não seduziu apenas massas despossuídas. Em meio à exaustão material e humana da Primeira Guerra, os governos da França e da Inglaterra ansiaram pelo auxílio da jovem potência. A ajuda veio na forma de recursos, de homens e de um sonho ideal de uma "guerra para acabar com todas as guerras". A indústria, o dinheiro e as tropas norte-americanas mudaram o rumo da guerra. Em 1918, muitos ainda olhavam para Washington com grande admiração. O presidente W. Wilson, em meio às raposas políticas em Versalhes, parecia a encarnação do idealismo do Novo Mundo.

Os sonhos e ideais desaparecem logo. A guerra para acabar com todas as guerras foi prelúdio de outro e maior conflito. A barbárie nazista parecia tragar o planeta. A expansão japonesa não encontrava freio na Ásia. Mais uma vez, os anseios das democracias ocidentais esperaram por Washington. O convite japonês em Pearl Harbor era irrecusável. O imenso depósito de recursos da América era colocado a serviço dos aliados. Mesmo que a França ocupada e a Inglaterra exausta tenham recebido com euforia a entrada, a Segunda Guerra mudaria para sempre a visão do mundo sobre os EUA. Em 1945, com Hiroxima e Nagasaki ainda fumegantes, o idealismo da democracia americana que Tocqueville tinha contemplado tinha outros matizes.

O pós-1945 é um momento de virada ampla na visão do mundo sobre os EUA. Muitos passam a destacar as semelhanças do imperialismo das duas potências (EUA e URSS). Tanto o movimento dos não alinhados (que incluía Indonésia, Índia) como a República Popular da China (na década de 1960) desenvolviam críticas conjuntas aos dois tipos de imperialismo: o de Moscou e o de Washington. Consagra-se a frase jocosa de que o "capitalismo é a exploração do homem pelo homem e o socialismo é, justamente, o contrário...".

A Guerra do Vietnã foi um argumento poderoso contra os EUA. O país de iluministas e de liberdade parecia dar lugar à nação agressiva que derrama napalm sobre aldeias de camponeses. A terra de Richard Nixon foi alvo de protestos quase diários no fim dos anos de 1960 e no início da década de 1970.

Mas não havia um modelo de pureza do outro lado. A URSS reprimiu com violência homicida o levante da Hungria e a "primavera de Praga". O Afeganistão viveu seu momento de "Indochina" com a invasão soviética. A Guerra Fria não era a luta do Bem contra o Mal, mas o choque de dois polos agressivos que não hesitavam matar para garantir a "libertação" de algumas áreas.

O fim da Guerra Fria na última década do século XX parecia ser a vitória histórica do modelo capitalista e liberal. Porém, os sonhos de fim da História vieram abaixo com duas torres que tombavam. Os atentados de 11 de setembro de 2001 passam a significar um contato doloroso dos EUA com o mundo. O mal distante, outrora isolado no outro lado do mundo, parecia agora desfilar dentro de casa. Poucos americanos podiam estabelecer uma relação clara entre a política externa do país e os atentados. Para alguns habitantes do Oriente Médio, as dramáticas cenas do atentado do World Trade Center parecem o castigo justo por anos de violência dos EUA. Para a média do cidadão norte-americano restava a inquietante pergunta: por que eles nos odeiam? Eis uma clivagem complexa e que necessita de uma reflexão demorada.

Por que o mundo odeia aos EUA? Mark Hertsagaard, com o qual iniciamos o texto, identificou mais o conteúdo da crítica do que sua origem. A crítica envolveria essa mistura imprecisa de desenvolvimento econômico e arrogância, domínio mundial e caipirice que atraem e repelem diversas sociedades. Há uma outra perspectiva, dada por um francês pró-EUA, Jean-François Revel.

Na obra *A obsessão antiamericana: causas e inconsequências*,[5] ele deve ter causado horror a muitos compatriotas. Para Revel, a inveja e o ressentimento explicariam grande parte do ódio contra os EUA. A necessidade do auxílio de Washington nas duas guerras mundiais e o papel secundário que a França, em particular, desempenha no capitalismo global, constituem o pano de fundo para a crítica. Haveria na Europa uma tendência a concentrar a crítica nas atitudes norte-americanas. Tome-se um exemplo: o governo dos EUA é acusado de pouco ou nada fazer em função das medidas de proteção ambiental do Protocolo de Kyoto, o que causa uma chuva de denúncias na imprensa francesa. Porém, apesar de ter ministros "verdes" entre 1997 e 2002, a França não adotou nenhuma das medidas mais efetivas daquele protocolo, como proibir nitratos ou reduzir o consumo de energia em 5,2 %. Da mesma forma, a poluição devastadora na Europa Oriental durante o período do domínio soviético jamais foi denunciada na grande imprensa francesa. A culpa, na denúncia de Revel, sempre deve recair sobre os EUA e sobre o capitalismo.

Revel insiste que a Europa, para impedir uma reflexão crítica sobre si mesma, preocupa-se em atribuir aos EUA os desmandos mais graves do mundo contemporâneo. Assim, tendo matado e torturado agentes dos movimentos basco e irlandês, os europeus sempre atacam o comportamento dos EUA diante dos supostos terroristas islâmicos. Talvez o grande mérito de Revel seja evidenciar que muitos dos "denunciantes" da violência americana não apresentam um passado imaculado e que as engrenagens da injustiça da distribuição de renda no planeta não giram apenas em Washington. Sua grande limitação é não perceber que vários assassinatos jamais tornam um assassinato isolado mais palatável moralmente. A violência histórica e atual da Europa não redime a violência de nenhum outro Estado.

Analistas mais equilibrados sempre disseram o que Revel afirma. Os EUA não são a única fonte dos problemas do mundo. Ainda que a História não tenha função moral alguma, vimos que a queda de impérios opressivos como o romano não garantiu, aos séculos seguintes, um porvir de igualdade e equilíbrio. Porém, o que de mais grave perpassa a obra de Revel é sua defesa implícita da superioridade da cultura ocidental cristã, especialmente quando ele a contrapõe aos muçulmanos. Para o autor da Academia Francesa:

> [...] o hiperterrorismo toma emprestado de nossa civilização moderna os meios tecnológicos para tentar abatê-la e substituí-la por uma civilização arcaica mundial que seria, oh, que surpresa, geradora de pobreza, e além disso, a própria negação de todos os nossos valores. [6]

São esses possessivos ("nossa civilização", "nossos valores") que concentram a verdadeira mensagem do autor: o mundo ocidental cristão é o melhor e mais equilibrado, e os EUA apenas lutam por ele. O parágrafo citado é um bom momento para interromper a leitura da obra...

Uma defesa ardorosa dos EUA feita por um francês? Bem, alguns dos críticos mais ácidos são norte-americanos. Intelectuais tão distintos nas áreas de atuação como Susan Sontag (1933-2004), Noam Chomsky (1928), Immanuel Wallerstein (1930) e Michael Moore (1954) tornaram-se famosos pelas críticas aos EUA.

Tomemos o exemplo mais popular. O cineasta Michael Moore notabilizou-se por documentários como *Tiros em Columbine* (2002) e *Fahrenheidt 11/09* (2004) e livros como *Stupid White Men* (2001). Nas obras, ele faz uma análise demolidora do sistema americano.

Seria uma crítica estrutural ou revolucionária? O centro da crítica de Moore é contra uma atitude errada ou um grupo mau que se apodera de um benefício que deveria ser mais coletivo. Assim, no criativo documentário sobre armas e crime nos EUA (*Tiros em Columbine*), vemos que algumas medidas muito tópicas podem ajudar a vencer a "cultura do medo". Se as grandes lojas não venderem armas com a facilidade que vendem, se alguns bancos não fornecerem armas de brinde a quem abrir uma conta nas suas agências (isso, incrivelmente, ocorre nos EUA), se os noticiários não enfatizarem tanto as notícias ruins e se promotores públicos da posse de armas forem advertidos do mal que causam (como o ator Charlton Heston), fatalidades como a ocorrida na escola de Columbine seriam superadas.

Da mesma forma, a campanha política de Moore contra o presidente Bush enfatiza sua inaptidão para o cargo. Vendo as relações da família Bush com o petróleo do Oriente Médio ou vendo a aparente "lentidão mental" do presidente para reagir aos atentados às torres de Nova York, concluímos que ele é incapaz de ser um bom presidente. Assim, a mensagem que se passa é que o problema não seria o próprio sistema americano, mas pessoas corruptas ou incapazes que se apoderam dele. Logo, resta a sensação de que pode ter existido ou poderá existir um presidente que não represente uma esfera específica do capital ou que o dinamismo de resposta esteja presente nas virtudes desejadas de bons presidentes do passado ou desejáveis no futuro. Um crítico mais estrutural de um país pobre poderia argumentar que, mesmo que o presidente dos EUA tivesse um QI extraordinário e fosse incorruptível, mesmo o honesto A. Lincoln, aquilo que permite a existência dos EUA como potência é um sistema mundial que faz a balança pender para os norte-americanos. Assim, é mais simpático ser explorado por um sorridente e brilhante Kennedy do que por um amorfo Bush, mas o fato exploração continua, não importa quão dourada seja a pílula.

Talvez o mais positivo do pensamento de Moore seja observar a liberdade de expressão com que ele desenvolve suas ideias. Seus ataques incidem sobre o domínio dos brancos nos EUA, sobre o patriarcalismo do sistema político, sobre a inaptidão dos homens brancos em serem agradáveis às mulheres e sobre o predomínio dos norte-americanos em questões negativas: o país com mais gastos militares do mundo, com o maior número de mortes por armas de fogo no mundo, o maior consumidor de energia *per capita* do mundo, o maior emissor de dióxido de carbono, o maior produtor de lixo tóxico do planeta e o maior produtor de lixo doméstico, entre dezenas de outras "vitórias" duvidosas...[7] Moore inventa uma agenda típica do presidente George W. Bush, que inclui dormir bastante, ler apenas horóscopo e quadrinhos nos jornais, ter reuniões de trabalho de apenas cinco minutos e ignorar por completo o sistema mundial.[8]

Que estranho país é esse que torna o livro de Michael Moore um grande *best-seller*, lota as salas de cinema que passam seus documentários e reelege, com ampla maioria, o alvo dessas críticas? Que país é esse que lê e cita avidamente Noam Chomsky,[9] lota suas palestras e dá maioria política aos alvos de suas críticas?

A explicação usual seria a da dicotomia: há dois Estados Unidos da América, um crítico e aberto e outro tradicional e fechado. Nosso esforço neste livro será tentar desfazer esta ideia. As dicotomias são confortáveis e amplamente aceitas, mas geralmente escondem mais do que explicam. Não há dois, mas há dezenas.

NO BRASIL

Antes de todos esses críticos do século XX, no Brasil, um aristocrata do café escreveu uma pequena obra em 1893: *A ilusão americana*. No libelo, Eduardo Prado (1860-1901) denuncia os Estados Unidos e seu imperialismo, temendo que a jovem República brasileira (da qual ele era inimigo declarado) fosse presa fácil.

De muitas formas, a geração de Eduardo Prado via com desagrado a ascensão do modelo dos EUA e reforçava sua fé em modelos franceses e ingleses mais tradicionais. Rico e instruído, o jovem cafeicultor tinha sido modelo para Eça de Queiroz compor a figura de Jacinto no romance *As cidades e as serras*. Desiludido, ele via o capitalismo estadunidense substituir com ímpeto crescente as referências que tinham guiado seus contemporâneos da elite brasileira do Império. Da mesma forma que Rodó compusera seu *Ariel* com denúncia similar no Uruguai de 1900, Prado pretendia reagir "contra a insanidade da absoluta confraternização que se pretende impor entre o Brasil e a grande república anglo-saxônica, de que nos achamos separados, não só pela grande distância, como pela raça, pela religião, pela índole, pela língua, pela história e pelas tradições do nosso povo".[10] Para ele, o fato de Brasil e EUA estarem no mesmo continente era mero acidente geográfico...

A lista de agressões que Eduardo Prado enumera na obra constitui-se num verdadeiro rol de atrocidades sobre as quais o autor queria alertar os brasileiros. Não é à toa que sua obra, fruto da pena de um aristocrata católico e conservador, encontra eco numa editora de esquerda, a Alfa-Omega, e recebe prefácio de deputado do Partido Comunista do Brasil (PC do B), Aldo Rebelo. Ao longo de mais de um século, o antiamericanismo parece ter a magia de continuar aproximando inimigos de classe. Nem os EUA são uma unidade, nem seus inimigos constituem um bloco homogêneo.

Nem sempre dominou essa desconfiança. Os EUA tinham sido o primeiro país a reconhecer a independência do Brasil. No Segundo Reinado, D. Pedro II tinha sido simpático aos norte-americanos. Sua presença na Feira da Filadélfia (1876) marcou época. A visita ao Brasil do pianista norte-americano Louis Moreau Gottschalk, a composição da sua *Grande fantasia sobre o Hino Nacional brasileiro* e sua morte no apogeu da carreira, em pleno Rio de Janeiro (1869), pareciam entrever uma relação cultural intensa.

A República estreitou laços com o irmão do Norte. O Brasil tornava-se "Estados Unidos do Brazil", adotava o regime presidencialista e o modelo federal dos EUA. A educação republicana formava almas cívicas ressuscitando da poeira da História a figura de Tiradentes, que, como muitos inconfidentes de Minas Gerais, tinha lido com entusiasmo textos da criação do novo país do Norte. Tanto o futuro como o passado pareciam pertencer às relações Brasil-EUA, com a já registrada voz discordante de Eduardo Prado.

O século XX foi ambíguo nessa relação. Há momentos nos quais a importância geopolítica do Brasil parece justificar uma aproximação econômica e cultural, como o Estado Novo (1937-1940). Envolvido no esforço da Segunda Guerra, o governo do presidente Franklin Delano Roosevelt faz várias concessões ao Brasil e colabora até para que Walt Disney elabore a simpática personagem Zé Carioca, pivô de uma aproximação de cima para baixo. O quadro sorridente de Getúlio e Roosevelt em encontro histórico no Nordeste registra essas intenções mais públicas do que das almas da elite do Estado Novo.

Governos como o de Eurico Dutra parecem ter realizado uma aproximação quase carnal entre os dois países. Na frase usualmente atribuída a Juraci Magalhães, configura-se uma tradição que nunca cessou: "o que é bom para os Estados Unidos é bom para o Brasil". A cassação do mandato dos comunistas eleitos e a ruptura de relações com países como a URSS pareciam tornar o Brasil aliado dócil à hegemonia dos EUA no continente americano.

Noutros momentos, como quando da criação da Petrobras em 1953, as relações parecem tensas tanto no plano governamental como nas relações populares ao suicídio de Vargas. As denúncias da carta testamento do presidente foram lidas pela população como um incentivo ao ataque aos bens e interesses dos EUA no território brasileiro.

O desenrolar do nosso processo histórico parece ter trazido à tona elementos variados para esta imagem dos EUA. Por um lado, uma parte da vida econômica brasileira passa a estar ao lado do capital norte-americano, a partir, por exemplo, da instalação de indústrias automobilísticas no governo Juscelino Kubitschek. Do mesmo modo, a interferência de embaixadores como Lincon Gordon ao lado de golpistas contra o governo Goulart pareciam aguçar os ânimos da esquerda nacional contra os EUA. Os gritos estudantis da década de 1960 jamais deixavam de enfatizar a ação agressiva e exploratória dos EUA. A crescente aproximação Cuba-URSS entusiasmava parte da esquerda, e a figura de Che Guevara, especialmente após o assassinato, não era apenas uma imagem pró-socialismo, mas também uma barragem contra a presença da cultura norte-americana e seus interesses materiais.

A ditadura militar, em quase tudo tão simpática aos interesses dos EUA, também vivia momentos de oscilação, quando, por exemplo, o general Geisel se aproximava da Alemanha para implantar um projeto atômico no Brasil ou quando o pragmatismo diplomático brasileiro fazia estreitamento de laços com o bloco socialista.

Em suma, tanto no patamar das relações políticas internacionais como na visão interna da sociedade e do governo norte-americano no Brasil, não há uma linha contínua ou única por considerar. Na mesma década, lado a lado na rota para o Caribe, podem ter voado guerrilheiros brasileiros exultantes pela ação de sequestro do embaixador Elbrick, como turistas endinheirados a caminho da Meca de compras Miami ou da diversão plastificada da Disneyworld.

Como em todo o resto do planeta, os EUA, seu povo e suas instituições, despertam reações variadas nos brasileiros. Apenas penetrando na densa formação histórica do país do Norte podemos começar a decifrar a complexidade de uma sociedade que, multifacetada, parece ter o potencial para despertar o pior e o melhor na opinião do resto do planeta Terra.

Na esfinge nascida com as 13 colônias, está uma parte importante da resposta da identidade de todo Novo Mundo. Que país é esse? Que cultura engendrou? Por que seduz e irrita o planeta? Existe um típico norte-americano? Que processo histórico pode ter originado o *american way of life* e como é possível explicar tal concentração de riquezas? Esse é o caminho deste livro.

POR FIM

Esta obra reúne a pesquisa de alguns especialistas no tema EUA. São historiadores em busca de respostas a várias das questões levantadas nesta introdução. No espaço dos EUA habitam quase trezentas milhões de pessoas que não podem ser explicadas por uma ideia, um livro ou uma corrente apenas. Destacamos vários enfoques por acreditar no caráter multifacetado do real. É inegável reconhecer que a História mundial implica conhecer os EUA. Odiado ou amado, a História norte-americana constitui um vocabulário e uma coleção de práticas indispensáveis para nossa análise.

NOTAS

[1] Mark Hertsgaard, A sombra da águia: por que os Estados Unidos fascinam e enfurecem o mundo. Rio de Janeiro/São Paulo, Record, 2003, p. 13

[2] Tradicionalmente, os nascidos nos Estados Unidos são denominados norte-americanos. Debates com origens mais nacionalistas do que gramaticais estipulam *estadunidense* como adjetivo ou como substantivo; afinal, também são norte-americanos os cidadãos do México e do Canadá. Porém, canadenses e mexicanos não utilizam as palavras americano ou norte-americano para sua nacionalidade, sendo pouco provável uma confusão.

[3] Segundo o dicionário Houaiss, filisteu significa alguém "inculto e cujos interesses são estritamente materiais, vulgares, convencionais; que ou aquele que é desprovido de inteligência e de imaginação artística ou intelectual".

[4] Mark Hertsgaard, op. cit., p. 31.

[5] Rio de Janeiro, Ed. UniverCidade, 2003. O original francês é de 2002 (ed. Plon)

[6] Jean-François Revel, op. cit., p. 228. Há certa similaridade dessa proposta com o texto de Samuel Huntington: O choque de civilizações, São Paulo, Objetiva, 1997.

[7] Michael Moore, Stupid White Men: uma nação de idiotas, 5. ed., São Paulo, Francis, 2003, pp. 190-1.

[8] Michael Moore, op. cit., pp. 184-5.

[9] A lista do "Arts and Humanities Citation Index" estabelece como os dez autores mais lembrados em trabalhos entre 1980 e 1992: Marx, Lenin, Shakespeare, Aristóteles, a Bíblia, Platão, Freud, Chomsky, Hegel e Cícero, em Robert F. Barsky, A vida de um dissidente: Noam Chomsky, São Paulo, Konrad Editora do Brasil, 2004, p. 15.

[10] Eduardo Prado, A ilusão americana, 6. ed., São Paulo, Alfa-Omega, 2001, p. 31.

A FORMAÇÃO DA NAÇÃO

"Ó admirável mundo novo em que vivem tais pessoas!"
Shakespeare

COMPARAÇÕES INCÔMODAS

Por que os Estados Unidos são tão ricos e nós não? Essa pergunta já provocou muita reflexão. Desde o século XIX a explicação dos norte-americanos para seu "sucesso" diante dos vizinhos da América hispânica e portuguesa foi clara: havia um "destino manifesto", uma vocação dada por Deus a eles, um caminho claro de êxito em função de serem um "povo escolhido".

No Brasil sempre houve desconfiança sobre a ideia de um "destino manifesto" que privilegiasse o governo de Washington. Porém, muito curiosamente, criou-se aqui uma explicação tão fantasiosa como aquela. A riqueza deles e nossas mazelas decorreriam de dois modelos históricos: as colônias de povoamento e as de exploração.

As colônias de exploração seriam as ibéricas. As áreas colonizadas por Portugal e Espanha existiriam apenas para enriquecer as metrópoles. Nesse modelo, as pessoas sairiam da Europa apenas para enriquecer e retornar ao país de origem. A América ibérica seria um local para suportar um certo período, extrair o máximo e retornar à pátria europeia. Da mesma forma que aventureiros e degredados que enchiam nossas praias, o Estado ibérico também só tinha o interesse na exploração do Novo Mundo e obter os maiores lucros no menor prazo possível. Sobre portugueses e espanhóis corruptos e ambiciosos pairava um Estado igualmente corrupto e ambicioso. O escritor Manoel Bonfim consagrou, no início do século XX, a metáfora desse Estado: a coroa ibérica seria idêntica a um certo molusco que só possuía sistema para entrada e saída de alimentos.[1] Estado sem cérebro, sem método, sem planejamento: apenas com aparelho digestivo-excretor – essa era a imagem consagrada do português que nos pariu.

O oposto das colônias de exploração seriam as de povoamento. Para lá as pessoas iriam para morar definitivamente. A atitude não era predatória, mas preocupada com o desenvolvimento local. Isso explicaria o grande desenvolvimento das áreas anglo-saxônicas como os EUA. Famílias bem constituídas, pessoas de alto nível intelectual e sólida base religiosa: tais seriam os colonos que originaram o povo norte-americano.

Há uma ideia associada a essa que versa sobre a qualidade dos colonos. Para as colônias de exploração, as metrópoles enviariam o "refugo": aventureiros sem valor que chegariam aqui com olhos fixos no desejo de ascensão. As colônias de povoamento receberiam o que houvesse de melhor nas metrópoles, gente de valor que, perseguida na Europa, viria com seus bens e cultura para o Novo Mundo trazendo na bagagem apenas a honradez e a *Bíblia*.

Pronto! A explicação é perfeita! Somos pobres porque fomos fundados pela escória da Europa! Os Estados Unidos são ricos porque tiveram o privilégio da colonização de alto nível da Inglaterra. Adoramos explicações polares: Deus e o diabo, povoamento e exploração, preto e branco. Os livros didáticos consagraram isso e o bloco binário povoamento-exploração penetrou como um amplo e lógico conceito em muitos corações. Os EUA foram destinados por Deus ao sucesso e os latinos condenados ao fracasso pelo peso da origem histórica. Ambos deixavam de ser agentes históricos para serem submetidos ao peso insuperável da vontade divina e da carga do passado.

OUTRAS EXPLICAÇÕES

Vianna Moog contestava várias dessas posturas na obra *Bandeirantes e pioneiros.*[2] Escrita no debate do IV Centenário de São Paulo, o autor gaúcho ainda dialoga com temas que foram caros a Paulo Bonfim e Gilberto Freyre: o que há de específico na formação social brasileira? Tal como os dois autores do Nordeste, Moog recusa a ideia de raça como elemento definidor para o sucesso ou não de uma civilização. O inglês não é melhor do que o português.

Às diferenças entre brasileiros e norte-americanos, prefere fatores geográficos e culturais. Quanto à geografia, o autor destaca para os Estados Unidos as facilidades de planícies imensas e rios excelentes para a navegação, como o Mississipi. A natureza norte-americana, ao contrário da brasileira, facilita em muito o trabalho do colonizador. No Brasil, a Serra do Mar e os rios encachoeirados dificultariam a ação colonizadora. Os analistas atuais costumam ironizar esse aparente "determinismo geográfico". A temática das relações História-Geografia estava em alta desde o fim do século XIX e cresceu com a obra de Fernand Braudel sobre o espaço do Mediterrâneo.

A chegada dos ingleses à Virgínia, ilustração de Theodor de Bry (1590).

A configuração geográfica era só o início. A diferença maior estaria entre a postura colonizadora católica e protestante. Na Idade Média, a Igreja Católica desconfiou do lucro e dos juros. O ideal católico era a salvação da alma; o progresso econômico era visto com desconfiança. Demônio e riqueza estavam constantemente associados na ética ibérica.

Os protestantes, no entanto, particularmente os calvinistas, desenvolveram postura oposta. Deus ama o trabalho e a poupança: o dinheiro é sinal externo da graça divina. O ócio é pecado, o luxo também: assim falava o austero advogado Calvino, na Suíça. Protestantismo e capitalismo estão associados profundamente, conforme analisou Max Weber, muito citado por Moog.

Lembrando esses fatores, Moog destaca como as colonizações do Brasil e dos EUA foram baseadas em pressupostos diferentes. Se em pontos como a geografia e as raças ele parece preso a um debate antigo, em outros aspectos, como vida cotidiana e organização do espaço doméstico, ele continua um arguto observador.

Mais recentemente, Richard Morse indicou outros caminhos para essa questão no texto *O espelho de Próspero*. O norte-americano afirma que o dito subdesenvolvimento da América Latina é uma opção cultural. Em outras palavras, o mundo ibérico não ficou como está hoje por incompetência ou acidente, mas porque assim o desejou. As diferenças entre a América anglo-saxônica e a ibérica são frutos de "escolhas políticas".

A expressão de Morse pode gerar dúvidas. O que significaria, na verdade, "desejo e opção"? Não se trata aqui de tornar a América ibérica um indivíduo, como se o continente tivesse uma vontade própria, fizesse escolhas ou apresentasse desejos... Morse destaca aqui a ação dos construtores da história da América ibérica, os homens que nela viveram e vivem, e que criaram nesse espaço um mundo de acordo com suas visões. É evidente que não é possível tratar esses homens como se tivessem uma visão clara do que seria o futuro, como profetas e críticos da sociedade que construíam. Mas deve-se afastar, segundo Morse, a ideia de acidente, como se a América Latina fosse fruto do acaso.

O primeiro deles, que contesta várias ideias sobre a colonização da América, é que a ibérica foi, em quase todos os sentidos, mais organizada, planejada e metódica que a anglo-saxônica. Caso atribuamos valor à organização, é inegável que a colonização ibérica foi muito "melhor" que a anglo-saxônica.

Na verdade, só podemos falar em projeto colonial nas áreas portuguesa e espanhola. Só nelas houve preocupação constante e sistemática quanto às questões da América. A colonização da América do Norte inglesa, por razões que veremos adiante, foi assistemática.

No século XVII, quando a América espanhola já apresentava universidade, bispados, produções literárias e artísticas de várias gerações, a costa inglesa da América do Norte era um amontoado de pequenas aldeias atacadas por índios e rondadas pela fome.

A península ibérica enviava ao Novo Mundo homens de toda espécie. Dentre os primeiros franciscanos que foram ao México, por exemplo, estava Pedro de Gante, parente do próprio imperador da Espanha. No Brasil, a nova e entusiasmada ordem dos jesuítas veio com o primeiro governador-geral. Imaginar o Brasil povoado só por ladrões e estupradores é tão falso como supor que apenas intelectuais piedosos foram para as 13 colônias.

Decorridos cem anos do início da colonização, caso comparássemos as duas Américas, constataríamos que a ibérica tornou-se muito mais urbana e possuía mais comércio, maior população e produções culturais e artísticas mais "desenvolvidas" que a inglesa. Nesse fato vai residir a maior facilidade dos colonos norte-americanos em proclamarem sua independência. A falta de um efetivo projeto colonial aproximou os EUA de sua independência. As 13 colônias nascem sem a tutela direta do Estado. Por ter sido "fraca", como veremos adiante, a colonização inglesa deu origem à primeira independência vitoriosa da América. Quando a Coroa britânica tentou implantar um modelo sistemático de pacto colonial, o resultado foi o desastre. Em suma, quando Londres tentou imitar Lisboa, já era tarde demais.

O mundo ibérico dá a ideia de permanência. Construir e reformar ao longo de três séculos uma catedral como a da Cidade do México não é atitude típica de quem quer apenas enriquecer e voltar para a Europa. A solidez das cidades coloniais espanholas, seus traçados urbanos e suas pesadas construções não harmonizam com um projeto de exploração imediata.

O europeu que viesse para a América, em primeiro lugar, deveria ser de uma coragem extrema. Uma vez aqui, sua volta tornava-se extremamente difícil. Em pleno século XIX, Simón Bolívar, membro de uma das famílias mais ricas e ilustres da América, teve dificuldades em obter licença para estudar na Europa. É óbvio que a atração das riquezas da América foi forte. Porém, poucas pessoas tinham liberdade para ir e vir nas Américas.

No limite do cômico, aqueles que apelam para a explicação de colônias de povoamento e exploração parecem dizer que, caso um colono em Boston no século XVII encontrasse um monte de ouro no quintal, diria: "não vou pegar este ouro porque sou um colono de povoamento, não de exploração; vim aqui para trabalhar não para ficar rico e voltar". Quando os norte-americanos encontraram, enfim, ouro na Califórnia e no Alasca, o comportamento dos puritanos não ficou muito distante do dos católicos das Minas Gerais. A cobiça, o arrivismo e a violência não parecem muito dependentes da religião ou da suposta "raça".

Em se tratando da colonização ibérica, devemos seguir o conselho da historiadora Janice Theodoro da Silva: "desconfiar da empresa e degustar a epopeia". A epopeia incluiu a exploração mercantilista, mas não se reduziu a ela.

Não é, certamente, nessa explicação simplista de exploração e povoamento que encontraremos as respostas para as tão gritantes diferenças na América. Entender a especificidade das colônias inglesas na América do Norte significa falar da Inglaterra moderna.

NOTAS

[1] Manoel Bonfim, América Latina: males de origem, 2. ed., São Paulo, TopBooks, 2005.

[2] Vianna Moog, Bandeirantes e pioneiros, 3. ed., Porto Alegre, Globo, 1954.

O MODELO ORIGINAL: A INGLATERRA

A ASCENSÃO DOS TUDOR

É impossível entender a colonização inglesa e suas particularidades se não levarmos em conta a situação da própria Inglaterra. Já no século XV, a Inglaterra enfrentava o mais longo conflito da história: a Guerra dos Cem Anos (1337-1453). Lutando contra um inimigo comum, os ingleses começam a pensar no que os unia, no que era ser inglês. Porém, mal terminada a Guerra dos Cem Anos, a ilha é envolvida numa violenta guerra civil: a Guerra das Duas Rosas (1455-1485). A família York (que usava uma rosa branca como símbolo) e a família Lancaster (que usava uma rosa vermelha) submergiram o país em mais três décadas de violência.

Qual a importância das duas guerras para a Inglaterra? A luta contra a França estimulou certa unidade na ilha, reforçando o chamado "esplêndido isolamento", como os ingleses denominaram seu relativo afastamento do continente. A sucessão de guerras colabora também para enfraquecer a nobreza e suscitar no país o desejo de um poder centralizado e pacificador. A dinastia Tudor (1485-1603), que surge desse processo, torna-se, de fato, a primeira dinastia absolutista na Inglaterra.

A família Tudor no governo seria responsável pela afirmação do poder real inglês em escala inédita. Um país cansado de guerras ofereceu-se à ação dos Tudor sem grandes resistências. A expressão "país cansado" pode dar a ideia de que a Nação seja um indivíduo. Quem é "o país"? Nesse momento, é importante destacar que as guerras atrapalhavam as atividades produtivas e comerciais. Logo, uma das partes do "país" que estava mais cansada era constituída por burgueses que, em sua maioria, queriam um poder forte e centralizado. A outra parte do "país", que poderia oferecer resistência – os nobres –, tinha sido duramente atingida pelas guerras.

O poder dos Tudor aumentou ainda mais com a Reforma religiosa (século XVI). Usando como justificativa sua intenção de divórcio, o rei Henrique VIII rompeu com o papa e fundou o anglicanismo, tornando-se chefe da Igreja na Inglaterra e confiscando as terras da Igreja Católica.

Os dois maiores limites ao poder real eram os nobres e a Igreja Católica. Graças à Reforma e à fraqueza da nobreza inglesa, esses limites foram eliminados ou diminuídos durante a dinastia Tudor.

Se o inimigo francês fora a realidade do fim da Idade Média, na Moderna ele seria substituído pelo "perigo espanhol", ou seja, o risco de a Espanha invadir a Inglaterra. Esse risco foi bastante alto (ao menos até a derrota da Invencível Armada da Espanha, em 1588). Um inimigo forte e agressivo no exterior refreia críticas internas. Atacar o rei, condutor da nação, diante do risco nacional permanente, parecia uma traição.

No século XVI, o nacionalismo na Inglaterra fortaleceu-se. O que significa isto: mesmo com todas as diferenças, cada inglês olha para o outro e sente que há pontos em comum, coisas que os diferenciam dos franceses e espanhóis, formando laços de união entre eles.

As súbitas mudanças de orientação nas diretrizes religiosas e a convivência com a desordem marcaram a vida espiritual e política na Inglaterra do século XVII. Na ilustração: perseguição a católicos ingleses.

Os ingleses estavam desenvolvendo a "modernidade política". Mas no que ela consistia? Basicamente, seria uma ação política independente da teologia e da moral. Em outras palavras, a ação dos príncipes modernos não procura levar em conta se o que fazem é moralmente correto. Os príncipes modernos agem porque tal ação é eficaz para atingir seus objetivos, dentre os quais o maior é conseguir o poder absoluto. Na história política da Inglaterra, entre o final da Idade Média e o início da Moderna, esse tipo de príncipe foi comum. Eram príncipes reais, concretos, sem fumos divinos ao redor do trono.

Essa memória política pôde servir de base para personagens de Shakespeare como Macbeth e Ricardo III. Mesmo ambientando suas cenas na Escócia medieval ou na Inglaterra do século anterior ao seu, Shakespeare remete à memória política dos ingleses, marcada pela astúcia, violência e, acima de tudo, por um apego à realidade.

Macbeth faz de tudo para conseguir o trono da Escócia. Mata, trai e personifica um tipo particular de política não muito distante daquele a que os ingleses haviam assistido no princípio da Idade Moderna. A fala das feiticeiras da peça *Macbeth* mostra que esse é um mundo em que os valores estão em transformação: "O belo é feio e o feio é belo". Da guerra nasce uma relatividade nos valores tradicionais, uma das características do moderno. O que valia até aqui pode não valer mais, é isso que as feiticeiras dizem aos ingleses que assistem a sua fala.

Ricardo III segue os passos de Macbeth. Que outra figura a literatura terá criado com tamanha maldade e falta de escrúpulos? Ele é capaz de matar crianças e supostos amigos; feio, disforme, repugnante de corpo e alma. Ricardo, duque de Glócester, nos obriga a rever o conceito de maldade. Não obstante, Shakespeare o faz personagem central de uma peça.

No final de *Ricardo III*, Shakespeare anuncia o fim da guerra civil e o advento da paz com o início do governo Tudor. Era preciso descrever como era terrível o rei que antecedeu a dinastia para a qual o poeta trabalhava. Mesmo querendo realçar a ruptura entre Ricardo III e Henrique VII, Shakespeare acaba nos mostrando quanto a Inglaterra é fruto também de modernidade política, seja ela York, Lancaster ou Tudor. O dramaturgo distancia-se o suficiente do poder para analisá-lo, e este, bem ou mal-exercido, torna-se um conceito. É possível, então, jogar com ele, distanciar-se, relativizar. Apesar do proverbial amor shakesperiano à ordem e a poderes absolutos e sua repulsa figadal a agitações populares, o bardo instalou uma modernidade extraordinária. Veja-se essa notável modernidade moral quando o vilão Iago (*Otelo, o Mouro de Veneza* – Ato I, cena III) rejeita qualquer traço externo a suas escolhas pessoais e proclama o primado absoluto da sua vontade individual:

Só de nós mesmos depende ser de uma maneira ou de outra. Nossos corpos são jardins e nossa vontade é o jardineiro. De modo que, se quisermos plantar urtigas ou semear alfaces, criar flores ou arrancar ervas, guarnecê-lo com um só gênero de plantas ou dividi-lo em muitos para torná-lo estéril por meio do ócio, ou fértil à força da indústria, muito bem!; o poder, a autoridade corretiva disto tudo residem em nossa vontade. Se a balança de nossas existências não tivesse o prato da razão como contrapeso à sensualidade, o sangue e a baixeza de nossa natureza nos conduziriam às mais desagradáveis consequências. Mas possuímos a razão para esfriar nossas furiosas paixões, nossos impulsos carnais, nossos desejos desenfreados.

O homem é livre. Não existe sina, estrela ou destino. Em vez da política dinástica e da crença na legitimidade do poder real, a Inglaterra entra na Idade Moderna tendo convivido com a relatividade desses valores. Mas a Inglaterra também passa a conviver com outra questão moderna: a diversidade religiosa.

Henrique VIII casara-se seis vezes. Ao casar-se pela segunda vez, rompera com a Igreja de Roma, tornando-se chefe da Igreja inglesa: a Igreja Anglicana. Ao morrer, deixa como herdeiro seu filho Eduardo VI, de tendências calvinistas. O curto reinado de Eduardo VI é seguido pelo de Maria I, alcunhada de "sanguinária" pelos ingleses. Maria recebeu esse apelido ao reprimir com grande violência os protestantes e tentar reinstalar o catolicismo na Inglaterra, chegando mesmo a casar-se com o rei Filipe II da Espanha, tradicional inimigo. Ao morrer sem deixar herdeiros, Maria abre o caminho do poder para sua meio-irmã, Elizabeth I, que por quase cinquenta anos afirmou o anglicanismo como religião da Inglaterra.

Difícil imaginar a importância da religião no século XVI. Romper com Roma, negar a autoridade do papa, sucessor de São Pedro e figura que por muitos séculos os ingleses respeitaram, representa muito mais do que uma ruptura política. Os ingleses e o rei, ao fundarem uma nova Igreja, criaram também uma nova visão de mundo. O rei desejou casar-se novamente, o papa não autorizou, o rei casou-se mesmo assim. Apesar de todas as justificativas bíblicas que Henrique VIII usou, o que ele fez foi afirmar a supremacia de sua vontade individual sobre a tradição. Em outras palavras, Henrique VIII usa sua liberdade contra a tradição, quebra o que "sempre foi" e torna válido um ato de rebeldia.

Por meio século, os ingleses conviveram com súbitas mudanças de orientação nas diretrizes religiosas do país. Ao contrário de uma Espanha que se unificava em torno do catolicismo, expulsando judeus e muçulmanos e perseguindo as vozes discordantes, a Inglaterra conheceu a relatividade religiosa.

No século XVII, quando se iniciou a dinastia Stuart, a ilha estava fragmentada em inúmeras denominações protestantes, vários focos de resistência católicos e a Igreja Anglicana oficial.

O SÉCULO XVII E OS STUART

A Inglaterra estava em transformação. Primeiramente quanto à população: havia 2,2 milhões de ingleses em 1525 e esse número passaria a 4,1 milhões em 1601. A Revolução Agrícola e o progresso das manufaturas fizeram da era Tudor um momento de prosperidade.

No século XVII, intensifica-se o processo de cercamentos (*enclosures*) que tinham se iniciado no final da Idade Média. As velhas terras comuns e os campos abertos, indispensáveis à sobrevivência dos camponeses, estavam sendo cercados e vendidos pelos proprietários, principalmente em função do progresso de criação de ovelhas. O capitalismo avançava sobre o campo e o desenvolvimento da propriedade privada excluía muitos trabalhadores. Para diversos camponeses, o fim das terras comuns foi também o fim da vida no campo.

O êxodo rural cresce consideravelmente. As cidades inglesas aumentam e o número de pobres nelas é grande. É dessa massa de pobres que sairá grande parte do contingente que emigra para a América em busca de melhores condições.

Esse processo de cercamentos e de êxodo rural foi analisado por Karl Marx, que destaca as grandes transformações decorrentes dele. O rápido crescimento econômico e as mudanças súbitas de valores criam uma época em que, segundo Marx, "tudo o que é sólido se desmancha no ar". As cidades se transformam. Não há verdades absolutas. O mundo tradicional fica diluído inclusive com a ascensão de novos grupos sociais, como a burguesia e a pequena nobreza inglesa.

A política inglesa do século XVII convive com o espírito de Macbeth – a "política moderna" – anteriormente explicada: os jogos de poder e a luta pelo mundo. A dinastia Stuart, ao tentar governar sem a rédea do Parlamento, entra em colisão com uma parte da sociedade da ilha. Estoura a Guerra Civil e a Revolução Puritana. O novo líder da Inglaterra, Cromwell, manda matar Carlos I. O regicídio tinha sido comum nas conspirações da história da Inglaterra, porém, pela primeira vez um rei era morto após um julgamento, como os franceses fariam no século seguinte com Luís XVI. Ao matarem Carlos I, os ingleses estavam declarando: os reis devem servir à nação e não o contrário. Os juízes, em 1649, declararam que Carlos I era "tirano, traidor, assassino e inimigo público". Como disse o historiador Christopher Hill, a ilha da Grã-Bretanha tinha virado a "ilha da Grã-loucura". A necessidade concreta de grupos particulares pode vencer tradição e leis. Isso é importante para reforçar o que já tratamos várias vezes: o conceito de modernidade política.

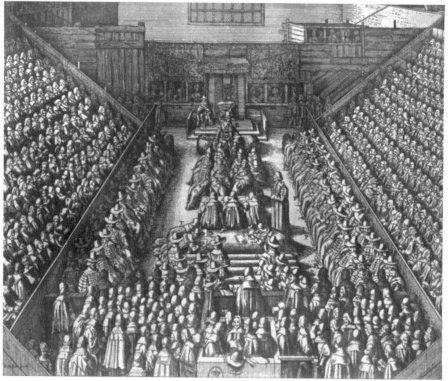

"Os reis devem servir à nação e não o contrário". Uma sessão no Parlamento inglês, 1641.

Moderna novamente, a Inglaterra torna-se sede da primeira e efetiva revolução burguesa da Europa (por levar os burgueses ao controle do poder político), que, mais tarde, formularia a Declaração de Direitos, estabelecendo novas bases para a política. Era a Revolução Gloriosa, que depôs mais um Stuart em 1688. No mesmo ano, a França vivia o apogeu do absolutismo sob o governo de Luís XIV, os portugueses eram dominados pela dinastia de Bragança e os espanhóis continuavam sob o poder dos Habsburgo.

Os choques constantes entre rei e burguesia, entre a religião oficial e grupos reformados, bem como choques entre grupos mais democráticos e populares contra grupos burgueses — tudo isso colabora para tornar o século XVII um momento conturbado na história da Inglaterra e ajuda a explicar o pouco controle inglês sobre suas colônias.

Outro fator tornava as vidas inglesa e europeia bastante difíceis nos séculos XVI e XVII: a alta de preços. A inflação dos produtos de primeira necessidade estava associada à abundância de ouro e prata que jorrava da Espanha pelo continente. Os metais retirados da América empurravam os preços para cima e, como costuma acontecer, atingiam a classe baixa de forma particularmente violenta. As perturbações sociais nesses séculos são constantes. A fome e a peste, filhas da inflação e do aumento populacional, varrem a Europa.

Essa situação da Inglaterra explica a inexistência de um projeto colonial sistemático para a América e a própria "ausência" da metrópole no século XVII. Há a falta de um referencial uniforme que norteie a colonização.

As perseguições religiosas que marcaram o período também estimularam muitos grupos minoritários, como os *quakers*, a se refugiarem na América. O aumento da pobreza nas cidades favorece grupos sem posses a ver na América a oportunidade de melhorarem sua vida e serem livres.

Os ingleses que vêm para a América trazem uma tradição cultural diversa da espanhola ou portuguesa. Os colonos ingleses, por exemplo, convivem com mais religiões. O senso do relativo que a história inglesa ajudara a formar estabeleceria uma possibilidade de opção bem maior, uma visão de mundo mais diversificada para nortear as escolhas de vida feitas na nova terra.

O Estado e a Igreja oficial, na verdade, não acompanharam os colonos ingleses. Aqui eles teriam de construir muita coisa nova, inclusive a memória. No entanto, uma nova memória só foi possível graças às transformações que a própria história inglesa havia sofrido desde o final da Idade Média e a consequente criação de novos referenciais culturais. O fantasma de Macbeth acompanhou os colonos. Suficientemente fluido para permitir a criatividade. Suficientemente nítido para resistir à travessia do Atlântico.

O INÍCIO

A presença europeia na América é bem anterior ao século xv. Temos provas concretas da presença de vikings no Canadá quase cinco séculos antes de Colombo. Porém, apenas a partir de 1492 uma imensa massa de terras, com mais de 44 milhões de quilômetros quadrados torna-se um horizonte para a presença colonizadora dos europeus.

A princípio donos do oceano Atlântico, portugueses e espanhóis dividiram o Novo Mundo entre si. Os ingleses contestam a validade de Tordesilhas e praticam a pirataria oficial como corsários. Por muitos anos, o saque de riquezas dos galeões espanhóis foi mais tentador do que o esforço sistemático da colonização.

A Inglaterra, entretanto, não ficou apenas concentrada no roubo dos navios ibéricos e nos saques da costa. Ainda no final do século xv, encarregara John Cabot de explorar a América do Norte. A marca do desconhecido é evidente na carta que Henrique vii entrega ao italiano. O rei concede o que ninguém sabe o que é, a América, entregando a Cabot quaisquer ilhas, quaisquer nativos, quaisquer castelos que o navegante encontrasse... A América é um mundo de incertezas, terra do desconhecido, mas capaz de atrair expedições em busca de riquezas. De concreto, Cabot encontraria bacalhau no atual Canadá.

Das terras espanholas começavam a chegar notícias crescentes de muita riqueza, como o ouro e a prata retirados do México e do Peru. A América cada vez mais passa a ser vista como um lugar de muitos recursos e de possibilidades econômicas. Comerciantes e aventureiros, a Coroa inglesa e pessoas comuns nas ilhas britânicas agitam-se com essas notícias. A ideia da exploração vai se tornando uma necessidade aos súditos dos Tudor. Cada ataque que o corsário inglês Francis Drake fazia aos ricos galeões espanhóis no Atlântico estimulava essa ideia. Pérolas das Filipinas ornam as joias da rainha Elizabeth. Ouro saqueado de Lima ou do Rio de Janeiro por piratas ingleses incendeiam a imaginação britânica.

O DIFÍCIL NASCIMENTO DA COLONIZAÇÃO

Como vimos, os ingleses não foram pioneiros na América. Também não o foram no território dos atuais Estados Unidos. Navegadores como Verrazano, a serviço da França, Ponce de Leon, a serviço da Espanha, e muitos outros já tinham pisado no território que viria a ser chamado de Estados Unidos. Hernando de Soto, por exemplo, batizou como Rio do Espírito Santo um imenso curso d'água que viria a ser conhecido como Mississipi.

Essas primeiras aproximações europeias do território dos Estados Unidos já causaram um efeito duplo sobre as imensas populações indígenas da região. Primeiro, foram trazidas doenças novas como o sarampo e a gripe, que causaram milhares de vítimas entre os povos nativos, absolutamente despreparados para esse contato biológico. Também restaram cavalos nas terras da América do Norte, trazidos e depois abandonados pelos conquistadores, tomando-se selvagens. Esses cavalos passaram a ser, depois de domados, utilizados pelos índios, que assim modificavam suas táticas de guerra e seus meios de transporte.

Ignorando as pretensões de outros soberanos, a rainha Elizabeth I concedeu permissão a *sir* Walter Raleight para que iniciasse a colonização da América. *Sir* Walter estabeleceu – em 1584, 1585 e 1587 – expedições à terra que batizou de Virgínia, em homenagem a Elizabeth, a rainha virgem. Em agosto de 1587, nascia também Virgínia, a primeira criança inglesa na América do Norte, filha de Ananias e Ellinor Dare.

A cédula de doação a *sir* Walter assumia um tom que iniciava um verdadeiro processo de colonização:

> Walter Raleight poderá apropriar-se de todo o solo dessas terras, territórios e regiões por descobrir e possuir, como antes se disse, assim como todas as cidades, castelos, vilas e vilarejos e demais lugares dos mesmos, com os direitos, regalias, franquias e jurisdições, tanto marítimas como outras, nas ditas terras ou regiões ou mares adjuntos, para utilizá-los com plenos poderes, para dispor deles, em todo ou em parte, livremente ou de outro modo, de acordo com os ordenamentos das leis da Inglaterra [...] reservando sempre para nós, nossos herdeiros e sucessores, para atender qualquer serviço, tarefa ou necessidade, a quinta parte de todo o mineral, ouro ou prata que venha a se obter lá.
> (25 de março de 1585)

O INÍCIO 41

Imagens feitas por John White na Virgínia do século XVI. Índios e animais aparecem como parte do Novo Mundo.

O projeto que estava sendo montado no final do século XVI em muito se assemelhava ao ibérico. O soberano absoluto concede a um nobre um pedaço de terra assegurando seus direitos. Pouca coisa diferenciava *sir* Walter de um donatário brasileiro do período das capitanias hereditárias.

Além dessa semelhança, notamos a mesma preocupação metalista no documento: a fome de ouro e prata que marca a era do Estado Moderno. A Coroa, impossibilitada de promover ela própria a colonização, delega a outros esse direito, reservando para si uma parte de eventuais descobertas de ouro e prata.

A aventura de *sir* Walter, no entanto, fracassou. O sistema colonial que parecia esboçar-se com sua cédula morreu com ele. Os ataques indígenas aos colonizadores, a fome e as doenças minaram a experiência inicial da Inglaterra. A ilha de Roanoke (na atual Carolina do Norte), sede dessas primeiras tentativas, estava deserta quando, em 1590, chegou uma expedição de reforço para os colonos. O líder da expedição que tinha vindo salvar a colônia desaparecida encontrou apenas a palavra "Croatoan" escrita numa árvore. Talvez a palavra indicasse uma tribo ou um líder indígena próximos. Ninguém foi achado. O Novo Mundo tragou seus debutantes ingleses.

Na Inglaterra, apesar da derrota da Espanha e da Invencível Armada, o perigo da invasão espanhola permanecia. Até o final do século XVI não houve outras tentativas de colonização sistemática da América do Norte.

NOVA CHANCE PARA A VIRGÍNIA

No início do século XVII, já sob a dinastia Stuart, a Inglaterra reviveu o impulso colonizador. Passou o perigo espanhol imediato, o país estava tranquilo e a necessidade de comércio avançava. A estabilidade alcançada na era Tudor continuava a dar frutos. Mais uma vez, porém, a Coroa entrega a particulares essa atividade. Não mais nobres individuais, mas as companhias como a de Londres e a de Plymouth.

As companhias foram organizadas por comerciantes e apresentavam todas as características de empresas capitalistas. Aqui, ao contrário da América ibérica, define-se uma colonização de empresa, não de Estado.

A Companhia de Plymouth receberia as terras e o monopólio do comércio entre a região da Flórida e o rio Potomac, restando à Companhia de Londres as terras entre os atuais cabo Fear e Nova York. Separando as duas concessões havia uma região neutra, para evitar conflitos de jurisdição. Nessa área, os holandeses aproveitaram para fundar colônias, das quais a mais famosa daria origem à cidade de Nova York. Curiosamente, ao chegarem à região, os holandeses compraram a ilha de Manhattan pelo equivalente

Batizado da primeira criança inglesa nascida na Virgínia.
Tanto a terra como a menina receberam o nome em homenagem à última soberana Tudor.

a 24 dólares em contas e bugigangas. Os vendedores, os índios canarsees, acabavam de vender ao líder holandês Peter Minuit um dos pedaços mais valorizados do mundo atual: o centro da cidade de Nova York, chamada, no século XVII, de Nova Amsterdã.

A cédula de concessão à Companhia de Londres falava dos objetivos de catequese dos índios da América do Norte: "[...] conduzirá, a seu devido tempo, aos infiéis e selvagens habitantes desta terra até a civilização humana e um governo estabelecido e tranquilo [...]". No entanto, mesmo que esse fosse o desejo do rei James I, nenhum projeto efetivo de catequese aconteceu na América. As companhias não estabeleceram práticas para a conversão dos índios ao cristianismo (conversão é atitude própria de epopeia, aventura, não de empresa capitalista).

A atitude diante dos índios nessa fase inicial foi praticamente a mesma ao longo de toda a colonização inglesa na América do Norte: um permanente repúdio à integração do índio. O universo inglês, mesmo quando eventualmente favorável à figura do índio, jamais promoveu um projeto de integração. O índio permaneceu um estranho – aliado ou inimigo –, mas sempre estranho.

As duas companhias não durariam muito. Em 1624, a Companhia de Londres teria sua licença caçada. Igual destino teve a Companhia de Plymouth em 1635, ambas com grandes dívidas.

Apesar dos fracassos, a colonização tinha ganhado um impulso que não cessaria. As dificuldades foram imensas. Só para se ter uma ideia de quantos obstáculos havia, 144 colonos tinham partido para a fundação de Jamestown. Apenas 105 colonos desembarcaram e, passados alguns meses, a fome mataria outra parcela importante dessa comunidade. A fome inicial era tanta que cães, gatos e cobras foram utilizados como alimentos e um colono foi acusado de fatiar o corpo da sua esposa falecida e utilizá-lo como refeição. Não bastassem todos esses problemas, havia ainda traições e ataques de índios. George Kendall, por exemplo, foi o primeiro inglês executado por espionagem na Virgínia acusado de trabalhar secretamente para o rei da Espanha. Um começo muito difícil.

As 13 colônias originais

Nome	Fundada por	Ano
Virgínia	Companhia de Londres	1607
New Hampshire	Companhia de Londres	1623
Massachusetts	John Mason e outros	1620-1630
(Plymouth)	separatistas puritanos	
Maryland	Lord Baltimore	1634
Connecticut	Emigrantes de Mass	1635
Rhode Island	Roger Williams	1636
Carolina do Norte	Emigrantes da Virgínia	1653
Nova York	Holanda	1613
Nova Jersey	Barkeley Carteret	1664
Carolina do Sul	Nobres ingleses	1670
Pensilvânia	William Penn	1681
Delaware	Suécia	1638
Geórgia	George Oglethorpe	1733

QUEM VEIO PARA A AMÉRICA DO NORTE?

O processo de êxodo rural na Inglaterra acentuava-se no decorrer do século XVII e inundava as cidades inglesas de homens sem recursos. A ideia de uma terra fértil e abundante, um mundo imenso e a possibilidade de enriquecer a todos era um poderoso ímã sobre essas massas.

Naturalmente, as autoridades inglesas também viam com simpatia a ida desses elementos para lugares distantes. A colônia serviria, assim, como receptáculo de tudo o que a metrópole não desejasse. (A ideia de que para a América do Norte dirigiu-se um grupo seleto de colonos altamente instruídos e com capitais abundantes é, como se vê, uma generalização incorreta.)

A própria Companhia de Londres declarara, em 1624, que seu objetivo era: "a remoção da sobrecarga de pessoas necessitadas, material ou combustível para perigosas insurreições e assim deixar ficar maior fartura para sustentar os que ficam no país". Ao contrário de Portugal, nação de pequena população, a Inglaterra já vivia problemas com seu crescimento demográfico no momento do início da colonização dos Estados Unidos. Portugal sofreu imensamente com o envio dos contingentes de homens para o além-mar. A Inglaterra faria da colonização um meio de descarregar no Novo Mundo tudo o que não fosse mais desejável no Velho. Mas a ideia de "colônias de povoamento" parece sobreviver a tudo...

Em 1620, a Companhia de Londres trazia cem órfãos para a Virgínia. Da mesma maneira, mulheres eram transportadas para serem leiloadas no Novo Mundo. E natural concluir que essas mulheres, dispostas a atravessar o oceano e serem vendidas na América como esposas, não eram integrantes da aristocracia intelectual ou financeira da Inglaterra.

Poucos podiam pagar o alto preço de uma passagem para a América. Esse fator, combinado à necessidade de mão de obra, fez surgir uma nova forma de servidão nas colônias: a servidão temporária (*indenturent servant*). O sistema consistia em prestar alguns anos de trabalho gratuito à pessoa que se dispusesse a pagar a passagem do imigrante. O transporte desses servos era feito sob condições tão difíceis que houve quem o comparasse ao tráfico de escravos africanos. Em vários momentos e lugares, o servo temporário foi a principal força de trabalho branca das colônias.

Nem todos os servos eram voluntários para essa situação. Uma dívida não saldada poderia também reduzir o devedor a esse trabalho forçado no período de, geralmente, sete anos. Raptos de crianças na Inglaterra para vendê-las como empregadas na América, prática muito comum no século XVII, eram outra fonte de servidão.

As imagens da chegada dos peregrinos puritanos à América do Norte sempre reforçam as ideias de sacrifício, virtude e coragem. No Novo Mundo eles deveriam prover a própria subsistência.

Mesmo entre os servos que aceitavam o contrato de servidão para o pagamento da passagem, a situação não era tranquila. Ao longo do século XVII, ocorrem várias rebeliões de servos na América do Norte, reivindicando melhores condições de vida.

OS PEREGRINOS E A NOVA INGLATERRA

Nem só de órfãos, mulheres sem outro futuro e pobres constituiu-se o fluxo de imigrantes para as colônias. Há, minoritariamente, um grupo que a História consagraria como "peregrinos".

A perseguição religiosa era uma constante na Inglaterra dos séculos XVI e XVII. A América seria um refúgio também para esses grupos religiosos perseguidos. Um dos grupos que chegou a Massachusetts em 1620 tinha como líderes John Robinson, William Brewster e William Bradfort, indivíduos religiosos e com formação escolar desenvolvida.

Ainda a bordo do navio que os trazia, o Mayflower, esses peregrinos firmaram um pacto estabelecendo que seguiriam leis justas e iguais. Esse documento é chamado "Mayflower Compact" e sempre é lembrado pela historiografia norte-americana como um marco fundador da ideia de liberdade, ainda que o documento dedique longos trechos à gloria do rei James da Inglaterra.

A chegada ao território que hoje é Massachusetts não foi fácil. O navio aportou mais ao norte do que se imaginava. O clima era frio e o mar congelava. O inverno na região era mais rigoroso do que o inglês. O primeiro ano dos colonos na terra prometida custou a vida de quase a metade dos peregrinos.

Pouco antes de a nova estação fria chegar, em 1621, os sobreviventes decidiram fazer uma festa de Ação de Graças (*Thanksgiving*). Os colonos utilizaram sua primeira colheita de milho, já que a plantação de trigo europeu tinha falhado, e convidaram para a festa o chefe Massasoit, da tribo wampanoag, que os havia auxiliado desde a sua chegada. O cardápio foi reforçado com uma ave nativa, o peru, e tortas de abóbora. Desde então, os norte-americanos repetem, no mês de novembro, a festa de Ação de Graças, reiterando a ideia de que eles querem ter os "pais peregrinos" de Massachusetts como modelo de fundação.

Os "pais peregrinos" (*pilgrim fathers*) são tomados como fundadores dos Estados Unidos. Não são os pais de toda a nação, são os pais da parte "WASP" (em inglês, *white anglo-saxon protestant*, ou seja, branco, anglo-saxão e protestante) dos EUA. Em geral, a historiografia costuma consagrá-los como os modelos de colonos. Construiu-se uma memória que identificava os peregrinos, o Mayflower e o Dia de Ação de Graças como as bases sobre as quais a nação tinha sido edificada. Como toda memória ela precisa obscurecer alguns pontos e destacar outros.

Os "puritanos" (protestantes calvinistas) tinham em altíssima conta a ideia de que constituíam uma "nova Canaã", um novo "povo de Israel": um grupo escolhido por Deus para criar uma sociedade de "eleitos". Em toda a *Bíblia* procuravam as afirmativas de Deus sobre a maneira como Ele escolhia os seus e as repetiam com frequência. Tal como os hebreus no Egito, também eles foram perseguidos na Inglaterra. Tal como os hebreus, eles atravessaram o longo e tenebroso oceano, muito semelhante à travessia do deserto do Sinai. Tal como os hebreus, os puritanos receberam as indicações divinas de uma nova terra e, como veremos adiante, são frequentes as referências ao "pacto" entre Deus e os colonos puritanos. A ideia de povo eleito e especial diante do mundo é uma das marcas mais fortes na constituição da cultura dos Estados Unidos.

Diante de uma desgraça, como a seca de 1662 na Nova Inglaterra, os puritanos ainda encontravam novos paralelos com a *Bíblia*: Deus também castigara os judeus quando estes foram infiéis ao pacto. Deus salva a poucos, como os pregadores puritanos costumavam afirmar. Fiéis à tradição dos reformistas Lutero e Calvino, a predestinação era uma ideia forte entre eles.

Para manter sua identidade e a coesão do grupo, os puritanos exerceram um controle muito grande sobre todas as atividades dos indivíduos. A ideia de uma moral coletiva onde o erro de um indivíduo pode comprometer o grupo é também um diálogo com a concepção da moral hebraica no deserto. O pacto Deus-povo é com todos os eleitos.

A população das colônias crescia rápido, passando de 2.500 pessoas em 1620 (sem contar índios) para três milhões um século depois. Nesse grande contingente, embrião do que seriam os Estados Unidos, misturam-se inúmeros tipos de colonos: aventureiros, órfãos, membros de seitas religiosas, mulheres sem posses, crianças raptadas, negros e africanos, degredados, comerciantes e nobres. Tomar, assim, os peregrinos protestantes como padrão é reforçar uma parte do processo e ignorar outras.

EDUCAÇÃO E RELIGIÃO

A educação formal escolar adquiriu um caráter todo especial nas colônias. A existência de muitos protestantes colaborou para isso. Uma das origens da Reforma religiosa na Europa tinha sido a defesa da livre interpretação da *Bíblia*. Tal como Lutero traduzira a *Bíblia* para o alemão e os calvinistas para o francês em Genebra, os ingleses tinham várias versões do texto na sua língua, especialmente a famosa versão do rei James desde 1611.

Essa preocupação levou a medidas bastante originais no contexto das colonizações da América. É certo que em toda a América espanhola houve um grande esforço em prol da educação formal. A universidade do México havia sido fundada em 1553 e havia similares em Lima e em quase todos os grandes centros coloniais hispânicos. No entanto, um sistema tão organizado de escolas primárias e a preocupação de que todos aprendessem a ler e escrever é algo mais forte nas colônias protestantes do Norte.

Em 1647, Massachusetts publica uma lei falando da obrigação de cada povoado com mais de cinquenta famílias em manter um professor. O texto dessa lei torna-se interessante por suas justificativas:

> Sendo um projeto principal do Velho Satanás manter os homens distantes do conhecimento das Escrituras, como em tempos antigos quando as tinham numa língua desconhecida [...] se decreta para tanto que toda municipalidade nesta jurisdição, depois que o Senhor tenha aumentado sua cifra para cinquenta famílias, dali em diante designará a um dentre seu povo para que ensine a todas as crianças que recorram a ele para ler e escrever, cujo salário será pago pelos pais, seja pelos amos dos meninos seja pelos habitantes em geral.

É importante notar que os documentos sobre educação nas colônias inglesas apresentam um caráter religioso, mas não clerical. As propostas são, na verdade, leigas. A educação será feita e paga por membros da comunidade.

Um grupo que se pretendia eleito por Deus deveria voltar-se também para a educação superior. As instituições de caráter superior faziam parte dessa preocupação com a religião, já que se destinavam notadamente à formação de elementos para a direção religiosa das colônias.

Os estatutos da Universidade de Yale, datados de 1745, estabelecem alguns elementos interessantes para a compreensão dos projetos educacionais dos colonos.

Para ser admitido na universidade era necessário ter capacidade de ler e interpretar Virgílio e trechos em grego da *Bíblia*, escrever em latim, saber aritmética e levar uma vida "inofensiva". O candidato a pupilo deveria ser piedoso e seguir "as regras do Verbo de Deus, lendo assiduamente as Sagradas Escrituras, a fonte da luz e da verdade, e atendendo constantemente a todos os deveres da religião tanto em público como em segredo". O presidente deveria rezar no auditório da universidade toda manhã e toda tarde, lendo trechos da Sagrada Escritura. Os alunos que faltassem ou chegassem atrasados às aulas pagariam multas e receberiam advertências. Quem praticasse os crimes de fornicação, furto e falsificação, seria imediatamente expulso. Blasfêmias, opiniões errôneas sobre a *Bíblia*, difamação, arrombamento da porta de um colega, jogar baralho ou dados na universidade, praticar danos ao prédio, falar alto durante o estudo, portar revólver ou vestir-se inadequadamente poderiam resultar em advertência, multa ou expulsão, conforme a gravidade do ato.

Um grupo que se pretendia eleito por Deus preocupava-se também com a educação superior.
Universidade de Harvard, Cambridge, Massachusetts, 1682.

Em todos os documentos sobre educação há a mesma preocupação: o conhecimento das coisas relativas à religião. Do ensino primário ao superior, o conhecimento da *Bíblia* parece ter orientado todo o projeto educacional das colônias inglesas. Quando Samuel Davies escreve sobre as *Razões para fundar universidades*, insiste na necessidade de formar líderes religiosos para uma população que crescia sem parar. Nesse texto, de 1752, o autor argumenta que "a religião deve ser a meta de toda a instrução e dar a esta o último grau de perfeição".

Com essa preocupação, não é difícil imaginar o surgimento de várias instituições de ensino superior nas 13 colônias. Até 1764, estabeleceram-se nas colônias sete instituições de ensino superior.

Harvard (1636) – Massachusetts
William and Mary (1693) – Virgínia
Yale (1701) – Connecticut
Princeton (1746) – Nova Jersey
Universidade da Pensilvânia (1754) – Pensilvânia
Columbia (1754) – Nova York
Brown University (1764) – Rhode Island

Nos séculos XVII e XVIII, essas instituições foram influenciadas pelo pensamento ilustrado. Não sem oposições, as teses de Newton e Locke constavam nas bibliotecas das colônias. Muitos alunos das famílias abastadas iam estudar na Europa. Da França e da Inglaterra partiam livros e ideias para a América.

O grande interesse pela educação tornou as 13 colônias uma das regiões do mundo onde o índice de analfabetismo era dos mais baixos. Apesar das variações regionais (o sistema educacional da Nova Inglaterra era melhor do que em outras áreas) e raciais (poucos negros eram alfabetizados), as 13 colônias tinham um nível de educação formal bastante superior à realidade dos séculos XVII e XVIII, seja na Europa ou no restante da América. Ainda assim, é inegável que havia mais alfabetizados brancos homens e ricos do que mulheres, negros, indígenas e pobres.

A situação religiosa da Inglaterra era marcada pela diversidade quando da colonização da América do Norte. Essa diversidade colaborou para o que chamamos de um pensamento mais "moderno" na Inglaterra e, posteriormente, nas 13 colônias.

Imagine-se uma cidade no México colonial. Lá todos são católicos e só encontramos igrejas católicas. Em toda a colônia a missa é rezada com o mesmo ritual romano, na mesma língua e por um grupo que, em traços gerais, teve uma formação semelhante: os padres. Todo o ensino está nas mãos da Igreja e a noção de Deus é imposta como igual por toda a colônia. As diversidades são consideradas crime e a heresia, punida com a Inquisição. Judeus e protestantes são queimados.

O oposto ocorre nas aldeias e cidades das colônias inglesas. Aqui puritanos, lá batistas, mais adiante quakers, por vezes também católicos, além de uma infinidade de pequenas seitas protestantes também de outras partes da Europa. Unidade? Genericamente, todos acreditam em Jesus. Daí por diante o caleidoscópio muda de forma com grande variação.

É natural também imaginar a dificuldade de absolutizar as posições religiosas desse universo. O confronto permanente com outras formas de crença obriga o crente ou a radicalizar suas posições (e, por vezes, isso aconteceu) ou a assumir de forma mais crítica sua fé.

As posições protestantes têm outro efeito: a leitura individual da *Bíblia*. Em permanente processo de reciclagem pessoal das narrativas bíblicas, o protestante cria uma relação diferente com o sagrado. O institucional (a igreja estabelecida) diminui sua importância diante do pessoal. A importância de ler a *Bíblia* determina até, como vimos, um impulso educacional forte nas colônias. A Igreja formal protestante é um apoio à salvação e não o canal insubstituível como no mundo católico.

OS PURITANOS DE MASSACHUSETTS

A colônia de Massachusetts recebera puritanos descontentes com a Igreja inglesa. Sua disposição era contrária à tolerância religiosa que caracterizava outros grupos protestantes. Na colônia, esses puritanos de influência calvinista acreditavam numa Igreja forte que tivesse poderes civis.

Para a construção dessa Igreja-Estado tomaram-se várias providências. Primeiro estabeleceu-se que somente os membros da Igreja Puritana poderiam votar e ter cargos públicos. Depois, tornou-se obrigatória a presença na igreja para as cerimônias, fato que não acontecia no resto das Igrejas protestantes. Todos os novos credos deveriam ser aprovados pela Igreja e pelo Estado. Por fim, estabeleceu-se que Igreja e Estado atuariam juntos para punir as desobediências a essas e outras normas. Essa colônia aproximava-se, dessa forma, dos ideais católicos da teocracia.

O DEMÔNIO ATACA: O SURTO DE SALEM

Um dos fatos mais significativos derivado do ideal de Igreja-Estado foi a perseguição às bruxas. O autoritarismo de uma religião que se pretendia única desencadearia, naturalmente, na perseguição de todas as formas de contestação – fossem reais ou imaginárias.

As acusações de bruxaria, uma constante em todo o mundo cristão da época, existiam desde o início da colonização. No entanto, um surto de feitiçaria como o de Salem, em 1692, assumia proporções inéditas. Nesse ano, um grupo de adolescentes acusou várias pessoas de enfeitiçá-las. O processo acabou envolvendo muitos membros da comunidade, entre homens e mulheres.

A cidade de Salem viveu uma histeria coletiva. Havia surtos frequentes: moças rolavam gritando, caíam doentes sem causa aparente, não conseguiam acordar pela manhã, animais morriam, árvores cheias de frutos secavam. As razões, no entender dos habitantes de Salem, só poderiam ter ligação com uma ação demoníaca.

Alguém era acusado de feitiçaria e comparecia diante do juiz. O juiz fazia o acusado e as vítimas (as moças aflitas, como eram usualmente chamadas) ficarem frente a frente. Era comum as moças terem novo ataque histérico diante do suposto feiticeiro. Os acusados eram enviados à prisão. A acusação caía sobre gente de todas as categorias sociais e sobre pessoas que gozavam da confiança da comunidade há anos. O acusado era examinado. Havia uma crença generalizada de que a associação com o demônio produzia marcas no corpo: um tumor, uma mancha, regiões que não sangravam, polegar deformado. Submetidos a "tratamentos especiais", muitos réus acabavam confessando que, de fato, estavam associados ao demônio e realizavam feitiços contra a comunidade.

Imagem fantasiosa dos julgamentos de Salem. Enquanto a moça depõe, raios caem do céu.

A histeria das feiticeiras não seria possível sem as ardentes pregações de pastores como Cotton Mather (1663-1728). Esse pastor, nascido em Boston, escreveu o livro *As maravilhas do mundo invisível*, em que o leitor é levado a conhecer as grandes forças maléficas que agem sobre o mundo. Como no mundo católico, a crença num mal real e com ação efetiva era um dado social que unia desde o rei James I (autor de livro sobre feitiçaria) até o mais humilde camponês.

Os Processos de Salem já receberam várias explicações. Algumas, de caráter mais psicológico, lembram as tensões entre mães e filhas, estas fazendo coisas que não poderiam normalmente fazer e alegando estarem enfeitiçadas. Em outras palavras, alegando o poder do demônio, uma jovem poderia gritar com sua mãe ou mesmo ficar nua! Afinal, era tudo obra do demônio... A moral puritana de oração e trabalho era tão forte que os jovens não podiam, por exemplo, praticar esportes de inverno como patinar, pois isso era considerado imoral. Assim, diante dessa vida dura, a possessão passou a ser uma boa saída.

Outras explicações remetem às tensões internas das colônias – entre as principais famílias – em que acusar o membro de uma família rival de bruxo ou bruxa tinha um grande peso político.

Conflitos entre indígenas e puritanos, como a chamada Guerra do Rei Filipe (nome que os colonos deram a um líder indígena em 1675-76), tinham deixado a Nova Inglaterra em tensão permanente. Muitos colonos haviam sido mortos ou capturados. As tensões entre vizinhos vinham se acumulando. Tudo isso colabora para explicar o ambiente que gerou o surto de Salem.

Por fim, sem esgotar as explicações, há de se levar em conta todas as frustrações dos protestantes no Novo Mundo, onde o sonho de uma comunidade perfeitamente construída de acordo com as leis de Deus e da *Bíblia* não havia se realizado. Os pastores puritanos viram no aparente surto de feitiçaria uma maneira de recuperar o controle e o entusiasmo do grupo. Os habitantes de Massachusetts haviam se dado conta de que não apenas a *Bíblia* e as boas intenções haviam atravessado o oceano, mas todas as suas mesquinharias, maledicências e tensões. Melhor seria, assim, atribuir esses problemas ao demônio e a seus seguidores.

Ao final da crise, quase 200 pessoas tinham sido presas e 14 mulheres e 6 homens executados. A teocracia puritana tinha deixado um saldo trágico na memória dos colonos. Quase 100 anos depois, a primeira emenda à Constituição dos EUA estabelecia que o Congresso não faria leis sobre o livre exercício da religião.

OS QUAKERS DA PENSILVÂNIA E OUTROS GRUPOS

Além dos puritanos, as colônias receberam outros grupos religiosos como os quakers (ou sociedades de amigos), o grupo mais liberal que surgiu com a Reforma. Tratar-se por "tu", sem nenhum título, sendo cada homem sacerdote de si mesmo, eis um dos princípios dos quakers que valeu até a admiração do pensador Voltaire no *Dicionário filosófico*.

Ao iniciar sua pregação no Novo Mundo, os quakers encontraram grande oposição dos líderes puritanos. Alguns foram até mortos como subversivos, ao mesmo tempo em que suas ideias encontravam eco entre os desencantados com a rígida disciplina puritana.

A experiência quaker no Novo Mundo foi solidificada quando William Penn estabeleceu uma grande colônia para abrigá-los: a Pensilvânia. A Pensilvânia não era apenas um local para refúgio dos quakers, mas também de todas as religiões que desejassem viver em liberdade e paz. O próprio Penn referia-se a esse fato como "a santa experiência".

Nascido em Londres, em 1644, Penn era filho de um almirante conquistador da Jamaica. Em Oxford, converteu-se aos quakers após ouvir um animado sermão de Thomas Loe. Há nas ideias de Penn e dos quakers princípios anarquistas. Penn gostava de dizer: "*No cross, no crown*" (nem cruz, nem coroa). Perseguido por suas ideias na Inglaterra, ele desejou estabelecer uma comunidade-modelo na América, obtendo então uma vasta extensão de terra a oeste do rio Delaware.

Oferecendo terras gratuitas e a garantia de liberdade religiosa, Penn atraiu grande quantidade de colonos da Europa e das outras colônias inglesas. Gente de todas as partes da Europa viu nas propostas do líder uma nova oportunidade. Dentre eles, por exemplo, alemães e holandeses do grupo menonita rumaram para a América. (Sua marca até hoje é uma vida no campo, sem eletricidade ou outros símbolos do mundo industrial.)

Descrevendo os quakers, em 1696, o próprio Penn afirmava que Deus ilumina cada homem sobre sua missão. Por isso, os quakers insistem em expressões do tipo: "luz de Cristo dentro de cada homem" e "luz interior". Com esses princípios, Penn defendia a grande liberdade religiosa, tendo em conta que Deus pode falar de maneiras variadas a cada homem.

No início do século XVIII, Filadélfia, capital da Pensilvânia, era uma das maiores cidades das colônias inglesas e também uma das mais alfabetizadas. Um viajante a descreve em 1748:

> Todas as ruas, exceto as que estão mais próximas do rio, correm em linha reta e formam ângulos retos nos cruzamentos. A maior parte das ruas está pavimentada... As casas têm boa aparência, frequentemente são de vários pisos... A cada ano se montam duas grandes feiras, uma em 16 de maio, outra em 16 de novembro. Além destas feiras, a cada semana há dois dias de mercado, às quartas e sábados. Nesses dias, gente do campo da Pensilvânia e Nova Jersey traz à cidade grande quantidade de alimentos e outros produtos do campo...

A experiência de Penn funcionou de fato enquanto seu fundador esteve à frente dela. Os problemas da Pensilvânia longe do governo pessoal do fundador revelaram-se grandes. Choques entre os grupos religiosos, tentativa de diminuir a liberdade religiosa e outras tantas desavenças ocorreram, perturbando o ideal primitivo. No entanto, mesmo que, ao longo do século XVIII, a Pensilvânia em pouco se diferenciasse das outras colônias, permaneceu sendo um dos locais de maior tolerância religiosa do mundo.

No século XVIII, um fenômeno chamado "Grande Despertar" (*Great Awakening*) marcou a vida religiosa das colônias. Uma das características do movimento foi o surgimento de pregadores itinerantes. Os ministros religiosos iam de povoado em povoado pregando uma religião mais emotiva e carismática. Sermões exaltados, conversões milagrosas, entusiasmo e cantos: as pregações desses pastores atraíam os grupos cansados do formalismo da religião oficial.

O "Grande Despertar" foi descrito, em 1743, pelo pesquisador norte-americano J. Edwards:

> Ultimamente, em alguns aspectos, as pessoas em geral têm mudado e melhorado muito em suas noções de religião; parecem mais sensíveis ao perigo de apoiar-se em antigas experiências [...] e estão mais plenamente convencidas da necessidade de esquecer o que está atrás e avançar, mantendo avidamente o trabalho, a vigilância e a oração enquanto vivam.

Ao valorizar a experiência pessoal da religião, o "Grande Despertar" estimulou o surgimento de inúmeras seitas protestantes. Mais importante ainda, esse movimento procurou negar a tradição religiosa. Como vimos no documento transcrito, as pessoas devem evitar o apoio de antigas experiências e esquecer o passado. Isso colabora ainda mais para o particularismo religioso das colônias.

Também existia uma importante comunidade católica em Maryland. Apesar de quase 1/3 dos cidadãos norte-americanos serem católicos hoje e terem fornecido um presidente ao país no século XX (Kennedy), no período colonial havia grande desconfiança contra os chamados "papistas". Os católicos romanos foram vistos como avessos à democracia no período das Guerras de Independência e fiéis seguidores de uma autoridade estrangeira (o papa), sendo, por isso, considerados potencialmente perigosos à nova nação.

COLÔNIAS DO NORTE

As colônias do Norte da costa atlântica apresentam o clima temperado, semelhante ao europeu. Dificilmente essa área poderia oferecer algum produto de que a Inglaterra necessitasse.

Essa questão climática favoreceu o surgimento, único no universo colonial das Américas, de um núcleo colonial voltado à policultura, ao mercado interno e não totalmente condicionado aos interesses metropolitanos.

A agricultura das colônias setentrionais destacava o consumo interno, com produtos como o milho. O trabalho familiar, em pequenas propriedades, foi dominante.

Nas colônias da Nova Inglaterra (parte norte das 13 colônias) surge uma próspera produção de navios. Desses estaleiros, favorecidos pela abundância de madeira do Novo Mundo, saem grandes quantidades de navios que seriam usados no chamado comércio triangular.

Interior de casa do período colonial. Massachusetts, final do século XVII.

O comércio triangular pode ser descrito, simplificadamente, como a compra de cana e melado das Antilhas, que seriam transformados em rum. A bebida obtinha fáceis mercados na África, para onde era levada por navios da Nova Inglaterra e trocada, usualmente, por escravos. Esses escravos eram levados para serem vendidos nas fazendas das Antilhas ou nas colônias do sul. Após a venda, os navios voltavam para a Nova Inglaterra com mais melado e cana para a produção de rum. Era uma atividade altamente lucrativa, entre outros motivos por garantir que o navio sempre estivesse carregado de produtos para vender em outro lugar.

O comércio triangular também poderia envolver a Europa, para onde os navios levavam açúcar das Antilhas, voltando com os porões repletos de produtos manufaturados. Estabeleciam-se assim sólidas relações comerciais embasadas na próspera indústria naval das colônias da Nova Inglaterra.

O comércio triangular é muito diferente da maioria dos procedimentos comerciais do resto da América. Apesar de as leis estabelecerem limites, os comerciantes das colônias agiam com grande liberdade e seguiam mais a lei da oferta e da procura do que as leis do Parlamento de Londres. Na prática, estabeleceram um sistema de liberdade muito grande, desconhecido para mexicanos e brasileiros e intocado pela repressão inglesa até, pelo menos, 1764.

Outra atividade desenvolvida foi a pesca. Próxima a um dos maiores bancos pesqueiros do mundo (Terra Nova), as colônias da Nova Inglaterra exploraram largamente a atividade pesqueira. A venda de peles também foi importante na economia dessas colônias. Do norte das colônias e do Canadá fluíam, para a Europa, milhares de peles de animais que iriam adornar roupas elegantes contra o frio do Velho Mundo.

As colônias do Norte estavam voltadas à policultura e ao mercado interno e não se condicionavam totalmente aos interesses da metrópole. Na ilustração: fiação e tecelagem caseiras na Nova Inglaterra.

COLÔNIAS DO SUL

As colônias do Sul, por sua vez, abrigaram uma economia diferente. Seu solo e clima eram mais propícios para uma colonização voltada aos interesses europeus.

O produto que a economia sulina destacou desde cedo foi o tabaco. A planta implicou permanente expansão agrícola por ser exigente, esgotando rapidamente o solo e obrigando a novas áreas de cultivo. O fumo tomou-se um produto fundamental no Sul.

A falta de braços para o tabaco em pouco tempo impôs o uso do escravo. Esse trabalho escravo cresceu lentamente, posto que, como vimos, a mão de obra branca servil era muito forte no século XVII.

A sociedade sulina que acompanha essa economia é marcada, como não poderia deixar de ser, por uma grande desigualdade. Como ressaltou um contemporâneo, Isaac Weld, logo após a Independência:

> Os principais donos de plantações na Virgínia têm quase tudo que querem em sua própria propriedade. As propriedades grandes são administradas por mordomos e capatazes, todo o trabalho é feito por escravos... Suas habitações estão geralmente a cem ou duzentas jardas [90 a 180m] da casa principal, o que dá aparência de aldeia às residências dos donos de plantações na Virgínia.

Com essa economia mais voltada ao mercado externo, as colônias do Sul resistirão mais à ideia de independência. Os plantadores meridionais das 13 colônias temiam que uma ruptura com a Inglaterra pudesse significar uma ruptura com sua estrutura econômica.

Ilustrando essa ideia, uma testemunha registrava, em 1760, como as colônias do Sul dependiam da Inglaterra, afirmando que quase todas as roupas vinham de lá, apesar de o Sul produzir excelente linho e algodão. Constatava ainda, horrorizada, que apesar de as colônias estarem cheias de madeira, importam bancos, cadeiras e cômodas.

As colônias centrais teriam sua vida econômica mais ligada à agricultura, principalmente a de cereais. Últimas colônias conquistadas pela Inglaterra, predominaram nelas as pequenas propriedades e, a exemplo do Norte, desenvolveram atividades manufatureiras.

Assim, podemos identificar com clareza duas áreas bastante distintas nas 13 colônias. As colônias do Norte, com predominância da pequena propriedade, do trabalho livre, de atividades manufatureiras e com um mercado interno relativamente desenvolvido, realizando o comércio triangular. As colônias do Sul com o predomínio do latifúndio, voltado quase que inteiramente à exportação, ao trabalho servil e escravo e pouco desenvolvidas quanto às manufaturas. Essas diferenças serão fundamentais tanto no momento da Independência quanto no da Guerra Civil americana.

INDÍGENAS

Centenas de tribos indígenas habitavam a América do Norte até a chegada dos europeus. Há uma variedade enorme nessas tribos: só em línguas diferentes encontraram-se mais de trezentas.

Grupos indígenas como os cherokees, iroqueses, algonquinos, comanches e apaches povoavam todo o território, do Atlântico até o Pacífico. Alguns outros grupos deram nomes à geografia dos EUA: Dakota, Delaware, Massachusetts, Iowa, Illinois, Missouri. Por toda a América, a história dessas tribos seria profundamente modificada pela chegada dos europeus.

As opiniões dos colonos sobre os indígenas variaram, mas foram, quase sempre, negativas. Um dos mais antigos relatos sobre eles, de 1628, de autoria de Jonas Michaëlius, mostra bem isso:

> Quanto aos nativos deste país, encontro-os totalmente selvagens e primitivos, alheios a toda decência; mais ainda, incivilizados e estúpidos, como estacas de jardim, espertos em todas as perversidades e ímpios, homens endemoniados que não servem a ninguém senão o diabo [...]. É difícil dizer como se pode guiar a esta gente o verdadeiro conhecimento de Deus e de seu mediador Jesus Cristo.

Jonas Michaëlius parte de um ponto de vista europeu. Como os índios não têm uma cultura semelhante à europeia, ele os considera incivilizados. Jonas não pode ver outro tipo de civilização: vê apenas dois grupos, os que são civilizados e os que não são. Os que não são, no caso os nativos, são como "estacas de jardim".

O preconceito, como mostrado no documento, não foi o único dano que os ingleses causaram aos índios. Mesmo se não fossem agressivos, os europeus já seriam perigosos. A imigração europeia havia introduzido na América do Norte doenças para as quais os nativos não tinham defesa. As epidemias nas colônias inglesas atingiram os indígenas da mesma forma que nas áreas ibéricas. O sarampo matou milhares de indígenas em toda a América.

A ocupação das terras indígenas por parte dos colonos baseava-se em argumentos de ordem teológica. Os peregrinos haviam se identificado com o povo eleito que Deus conduzia a uma terra prometida. Tal como Deus dera força a Josué (na *Bíblia*) para expulsar os habitantes da terra prometida, eles acreditavam no seu direito de expulsar os que habitavam a sua Canaã. John Cotton, pastor puritano, fez vários sermões nos quais destacou a semelhança entre a nação inglesa e a luta pela terra prometida descrita no Antigo Testamento.

Embora o fato seja bem pouco conhecido da História norte-americana, os índios também foram escravizados. Os colonos das Carolinas, em particular, desenvolveram o hábito de vender índios como escravos. Em 1708, a Carolina do Sul contava com 1.400 escravos índios. Essa prática permaneceria até a Independência.

É natural imaginar uma reação indígena. A expansão agrícola por sobre áreas indígenas originou violentos ataques às terras dos colonos. No começo da colonização, mais de uma aldeia inglesa foi arrasada por ataques de índios, como, por exemplo, a de Wolstenholme, na Virgínia.

Dos diversos tratados de paz entre colonos e índios, demarcando terras de uns e de outros, surgiu a prática das reservas indígenas, áreas que pertenceriam exclusivamente aos índios. A permanência de conflitos mesmo com os índios das "reservas" revela que estes acordos não foram cumpridos em sua totalidade.

Mais de uma vez historiadores empregaram a expressão "genocídio" para caracterizar o massacre de populações indígenas na América do Norte. Isto não é incorreto nem diferente do que ocorria em todo o resto da América. A ideia europeia de colonização significou uma mortandade imensa em todo o continente americano.

Um grande debate ocorreu em função dos casamentos mistos ou não. Encontramos no mundo inglês da América documentos que apoiam a mestiçagem como instrumento de evangelização e até de domínio dos índios. Em 1728, Byrd havia dito isto literalmente, afirmando que:

> todas as nações formadas por homens têm a mesma dignidade cultural, e todos sabemos que talentos muito brilhantes podem estar albergados em peles muito morenas [...] as mulheres indígenas poderiam ser esposas muito honestas dos primeiros colonos.

Da mesma forma, Peter Fontaine havia defendido a mestiçagem com as mulheres índias em vez de com as negras, em 1757.

Já nos primórdios da colonização temos um caso significativo. Em 1607 chegara a Jamestown o capitão inglês John Smith. Pouco tempo após sua chegada, foi capturado por índios. Quando a cabeça do capitão estava para ser esmagada, a jovem Pocahontas (que então contava dez ou doze anos) reivindica a vida do prisioneiro para si. No futuro, muitas vezes a jovem Pocahontas levaria comida até a vila faminta dos ingleses, avisaria o capitão dos ataques indígenas e tudo faria para agradá-lo. No entanto, ao contrário do que se poderia esperar, o capitão J. Smith não se casa com a jovem indígena. Ele acaba voltando para a Inglaterra. Em 1614, Pocahontas aceita a fé cristã, passa a se chamar Rebeca, e casa-se com um plantador de tabaco: John Rolfe. Em 1616, ela viaja para a Inglaterra e é recebida pelo

Pocahontas aos 21 anos, já cristã e com trajes europeus.

próprio rei, envolvida pela mística de uma "princesa indígena" na corte Stuart. O clima inglês parece ter sido danoso a sua saúde, pois morreu lá tentando voltar para a América.

Existem, é bem verdade, experiências puritanas de conversão do índio além de Pocahontas. Havia mesmo um colégio índio em Harvard, onde os puritanos pretendiam formar elites índias cristianizadas para atuarem próximos aos índios. Os índios deveriam estudar Lógica, Retórica, Grego e Hebraico. É fácil imaginar que o colégio não foi um sucesso enorme entre as populações indígenas. Em 1665, um índio com o complexo nome de Caleb Cheesahahteaumuck concluiu seu bacharelado no colégio. Foi o único. Nenhum outro índio conseguiu esta proeza. O colégio tornara-se um fracasso, e, em 1698, foi demolido. Houve outras experiências de conversão e catequese. Nunca houve um processo sistemático e permanente como no mundo da América ibérica. Os esforços do reverendo Eliot, que chegou a traduzir o Novo Testamento para os índios algonquinos, são exceção, não a regra.

Existem vários relatos em inglês sobre a visão do índio em relação ao homem branco. Com todas as limitações de se descrever uma invasão na língua dos invasores, esses relatos ainda assim apontam dados interessantes. Um índio descreve a chegada dos brancos:

> [...] buscaram por todos os lados bons terrenos, e quando encontravam um, imediatamente e sem cerimônia se apossavam dele; nós estávamos atônitos, mas, ainda assim, nós permitimos que continuassem, achando que não valia a pena guerrear por um pouco de terra. Mas quando chegaram a nossos terrenos favoritos – aqueles que estavam mais próximos das zonas de pesca – então aconteceram guerras sangrentas. Estaríamos contentes em compartilhar as terras uns com os outros, mas esses homens brancos nos invadiram tão rapidamente que perderíamos tudo se não os enfrentássemos... Por fim, apossaram-se de todo o país que o Grande Espírito nos havia dado...

A ideia de predestinação, o ideal de empresa, tudo colaborou para enfraquecer a mestiçagem e a catequese dos índios. O mundo inglês conviveria com o índio, mas sem amálgama.

De várias formas os índios resistiram à violência da colonização. Uma maneira comum era fugir para o interior, estratégia que seria utilizada até o século XIX. Outra era reagir com violência à invasão. Em 1622, por exemplo, os índios atacaram Jamestown e mataram 350 colonos da Virgínia. O chefe Metacom (chamado rei Filipe pelos brancos) atacou, em 1676, os colonos da Nova Inglaterra, causando muitas mortes. Ao longo dos séculos XVII e XVIII, os índios fizeram várias alianças com franceses contra os ingleses.

É importante dizer, por fim, que nem todos os colonos tinham o mesmo grau de agressividade contra os índios. Grupos quakers e menonitas recusavam a violência contra índios e também a violência da compra de escravos negros. Porém, quakers, menonitas, católicos e puritanos ocupavam de igual modo as terras que foram, originalmente, dos índios. A longa "trilha de lágrimas" indígena continuaria durante todo o período colonial e seria até intensificada com a expansão para o Oeste no século XIX. Apenas recentemente a população indígena dos Estados Unidos voltou a crescer.

NEGROS

O primeiro navio holandês com escravos negros chegou à Virgínia em 1619. Em 1624, em Jamestown, o primeiro menino negro nascia em solo americano. Era William Tucker, filho de africanos e, oficialmente, o primeiro afro-americano.

Em duas décadas, a escravidão já estava presente em todas as colônias e havia uma legislação específica para ela. A escravidão negra concorria com a servidão branca, mas o contato dos mercadores das colônias com as Antilhas foi servindo como propaganda para o uso da mão de obra africana. Aos plantadores, a escravidão negra foi parecendo cada vez mais vantajosa e seu número crescia bastante.

Gustavus Vassa, um nigeriano trazido para os Estados Unidos como escravo e batizado com nome cristão, em 1794, descreve a terrível travessia do oceano que os negros enfrentavam. Em navios superlotados, a mortalidade era alta. Alimentação escassa e chicote abundante eram responsáveis pelo aumento dessa mortalidade. Os que sobreviviam à travessia eram vendidos nos mercados da América. A impressão dessa venda é descrita por Vassa, ele próprio tendo sido leiloado na chegada:

> Conduziram-nos imediatamente ao pátio... como ovelhas em um redil, sem olharem para idade ou sexo. Como tudo me era novo, tudo o que vinha causava-me assombro. Não sabia o que diziam, e pensei que esta gente estava verdadeiramente cheia de mágicas... A um sinal de tambor, os compradores corriam ao pátio onde estavam presos os escravos e escolhiam o lote que mais lhes agradava. O ruído e o clamor com que se fazia isso e a ansiedade visível nos rostos dos compradores serviam para aumentar muito o terror dos africanos... Dessa maneira, sem escrúpulos, eram separados parentes e amigos, a maioria para nunca mais voltarem a se ver.

Muitos autores costumam considerar a escravidão norte-americana como a mais cruel que a América registrou. É extremamente difícil fazer uma comparação de ordem moral (melhor/pior) entre as formas que a escravidão africana conheceu na América. O historiador norte-americano Frank Tannenbaum diz que a escravidão em áreas anglo-saxônicas fez parte de um mundo moderno, com relações sociais individualistas e um sistema jurídico baseado nas leis anglo-saxônicas. Isso faria do escravo mais um objeto do que um ser humano. O escravo negro em zona ibérica faria parte de uma sociedade paternalista e fundamentada no Direito Romano, o que o tornaria um elemento da base da sociedade, mas ainda assim um ser humano. O quanto essas diferenças de fato foram sentidas pelos escravos e qual o melhor chicote ou o trabalho menos árduo são questões que ainda merecem maiores pesquisas.

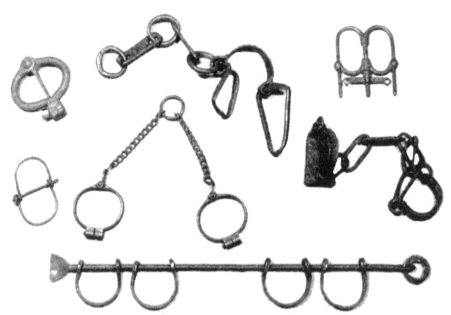

Para uma parte importante da população, o sonho do Novo Mundo foi este: o pesadelo dos instrumentos para punir escravos.

Houve historiadores, especialmente o sulista Ulrich Phillips, que fizeram defesa apaixonada de uma escravidão benéfica. A visão foi duramente atacada por historiadores mais críticos como Herbert Aptheker ou Kenneth Stamp. Na verdade, as posições sobre a escravidão colonial dialogam sempre com a situação do negro na sociedade norte-americana.

O que fazia de alguém escravo? Leis votadas na Virgínia, em 1662, determinavam que a condição de escravo fosse dada pela mãe. Dessa forma, o filho de pai inglês e mãe africana seria escravo. Pouco tempo depois, outra questão importante é tratada pela assembleia da Virgínia, que decide que os escravos batizados permanecem escravos. O interessante é colocar a hipótese de amos piedosos batizarem seus escravos. A conversão dos escravos não era, então, obrigatória como nas áreas ibéricas. Integrar ou não o escravo negro ao universo cristão, impor-lhe ou não o batismo era um ato de piedade que dependia do proprietário.

Em outubro de 1669, uma nova lei sobre escravos determina que, se um escravo vier a morrer em consequência dos castigos corporais impostos pelo capataz ou por seu amo, não será considerado isso "delito maior, mas se absolverá o amo". A lei continua com lógica implacável: matar o escravo não é ato intencional, posto que ninguém, intencionalmente, procura destroçar "seus próprios bens". Essa lei revela a "reificação" (tornar coisa) do escravo na legislação colonial.

No século XVIII, a legislação sobre os escravos se desenvolve bastante, acompanhando o próprio aumento da escravidão no sul das 13 colônias. Um código escravista da Carolina do Sul faz nessa época (1712) um amplo conjunto de leis se referindo à vida dos escravos, verdadeiro retrato da escravidão nas áreas coloniais inglesas.

Nesse código havia uma proibição de os negros saírem aos domingos para a cidade a fim de evitar ajuntamentos de negros nas Carolinas. Nenhum escravo poderia portar armas de qualquer espécie. Recomendava-se rigor aos juízes que tratassem de crimes cometidos por escravos, especialmente se o crime fosse de rebelião coletiva contra a autoridade instituída. A escravidão havia, assim, crescido a ponto de a revolta dos escravos tornar-se um pesadelo para o mundo branco.

Naturalmente, diante da violência da escravidão, os negros resistiram de várias maneiras. O historiador norte-americano Aptheker retrata algumas formas de resistência: lentidão no trabalho, doenças fingidas, maus-tratos aos animais da fazenda, fugas, incêndios, assassinatos (especialmente pelo veneno), automutilações, insurreições etc. Em 1740, os escravos tentaram, em Nova York, envenenar todo o abastecimento de água da cidade.

Em regiões como a Carolina do Sul – com cerca de 60% da população composta por negros – eram comuns revoltas de escravos. Gordas recompensas eram oferecidas pela captura dos que fugiam de seus amos.

Apesar de os escravos no conjunto da população das colônias não ultrapassarem os 20%, em áreas como a Carolina do Sul eram a maioria da população. E justamente nessas áreas que o medo de uma rebelião generalizada aparecia.

Entre 1619 e 1860, cerca de 400 mil negros foram levados da África para os Estados Unidos. Ao fim da época colonial, havia cerca de meio milhão de escravos nas colônias inglesas da América do Norte. A escravidão não sofreria abalos com o movimento de independência, levado adiante, em parte, por ricos escravocratas. Os ventos de liberdade de 1776 tinham cor branca...

No século XIX, um romance abolicionista (*A cabana do Pai Tomás – Uncle Tom's Cabin*) de Harriet Stowe coloca-se radicalmente contra a escravidão, concluindo que ela era um mal em si. Porém, para poder elogiar um negro como Pai Thomas, a autora atribui a ele virtudes "brancas" como ordem, limpeza e trabalho cristão. O mesmo apareceria no século XX em filmes como ...*E o vento levou* (*Gone With the Wind* – 1939), que, com seu racismo declarado, mostrava as delícias da vida de um escravo nos algodoais do Sul.

POPULAÇÃO

No século XVIII, há um grande crescimento da população. Em 1700, 250 mil pessoas habitavam as 13 colônias. Na época da Independência, esse número havia subido para dois milhões e meio. As fontes desse crescimento são a imigração e o desenvolvimento natural da população.

A devastadora Guerra da Sucessão Espanhola havia empurrado grandes massas da Europa para a América. Um desses grupos estava constituído pelos alemães da região do Palatinado, chegando em tão grande número que preocuparam os colonos de origem inglesa. Em 1751, escrevia B. Franklin:

> Por que permitimos aos alemães do Palatinado encher nossas comunidades e estabelecer sua língua e costumes até expulsar as nossas? Por que vamos converter a Pensilvânia, que foi fundada por ingleses, numa colônia de estrangeiros que são tão numerosos que nos germanizarão em lugar de eles se anglicizarem?

Além dos alemães, chegaram também muitos escoceses e irlandeses. Os franceses protestantes também constituíram um significativo grupo de imigrantes no século XVIII. Perseguidos na França, foram para a América e tornaram-se responsáveis pelo crescimento da indústria da seda nas colônias.

Um dos efeitos dessa grande leva de imigrantes não ingleses foi colaborar para o afastamento das colônias americanas de sua metrópole. Constituía-se, assim, um novo mundo, com valores diversos dos ingleses.

Em 1754, Virgínia era a mais povoada das colônias inglesas na América, com 284 mil habitantes, seguida por Massachusetts e Pensilvânia, respectivamente com 210 mil e 206 mil habitantes.

Às vésperas da Independência, as maiores cidades das colônias eram:

Filadélfia: 40 mil habitantes
Nova York: 25 mil habitantes
Boston: 16 mil habitantes
Charleston: 12 mil habitantes.

(Obs.: no mesmo período, a Cidade do México tinha 70 mil habitantes.)

Nas cidades, a elite comerciante era o grupo mais importante. Comparativamente à Inglaterra do mesmo período, havia menos pobres nas cidades da América. No entanto, a maioria da população das 13 colônias era rural. No Norte, predominavam as pequenas propriedades familiares; no Sul, as grandes plantações eram mais frequentes.

VIDA COTIDIANA

A família das colônias em muito se assemelhava às famílias europeias. Havia uma média de sete filhos por casa, com uma alta taxa de mortalidade infantil. A autoridade residia no pai, mas todos os membros da família deveriam trabalhar.

As mulheres tinham trabalhos dentro e fora de casa. Por suas mãos a família se vestia, comia e obtinha iluminação, tendo em vista que tecidos, alimentos e velas eram geralmente produção caseira. No século XVIII, as mulheres das colônias dificilmente ficavam solteiras, casando-se por volta dos 24 anos – bem mais tarde que as mulheres europeias do período. Já no século XIX, o autor francês Alexis de Tocqueville notaria que as mulheres da América eram muito mais liberadas do que as europeias.

A História tradicional preocupou-se pouco com a vida das pessoas anônimas, guardando para si os atos dos reis e figuras notáveis. Mesmo assim, por meio de poucos documentos, podemos reconstituir uma parte da vida cotidiana. O viajante francês Durant de Dauphiné descreveu, por exemplo, um casamento na Virgínia de 1765:

Havia cerca de cem pessoas convidadas, várias delas de boa classe, e algumas damas, bem-vestidas e agradáveis à vista. Mesmo sendo o mês de novembro, o banquete realizou-se debaixo das árvores. Era um dia esplêndido. Éramos oitenta na primeira mesa e nos serviam carnes de todo o tipo e em tanta abundância, que, estou seguro, havia suficiente para um regimento de quinhentos homens [...].

Prossegue o cronista relatando a falta de vinho, substituído por cerveja, cidra e ponche. Temos até a receita desse ponche: três partes de cerveja, três de brandy, um quilo e meio de açúcar e um pouco de noz-moscada e canela.

O banquete começava por volta das duas da tarde e durava até noite alta. As mulheres dormiam dentro da casa e os homens pela rua e no celeiro. Quase todos pernoitavam no anfitrião e retornavam para suas casas no dia seguinte.

As mulheres brancas gozavam de boa fama entre os viajantes que visitavam a América. Lord Adam, um inglês visitando os EUA em 1765, descreve-as como diligentes, excelentes esposas e boas para criar família.

Apesar dos elogios, as mulheres não tinham identidade legal. Sua vida transcorria à sombra do pai e do marido. O divórcio foi escasso nas colônias. A maior parte das mulheres casava-se uma única vez.

O universo puritano dividia a existência humana entre infância e idade adulta, sem intermediários. Assim, depois dos sete anos de idade, as crianças eram vestidas como adultos pequenos. Aprender a ler e escrever e o ofício dos pais era, basicamente, a educação que os pequenos recebiam. As crianças tinham várias tarefas na casa colonial, concebida como uma microcomunidade de trabalho.

Mesmo com o desenvolvimento do comércio e das atividades manufatureiras, grande parte da população ligava-se ao campo; a maioria dos homens, portanto, dedicava-se à agricultura.

Cozinha de colonos na Nova Inglaterra, local de encontro e intensa atividade familiar.

Em uma cultura prática, os objetos também são, acima de tudo, práticos. Casas geralmente pequenas, camas compartilhadas por várias crianças. Banheiro exterior à habitação. Poucos móveis.

As roupas eram, como já vimos, confeccionadas em casa. A sociedade puritana, em particular, vestia-se sobriamente, com tons escuros. As joias eram quase inexistentes. Quase todos os homens andavam armados.

A vida cotidiana nas colônias inglesas da América do Norte revela uma cultura voltada à função e não à forma. Nas igrejas coloniais ibéricas, quadros ornamentados, altares cheios de detalhes, pinturas – tudo destacava uma forma opulenta que devia levar a Deus. As igrejas da América anglo-saxônica eram despojadas, com bancos para os fiéis, um local elevado para a pregação do pastor (púlpito) e um órgão. As igrejas puritanas, notadamente, tinham o destaque para o púlpito, ao contrário das católicas, que destacavam o altar.

Em um mundo que se dedicava pouco às diversões, o anglo-saxão costumava ligar trabalho e lazer. As reuniões festivas dos colonos tinham, quase sempre, um objetivo prático: construir um celeiro, preparar conservas etc. A festa misturava-se ao trabalho.

Em 1759, o clérigo britânico Burnaby descreveu Williamsburg (na Virgínia) como uma cidade de duzentas casas, ruas paralelas, praça ao centro e construções de madeira. O autor destaca a simplicidade dos edifícios públicos, à exceção do palácio governamental. A cidade só ficava mais "animada" em época de assembleias, quando a população rural se destinava a ela.

Nos relatos da vida cotidiana nas colônias há um princípio prático que volta com insistência. Tanto na vida cultural como na econômica, as populações das colônias dedicaram-se pouco a atividades de especulação filosófica ou artística. Poucos documentos ilustrariam tão bem essa característica como uma carta de John Adams, em 1780. Residindo em Paris, escrevia ele:

> Eu poderia encher volumes com descrições de templos e palácios, pinturas, esculturas, tapeçarias e porcelanas – se me sobrasse tempo. Mas não poderia fazer isso sem negligenciar os meus deveres... Devo estudar política e guerra para que meus filhos possam ter a liberdade de estudar matemática e filosofia, geografia, história natural, arquitetura naval, navegação, comércio e agricultura, a fim de que deem a seus filhos o direito de estudarem pintura, poesia, música, arquitetura, estatuária, tapeçaria e porcelana.

Logo, na mentalidade de Adams, que não constitui uma exceção nas colônias, a guerra era o primeiro item, depois viriam as atividades econômicas e, por fim, quando tudo isso estivesse feito, sobraria o espaço para a arte formal propriamente dita.

O PROCESSO DE INDEPENDÊNCIA

GUERRAS E MAIS GUERRAS

O final do século XVII e todo o século XVIII foram acompanhados de muitas guerras na Europa e na América. De muitas formas, essas guerras significaram o início do processo de independência das 13 colônias com relação à Inglaterra.

A primeira dessas guerras ocorreu no final do século XVII, anunciando o clima de conflitos permanentes que acompanhariam as 13 colônias durante quase todo o século XVIII. Trata-se da Guerra da Liga de Augsburgo, que, nas colônias inglesas, foi chamada de Guerra do Rei Guilherme (William).

Essa guerra foi uma reação da Inglaterra à política expansionista do rei Luís XIV da França. Inicialmente indiferente a essa política, a Inglaterra muda de atitude quando da expulsão dos protestantes franceses promovida por Luís XIV. O rei Guilherme da Inglaterra, ao subir ao trono, declara guerra à França.

Essa guerra (1688-1697) já apresenta as características dos conflitos seguintes: iniciam-se na Europa e contam, na América, com a participação dos índios. Estes, aliados dos franceses, quase tomaram Nova York, mas navios da colônia de Massachusetts impediram a investida, atacando Porto Royal, nas possessões francesas.

Ao final da guerra, o tratado entre França e Inglaterra (Tratado de Ryswick) estabeleceu a devolução de Porto Royal para os franceses, que, a essa altura, já tinha sido rebatizado como Nova Escócia. Esse tratado mostra como os interesses dos colonos pouco importavam para a Inglaterra. Aos negociantes ingleses do tratado interessaram apenas as necessidades da Inglaterra, traçando decisões sobre o mapa das colônias sem levar em conta os interesses dos habitantes locais. Esses tratados ajudam a explicar por que, logo após as guerras coloniais, começa a se acelerar o processo de independência das 13 colônias.

A guerra seguinte é a da Rainha Ana ou da Sucessão Espanhola (1703-1713). Carlos II, rei da decadente Espanha, havia morrido sem deixar herdeiros. A política de casamentos entre a realeza europeia tornava inúmeros reis sucessores em potencial. A Inglaterra apoiava a Áustria, em oposição à França, que tentava colocar no trono espanhol Filipe, neto de Luís XIV.

Durante o conflito, as colônias inglesas enfrentaram duas frentes de batalha. Ao norte, os colonos franceses e os índios aliados. Nessa, como em todas as outras guerras, os franceses haviam seduzido, mediante promessas de territórios, algumas tribos indígenas. O mesmo aconteceu com os colonos ingleses, que também tinham aliado índios (essas promessas eram, com frequência, esquecidas após a vitória). Ao sul, a Carolina do Sul enfrentava os espanhóis da Flórida.

Os interesses europeus na América misturavam-se e até opunham-se aos interesses dos colonos. Os colonos do Sul queriam o domínio do Mississipi; os do Norte, o domínio do comércio de peles e a posse dos bancos pesqueiros da Terra Nova.

Ao enviar uma tropa de dez mil soldados para a América a fim de auxiliar os colonos, a Inglaterra acabou atrapalhando a luta das 13 colônias contra os franceses e espanhóis. O exército inglês foi acusado pelos colonos de ineficiente, corrupto e, acima de tudo, extremamente caro para a economia das colônias. Mais uma vez, as guerras coloniais contribuíam para contrapor os interesses dos colonos aos interesses da Inglaterra.

Apesar desses atritos entre os colonos e as tropas inglesas, o Tratado de Utrecht, que pôs fim à guerra, foi extremamente benéfico para as 13 colônias, particularmente para as do Norte. Os colonos adquiriram o controle da baía de Hudson e o consequente domínio sobre o comércio de peles na região. A Acádia francesa tornou-se possessão da Inglaterra e as ilhas da Terra Nova abriram-se ao domínio da pesca dos colonos ingleses, que se apossaram do lucrativo comércio de bacalhau.

A Guerra da "Orelha de Jenkins", entre 1739 e 1742, agitou a vida na América após o conflito da Sucessão Espanhola. Aproveitando-se do ataque espanhol ao navio do capitão Jenkins (durante o qual ele perdeu uma orelha), os colonos atacaram possessões espanholas. O ataque dirigiu-se à Flórida e, logo em seguida, à Cartagena, na atual Colômbia.

Três mil e quinhentos colonos foram comandados por oficiais ingleses nesses ataques. A febre amarela atacou-os com violência no Caribe. O fracasso da expedição, naturalmente, foi atribuído ao comando inglês. Apenas seiscentos colonos sobreviveram, aumentando o ressentimento contra o exército britânico.

Outro problema de sucessão, desta feita na Áustria, provocaria um atrito entre as nações da Europa. Trata-se da Guerra da Sucessão Austríaca, entre 1740 e 1768. A Inglaterra apoiava Maria Teresa; os franceses, alegando a impossibilidade de uma mulher assumir o trono, opuseram-se a ela. Na América, essa guerra foi conhecida como Guerra do Rei Jorge.

Durante a guerra, nas colônias, o forte francês de Louisbourg foi tomado por uma expedição saída de Boston. Quando foi assinado o tratado de paz (Tratado de Aix-La-Chapelle), a Inglaterra comprometeu-se a devolver o forte para a França. Mais uma vez, os interesses ingleses eram sobrepostos aos interesses dos colonos. Os colonos, que haviam financiado a tomada do forte, enviaram ao Parlamento as despesas de sua captura.

A Guerra do Rei Jorge colaborou também para despertar o interesse da França e da Inglaterra pelo vale de Ohio, interesse que apareceria de forma bastante intensa no conflito seguinte.

Dois anos antes de começar na Europa a Guerra dos Sete Anos (1756-1763), começavam na América os conflitos nomeados de Guerra Franco-Índia. O início do choque ligava-se exatamente às pretensões dos colonos de se expandirem sobre as áreas indígenas do Ohio.

"Faça a união das colônias ou desapareça!",
a primeira caricatura norte-americana a favor da união das 13 colônias.

Em junho de 1754, foi organizada uma conferência das colônias inglesas em Albany (Nova York). Pela primeira vez, de fato, surge um plano de união entre as colônias, elaborado pelo bostoniano Benjamin Franklin, como forma de dar mais força aos colonos em sua luta contra os inimigos. A ideia de uma união desagradou o governo inglês, que temia os efeitos posteriores dela. As próprias colônias desconfiaram também dessa união, temendo a perda da autonomia.

A Guerra Franco-índia e a dos Sete Anos acabaram por eliminar o Império Francês na América do Norte. Derrotada na Europa e na América, a França entrega para a Inglaterra uma parte de suas possessões no Caribe e no Canadá.

De muitas formas, a Guerra dos Sete Anos é a mais importante de todas as guerras do século XVIII. Deixou evidente o que já aparecera em outras guerras: os interesses ingleses nem sempre eram idênticos aos dos colonos da América.

A derrota da França afastou o perigo permanente que as invasões francesas representavam na América, deixando os colonos menos dependentes do poderio militar inglês para sua defesa. Além disso, os habitantes das 13 colônias tinham experimentado a prática do exército e o exercício da força para conseguir seus objetivos e haviam tido, ainda que fracamente, sentimentos de unidade contra inimigos comuns. Somando-se a esse novo contexto, a política fiscal inglesa para com as colônias, após a Guerra dos Sete Anos, alterou-se bastante, como veremos adiante. Levando em conta os argumentos apresentados, é absolutamente correto relacionar as guerras coloniais com as origens da independência das 13 colônias.

OS COLONOS VENCEM A GUERRA E PERDEM A PAZ...

Como já foi visto, a colonização inglesa da América do Norte, particularmente das colônias setentrionais, não foi feita mediante um plano sistemático. Em parte pelas características das colônias, em parte pela própria situação da Inglaterra no século XVII com suas crises internas, as colônias gozavam de certa autonomia. A metrópole, ausente e distante, raramente interferia na vida interna das colônias.

Essa situação tende a mudar no século XVIII. O sistema político inglês definira-se como uma monarquia parlamentar, o que proporcionará à Inglaterra grande estabilidade política. Participando do poder, a burguesia inglesa promove grande desenvolvimento econômico. Os séculos XVIII e XIX na Inglaterra, ao contrário da França, serão de relativa paz interna, favorecendo a expansão e o controle do Império colonial.

A burguesia no poder inglês, contando com matéria-prima (como ferro e carvão), com vasta mão de obra e a invenção de máquinas na área têxtil, passa a concentrar trabalhadores em espaços chamados fábricas. A Revolução Industrial é, antes de mais nada, a introdução de uma nova disciplina de trabalho, explorando ao máximo a mão de obra e provocando um aumento extraordinário de produção. Essa produção, é claro, provoca uma nova busca de mercados consumidores e de maiores necessidades de matérias-primas como o algodão. Assim, na segunda metade do século XVIII, as colônias da América são vistas como importantes fontes para alimentar o processo industrial inglês.

Outro elemento que colaborou para a mudança da atitude inglesa com relação às colônias foram as guerras do século XVIII. Essas guerras obrigaram a uma maior presença de tropas britânicas na América, causando inúmeros atritos. Os acordos ao final desses conflitos nem sempre foram favoráveis aos colonos. Por fim, guerras como a dos Sete Anos, mesmo terminando com a vitória da Inglaterra, implicaram altos gastos. Eram inúmeras as vozes no Parlamento da Inglaterra que desejavam ver as colônias da América colaborando para o pagamento desses gastos.

A Guerra dos Sete Anos estabelecera uma maior presença militar nas colônias. A Coroa decidiu manter um exército regular na América, a um custo de 400 mil libras por ano. Para o sustento desse exército, os colonos passariam a ver aumentada sua carga de impostos. Situação desagradável para os colonos: pagar por um exército que, a rigor, estava ali para policiá-los.

O final da Guerra dos Sete Anos também trouxe novos problemas entre colonos e índios. Vencido o inimigo francês, os colonos queriam uma expansão mais firme entre os montes Apalaches e o rio Mississipi, áreas tradicionais de grandes tribos indígenas. O resultado disso foi uma nova fase de guerra entre os índios e os colonos. Várias tribos unidas numa confederação devastaram inúmeros fortes ingleses com táticas de guerrilha. Contra essa rebelião liderada por Pontiac, os ingleses usaram de todos os recursos, inclusive espalhar varíola entre os índios.

Apesar da derrota dos índios, o governo inglês decidiu apaziguar os ânimos e, em setembro de 1763, o rei Jorge III proibiu o acesso dos colonos a várias áreas entre os Apalaches e o Mississipi. O decreto de Jorge III reconhecia a soberania indígena sobre essas áreas, afirmando também que:

> Considerando que é justo e razoável e essencial ao nosso interesse e à segurança de nossas colônias que as diversas nações ou tribos de índios como as que estamos em contato, e que vivem sob nossa proteção, não sejam molestadas ou incomodadas na posse das ditas partes de nossos domínios [...].

Geralmente pouco considerada, a Declaração de 1763 é uma origem importantíssima para a revolta colonial contra a Inglaterra. Importante, em primeiro lugar, porque fere os interesses de expansão dos colonos. Tanto os que exploravam as peles como os que plantavam fumo viam nessas ricas terras, que o decreto agora reconhecia como indígena, uma ótima oportunidade de ganho. Importante também porque representava uma mudança grande da Coroa inglesa em relação às colônias da América: o início de uma política de interferência nos assuntos internos dos colonos. O ano de 1763 marcou uma mudança na história das relações entre a Inglaterra e suas colônias.

AS LEIS DA RUPTURA

A Inglaterra tornou-se, após a Guerra dos Sete Anos, a grande potência mundial e passou a desenvolver uma política crescente de domínio político e econômico sobre colônias.

A Lei do Açúcar (American Revenue Act ou Sugar Act), em 1764, representou outro ato dessa nova política. Essa lei reduzia de seis para três pence o imposto sobre o melaço estrangeiro, mas estabelecia impostos adicionais sobre o açúcar, artigos de luxo, vinhos, café, seda, roupas brancas. Desde 1733 havia lei semelhante, no entanto os impostos sobre os produtos perdiam-se na ineficiência das alfândegas inglesas nas colônias.

O que irritava os colonos não era tanto a Lei do Açúcar, mas a disposição da Inglaterra em fazê-la cumprir. Criou-se uma corte na Nova Escócia com jurisdição sobre todas as colônias da América para punir os que não cumprissem essa e outras leis.

Além disso, a Lei do Açúcar procurava destruir uma tradição dos colonos da América: comprar o melaço para o comércio triangular onde ele fosse oferecido em melhores condições. Isso significava que a escolha nem sempre recaía sobre as ilhas inglesas do Caribe, mas também sobre as possessões francesas.

Ao indicar em sua introdução que seu objetivo era "melhorar a receita deste reino", a Lei do Açúcar torna claro o mecanismo mercantilista que a Inglaterra pretendia. No segundo século da colonização, a Coroa britânica queria fazer as colônias cumprirem a sua função de colônias: engrandecimento da metrópole. Ficava clara uma mudança na política inglesa.

Os colonos reagiram imediatamente. Um deles, James Otis, publicou uma obra denunciando as medidas e reafirmando um velho princípio inglês que os colonos invocavam para si: "taxação sem representação é ilegal".

O que significa isso? Desde a Idade Média até o século XVIII a Inglaterra sofreu muitos movimentos que afirmavam este princípio: para alguém pagar um imposto (taxação), essa pessoa deve ter votado num representante que julgou e aprovou este imposto (representação). Assim foi com os burgueses que impuseram limites a Carlos I. Era esse princípio tradicional da Inglaterra que Otis, no fundo, queria fazer valer para as colônias.

Além dos protestos como o de James Otis, os colonos organizaram boicotes às importações de produtos ingleses, como, por exemplo, às rendas para a confecção de vestidos.

No mesmo ano de 1764, o governo inglês baixa a Lei da Moeda, proibindo a emissão de papéis de crédito na colônia, que, até então, eram usados como moeda. O comandante do exército britânico na América, general Thomas Gage, sugeria e fazia aprovar no mesmo ano a Lei de Hospedagem. Essa lei determinava as formas como os colonos deveriam abrigar os soldados da Inglaterra na América e fornecer-lhes alimento.

Mais uma vez, a Lei de Hospedagem e a da Moeda revelam mudanças na política inglesa. O objetivo claro da Lei da Moeda era restringir a autonomia das colônias. A Lei da Hospedagem desejava, em última análise, tornar as colônias mais baratas para o tesouro inglês.

Porém, é somente com a Lei do Selo, de 1765, que notamos uma resistência organizada dos colonos a esta onda de leis mercantilistas. A Inglaterra estabelecia, em 22 de março de 1765, que todos os contratos, jornais, cartazes e documentos públicos fossem taxados.

A lei caiu como uma bomba nas colônias! Foram realizados protestos em Boston e em outras grandes cidades. Em Nova York, um agente do governo inglês foi dependurado pelas calças num denominado "poste da liberdade". Um grupo chamado Filhos da Liberdade chegou a invadir e saquear a casa de Thomas Hutchinson, representante do governo inglês em Massachusetts.

Além de todos esses atos, foi convocado o Congresso da Lei do Selo. Em Nova York, os representantes das colônias elaboraram a Declaração dos Direitos e Reivindicações. Esse documento é bastante interessante para avaliarmos o sentimento dos colonos, em particular da elite comerciante, às medidas inglesas.

O documento afirma sua lealdade em relação ao rei Jorge III. No entanto, invoca para as colônias os mesmos direitos que os ingleses tinham na metrópole. O documento afirma, lembrando uma tradição que remonta às ideias do filósofo inglês Locke, que nenhuma lei pode ser válida sem uma representação dos colonos na Câmara dos Comuns. Por fim, pede a Declaração que essa e outras leis que restringem o comércio sejam abolidas.

Com a Lei do Selo, a Coroa havia incomodado a elite das colônias. A reação foi grande, assustando os agentes do tesouro da Inglaterra. Houve um movimento de boicote ao comércio inglês; no verão de 1765, decaiu o comércio com a Inglaterra em 600 mil libras. Em quase todas as colônias, os agentes do tesouro inglês eram impossibilitados de colocar os selos nos documentos. A reação era generalizada. Em 1766, o Parlamento inglês viu-se obrigado a abolir a odiada lei. Os colonos haviam demonstrado sua força. A Inglaterra retrocedia para avançar mais, logo em seguida.

O Massacre de Boston, gravura de Paul Revere. O episódio do "Massacre de Boston" foi usado largamente como propaganda por parte dos adeptos da separação.

Um novo ministério formado na Inglaterra traria ao poder homens mais dispostos a submeter a colônia do que ceder às pressões dos colonos. O ministro da Fazenda, Charles Townshend, decretou, em 1767, medidas que foram conhecidas como Atos Townshend. Esses atos lançavam impostos sobre o vidro, corantes e chá. A Assembleia de Nova York foi dissolvida por não cumprir a Lei de Hospedagem. Foram nomeados novos funcionários para reprimir o contrabando, bastante praticado nas colônias.

O resultado dessas novas leis foi novos protestos, novos boicotes e declarações dos colonos contra as medidas. As leis acabariam sendo revogadas.

No entanto, em Boston, quase ao mesmo tempo em que se deu a anulação dos Atos Townshend, um choque entre americanos e soldados ingleses tornaria as relações entre as duas partes muito difíceis. Protestando contra os soldados, um grupo de colonos havia atirado bolas de neve contra o quartel. O comandante, assustado, mandara os soldados defenderem o prédio. Estes acabaram disparando contra os manifestantes. Cinco colonos morreram. Seis outros colonos foram feridos, mas conseguiram sobreviver. Era 5 de março de 1770. O Massacre de Boston, como ficou conhecido, foi usado largamente como propaganda dos que eram adeptos da separação. Um desenho com a cena do massacre percorreu a colônia. O cheiro de guerra começava a ficar mais forte.

CHÁ AMARGO...

Mais uma vez entra em cena o chá. Mais uma vez surge o mercantilismo que a Inglaterra parece disposta a implantar nas colônias. Mais uma vez, a reação dos colonos.

Para favorecer a Companhia das Índias Orientais, que estava à beira da falência, o governo britânico lhe concede o monopólio da venda do chá para as colônias americanas.

Os colonos tinham o mesmo hábito britânico do chá. Tal como na Inglaterra, o preço da bebida vinha baixando, tornando-a cada vez mais popular. Com o monopólio do fornecimento de chá nas mãos de uma companhia, os preços naturalmente subiriam.

A reação dos colonos à lei foi, pelo menos, original. Primeiro a população procurou substituir o chá por café e chocolate para escapar ao monopólio. Além disso, na noite de 16 de dezembro de 1773, 150 colonos disfarçados de índios atacaram 3 navios no porto de Boston e atiraram o chá ao mar. Era a Boston Tea Party (Festa do Chá de Boston). Cerca de 340 caixas de chá foram arremessadas ao mar. Um patriota entusiasmado disse: "O porto de Boston virou um bule de chá esta noite...".

A reação do Parlamento inglês foi forte. Foram decretadas várias leis que os americanos passaram a chamar de "leis intoleráveis". A mais conhecida delas interditava o porto de Boston até que fosse pago o prejuízo causado pelos colonos. A colônia de Massachusetts foi transformada em colônia real, o que emprestava grandes poderes a seu governador. O direito de reuniões foi restringido. A Inglaterra demonstrava que não toleraria oposições às suas leis.

Nessa ilustração de Paul Revere, oficiais ingleses obrigam a América a tomar chá amargo, uma alusão à arbitrária lei britânica que concedia à Companhia das Índias Orientais o monopólio da venda do chá para as colônias.

No lugar da esperada submissão das colônias, a Inglaterra conseguiu com estas medidas apenas incentivar o processo de independência.

A RUPTURA E O NOVO PAÍS

A Independência das 13 colônias foi influenciada por muitos autores do iluminismo, movimento filosófico de crítica ao poder dos reis e à exploração das colônias por meio de monopólios. Dos filósofos do mundo iluminista, um dos mais importantes para os colonos foi John Locke.

O inglês John Locke, filho de uma família protestante, nasceu em 1632. Viveu o agitado século XVII na Inglaterra e, quando Guilherme e Maria de Orange foram entronados, olhou com aprovação para o novo governo que se instalava.

As ideias de Locke estavam profundamente relacionadas com a Revolução Gloriosa inglesa, que estabeleceu o governo de Guilherme e Maria e consagrou a supremacia do Parlamento na Inglaterra. Na sua maior obra política, *Ensaio sobre o governo civil*, Locke justifica os acontecimentos da Inglaterra.

O filósofo desenvolveu a ideia de um Estado de base contratual. Esse contrato imaginário entre o Estado e os seus cidadãos teria por objetivo garantir os "direitos naturais do homem", que Locke identifica como a liberdade, a felicidade e a prosperidade. Para o filósofo, a maioria tem o direito de fazer valer seu ponto de vista e, quando o Estado não cumpre seus objetivos e não assegura aos cidadãos a possibilidade de defender seus direitos naturais, os cidadãos podem e devem fazer uma revolução para depô-lo. Ou seja, Locke é também favorável ao direito à rebelião. (Esse princípio de resistência à tirania justificava a revolta dos ingleses diante das medidas autoritárias dos Stuart no trono da Inglaterra.)

Tais princípios, expostos na obra de Locke, tornaram-se com o tempo parte da tradição política da Inglaterra. Muitos ingleses que emigraram para as colônias conheciam as ideias do filósofo. Os estudantes das colônias, que iam para a Europa em busca das universidades, voltavam influenciados por ele e por outros pensadores. Dessas e de muitas outras formas, as ideias liberais atravessavam o oceano e frutificavam nas colônias, onde encontravam terreno fértil, passando a fazer parte da tradição política também do Novo Mundo.

O filósofo inglês defendia a participação política para determinar a validade de uma lei. As leis inglesas eram votadas sem que os colonos participassem da votação. Por várias vezes os colonos recusaram-se a aceitar leis votadas por um parlamento no qual eles não tinham assento, alegando o direito de participar em decisões que os afetariam.

Na visão dos colonos, o governo inglês não procurava preservar a vida, a liberdade e a propriedade. Pelo contrário, atentava com sua legislação mercantilista contra a propriedade dos colonos e, por vezes, como no Massacre de Boston, contra a própria vida dos colonos. As palavras de Locke (*Segundo tratado sobre o governo*) assumiam na colônia o papel de ideário de uma revolução:

> Quem quer que use força sem direito, como o faz todo aquele que deixa de lado a lei, coloca-se em estado de guerra com aqueles contra os quais assim a emprega; e nesse estado cancelam-se todos os vínculos, cessam todos os outros direitos, e qualquer um tem o direito de defender-se e de resistir ao agressor.

É interessante identificarmos na Declaração de Independência das 13 colônias longos trechos extraídos das ideias de Locke. O filósofo inglês, ao pretender justificar um movimento em sua terra, acabou servindo de base, quase um século depois, para um movimento contra o domínio da Inglaterra, a mesma Inglaterra que Locke tanto amava.

"DEEM-ME A LIBERDADE OU DEEM-ME A MORTE!"

Essa frase foi dita por um patriota americano: Patrick Henry ("*Give me liberty, or give me death!*"). Ela representa muito do crescente estado de espírito que as leis inglesas iam provocando nas colônias.

Quando a Inglaterra começou sua política mercantilista, os colonos americanos passaram, de forma crescente, a protestar contra esses fatos.

E importante lembrar que não havia na América do Norte, de forma alguma, uma nação unificada contra a Inglaterra. Na verdade, as 13 colônias não se uniram por um sentimento nacional, mas por um sentimento antibritânico. Era o crescente ódio à Inglaterra, não o amor aos Estados Unidos (que nem existiam ainda) que tornava forte o movimento pela independência. Mesmo assim, esse sentimento a favor da independência não foi unânime desde o princípio. Já vimos anteriormente que o Sul era mais resistente à ideia da separação. E tanto entre as elites do Norte como as do Sul, outro medo era forte: o de que um movimento pela independência acabasse virando um conflito interno incontrolável, em que os negros ou pobres interpretassem os ideais de liberdade como aplicáveis também a eles.

Na verdade, as elites latifundiárias ou comerciantes das colônias resistiram bastante à separação, aceitando-a somente quando ficou claro que a metrópole desejava prejudicar seus interesses econômicos.

As sociedades secretas foram uma das primeiras reações dos colonos contra as medidas inglesas. A mais famosa delas foi Os Filhos da Liberdade, que estabeleceu uma grande rede de comunicações, em muito facilitando a articulação entre os colonos. Os Filhos da Liberdade também eram uma escola de política, pois seus membros liam as principais obras políticas (como a de Locke, entre outras) para darem base intelectual ao movimento.

Houve também um grupo feminino intitulado Filhas da Liberdade, com o mesmo propósito. As mulheres também organizaram Ligas do Chá com o objetivo de boicotar a importação de chá inglês. Nas grandes cidades como Nova York e Boston, mulheres encabeçavam campanhas contra produtos elegantes importados da Inglaterra e incentivavam produtos feitos em casa, mais simples, porém mais "patrióticos". Na Carolina do Norte, um grupo de mulheres chegou a elaborar um documento chamado Proclamação Edenton, dizendo que o sexo feminino tinha todo o direito de participar da vida política. Mais tarde, quando a guerra entre as colônias e a Coroa Britânica começou, as colonas demonstraram mais uma habilidade: foram administradoras das fazendas e negócios enquanto os maridos lutavam.

A continuidade das medidas inglesas para as 13 colônias levou os colonos a organizarem o Congresso Continental da Filadélfia, mais tarde conhecido como Primeiro Congresso Continental. Representantes de quase todas as colônias (com exceção da Geórgia) acabaram elaborando uma petição ao rei Jorge, protestando contra as medidas. O texto redigido em 1774 era moderado, o que mostra que a separação não era ainda um consenso. Depois de protestar contra as medidas inglesas, os colonos encerraram o documento dizendo que prestavam lealdade a sua Majestade. O conservadorismo da elite colonial reunida no Congresso não foi suficiente para uma generosa influência de Locke no texto enviado ao rei.

A reação inglesa foi ambígua. Ao mesmo tempo em que houve tentativas de conceder maiores regalias aos colonos, foi aumentado o número de soldados ingleses na América. Esse incremento da força militar acabou estimulando um inevitável choque entre as forças dos colonos e as inglesas. Em Lexington e Concord ocorreram os primeiros choques armados.

Em meio ao início de hostilidades deu-se o Segundo Congresso da Filadélfia. Esse Congresso acabaria reunindo todas as colônias, inclusive a resistente Geórgia. Inicialmente, apenas renovou seus protestos junto ao rei, que acabou se decidindo a declarar as colônias "em rebeldia".

A opinião dos congressistas estava dividida enquanto panfletos como o de Thomas Paine, *Senso comum* (*Common Sense*), pregavam enfaticamente a separação e atribuíam ao rei os males das colônias.

Pode parecer contraditório, mas Paine nasceu na Inglaterra. Entretanto, aos 37 anos, já era um "cidadão do mundo" quando chegou à América, em

Mulheres patriotas organizam boicotes a produtos ingleses e incentivam a produção caseira. Na ilustração: as damas da Sociedade de Senhoras Patriotas de Edenton, Carolina do Norte, jurando não tomar mais chá até a libertação e defendendo a participação feminina na vida política americana.

1774. Filho do dono de uma fábrica de espartilhos, o ativista teve uma vida atribulada e marcada por movimentos políticos. Falido e divorciado, passou nove semanas dentro de um navio até chegar à Pensilvânia. Nos jornais da Pensilvânia, adquire fama de escritor "radical", contrário à escravidão e adepto da independência das colônias.

A 10 de janeiro de 1776, o folheto *Senso comum* chega às livrarias da Filadélfia. Em meio às agitações políticas do inverno de 1776, as cinquenta páginas desse folheto divulgado como anônimo teriam uma importância muito grande, fundamental como elemento de propaganda. Suas afirmações foram espalhadas pelas colônias com grande velocidade. Como o próprio nome diz, Paine sistematizou um sentimento que era crescente entre os colonos, um senso comum e "bom"; deu forma escrita à revolta e corpo às ideias esparsas e aos protestos contra a Inglaterra. Diz o autor:

> A Inglaterra é, apesar de tudo, a pátria-mãe, dizem alguns. Sendo assim, mais vergonhosa resulta sua conduta, porque nem sequer os animais devoram suas crias nem fazem os selvagens guerra a suas famílias; de modo que esse fato volta-se ainda mais para a condenação da Inglaterra. [...] Europa é a nossa pátria-mãe, não a Inglaterra. Com efeito, este novo continente foi asilo dos amantes perseguidos da liberdade civil e religiosa de qualquer parte da Europa [...] a mesma tirania que obrigou aos primeiros imigrantes a deixar o país segue perseguindo seus descendentes.

Firmemente republicano, Paine ataca não só o abuso da monarquia sobre as colônias, mas também a própria monarquia como instituição. A necessidade de uma constituição é ressaltada no folheto. Na visão de Paine, um corpo de leis elaborado nas colônias seria o mais lógico e conveniente para a vida dos colonos. Era a hora da separação:

> A Europa está separada em muitos reinos para que possa viver muito tempo em paz, e onde quer que estoure uma guerra entre a Inglaterra e qualquer potência estrangeira, o comércio da colônia sofre ruínas, por causa de sua conexão com a Grã-Bretanha... Tudo o que é justo ou razoável advoga em favor da separação. O sangue dos que caíram e a voz chorosa da natureza exclamam: Já é hora de separar-nos! Inclusive a distância que o Todo-Poderoso colocou entre a Inglaterra e as colônias constitui uma prova firme e natural de que a autoridade daquela sobre estas nunca entrou nos desígnios do Céu...

O próprio autor manifestou-se surpreso com o sucesso do seu folheto. Mais tarde, porém, mais vaidoso, afirmava numa carta que

> a importância daquele panfleto foi tanta que, se não tivesse sido publicado, e no momento exato em que o foi, o Congresso não teria se reunido ali onde se reuniu. A obra deu à política da América um rumo que lhe permitiu enfrentar a questão.

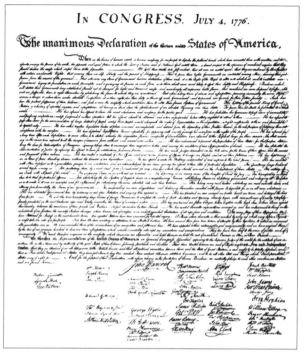

A América WASP declara a Independência.

O sucesso dos escritos de Paine está ligado ao que, no início do livro, chamamos de "espírito de Macbeth". Essa modernidade política é exatamente a capacidade de separar as partes constitutivas da política como um todo, avaliá-las de forma quase abstrata, manipular os conceitos e jogar com eles a favor de um determinado interesse. Paine afirma que "a sociedade é produzida por nossas necessidades, o governo por nossa iniquidade". A Inglaterra é negada em sua condição de mãe-pátria por seus erros, pregando o autor a separação.

A 2 de julho de 1776, o Congresso da Filadélfia acaba decidindo-se pela separação e encarrega uma comissão de redigir a Declaração da Independência. A Declaração fica pronta dois dias depois, em 4 de julho.

O teor da Declaração de Independência é típico desse "pensamento ilustrado", presente nas colônias no século XVIII. Em muitos aspectos, lembra o panfleto de Paine, misturando elementos de pensamento racional com argumentos religiosos.

Thomas Jefferson não é o único, mas é o mais importante autor desse documento. A consciência de que as colônias inglesas da América do Norte pretendiam algo inédito – separar-se da metrópole – deu aos autores do texto um sentido de importância e majestade, como se as colônias estivessem diante do tribunal do mundo:

A RUPTURA E O NOVO PAÍS 87

Em 4 de julho de 1776, o Congresso se reuniu na Filadélfia e proclamou,
com o apoio da população, o surgimento de uma nova nação: os Estados Unidos da América.
Na ilustração: *O espírito de 1776*, de Archibald M. Willard, simboliza a Independência.

> Quando, no curso dos acontecimentos humanos, torna-se necessário para um povo dissolver o vínculo político que o mantinha ligado a outro, e assumir entre as potências da terra a situação separada e igual a que as leis da natureza e o Deus da natureza lhe dão direito, um decoroso respeito às opiniões da humanidade exige que ele declare as causas que o impelem à separação.

Os representantes das colônias, reunidos na Filadélfia, resolveram então explicar ao mundo o que o mundo não tinha perguntado: as causas da separação. Para isso, enumeram 27 atitudes da Inglaterra que prejudicaram as colônias. A explicação e a justificativa não se destinavam à "humanidade", como dizia o texto, mas aos próprios colonos que só pouco antes haviam decidido pela separação.

Os problemas que a Declaração de Independência enumera já são nossos conhecidos: as leis mercantilistas, as guerras que prejudicavam os interesses dos colonos, a existência de tropas inglesas que os colonos deviam sustentar etc. A paciência dos colonos, sua calma e ponderação são destacadas em oposição à posição intransigente e autoritária do rei da Inglaterra, no caso, Jorge III.

Interessante que, dentro do sistema parlamentarista inglês, o rei tem menos importância do que o Ministério. As ações contra os colonos não partiram diretamente de Jorge III, mas dos ministros que pelo Parlamento as impunham à aprovação real. A Declaração, no entanto, resolve concentrar seus ataques na figura do rei, tentando, talvez, "criar" um inimigo conhecido e fixo.

No último parágrafo, por fim, o rompimento definitivo é anunciado. As colônias declaram-se estados livres e independentes, sem qualquer ligação com a Grã-Bretanha. Invocando a proteção divina, selam a primeira Independência das Américas.

A Declaração foi recebida com entusiasmo por quase todos os colonos. Em Nova York, a estátua do rei Jorge III foi derrubada pela população entusiasmada. Em quase todas as colônias houve festas.

Declarar independência era, porém, mais fácil do que lutar por ela. As colônias tiveram que enfrentar uma guerra para garantir essa independência diante da Inglaterra. George Washington, fazendeiro da Virgínia, foi nomeado comandante das forças rebeldes.

As hostilidades haviam começado em Lexington e Concord, como dissemos. Foi organizado o Exército Continental, uma força regular a cargo de Washington. Porém, a Guerra de Independência é também fruto da luta das milícias, grupos mais ou menos autônomos de colonos que faziam atos de sabotagem contra o Exército inglês. Nessa época, desenvolve-se uma noção muito importante para os Estados Unidos: os *minutemen*, homens que deveriam estar prontos para defender-se a qualquer minuto dos ataques da Inglaterra, sendo os verdadeiros "cidadãos em armas".

Em decorrência dessa mentalidade, na futura Constituição dos EUA seria garantido o direito ao cidadão de portar armas, princípio mantido até hoje. (Se na época da guerra contra a Inglaterra essa ideia tinha uma certa validade, hoje ela é um obstáculo ao desarmamento da população.)

A guerra não foi fácil. Os ingleses enviaram vários generais conceituados como William Howe, John Burgoyne e Lord Corwallis e tropas apoiadas pela maior marinha do mundo. Apesar do entusiasmo dos colonos, a experiência e a marinha britânicas pareciam ser obstáculos quase intransponíveis. Os ingleses pagaram ainda uma grande quantidade de mercenários alemães, famosos pela energia de ataque, para lutar na América.

Para piorar a situação dos rebeldes, muitos colonos passaram para o lado dos ingleses, contrários à Independência ou simplesmente em busca de recompensas imediatas. Houve traições ainda mais graves, como a do general Benedict Arnold, que levou aos ingleses muitas informações sobre as forças rebeldes. Havia uma parte dos colonos entusiasmada com a causa da ruptura. Havia uma parte leal à Coroa Britânica e havia um grande número de colonos absolutamente indiferente aos dois lados.

Um dos fatores que mais uniu os colonos em torno da causa da Independência foi a violência inglesa. Banastre Tarleton, por exemplo, foi apelidado de açougueiro pelos norte-americanos, pela ferocidade com que matava mulheres e crianças e incendiava aldeias inteiras. Um dos objetivos de Tarleton era capturar um guerrilheiro pró-Independência Francis Murion, apelidado de Raposa do Pântano. Tarleton morreu com título de *Sir* na Inglaterra, em 1833. Francis Murion morreu como um respeitado patriota na Carolina do Sul, em 1795. Cada um foi herói para o seu país.

A guerra foi uma sucessão de batalhas que ora favoreciam os britânicos, ora os colonos. Vitórias dos colonos – como em Saratoga – permitiram que o embaixador das colônias, Benjamin Franklin, conquistasse em definitivo o apoio espanhol e francês. A França enviou exército e marinha, sob o comando do marquês de Lafayette e do general Rochambeau. A Holanda também aproveitou a guerra para atacar possessões inglesas, ainda que a princípio não reconhecesse a independência das colônias. As rivalidades europeias, dessa vez, eram canalizadas a favor dos colonos.

A entrada da França e da Espanha mudou os rumos da guerra. O conflito havia se deslocado para o Sul. Em 19 de outubro de 1781, as tropas de colonos e seus aliados obtêm a vitória decisiva em Yorktown na Virgínia. Dois anos após a vitória de Washington, em 1783, pelo Tratado de Paris, a França recebia o Senegal na África e algumas ilhas das Antilhas; a Espanha recebia a ilha de Minorca no Mediterrâneo e territórios da Flórida. Pela primeira vez na história, um país da Europa reconhecia a independência de uma colônia.

OS PAIS DA PÁTRIA

A tradição política e historiográfica norte-americana elegeu alguns homens como "pais da pátria" ou "pais fundadores". Eles figuram, com rostos felizes, nas também felizes notas de dólar. George Washington e Benjamin Franklin são dois dos mais destacados.

O povo de Nova York derruba a estátua do rei Jorge III: as colônias rompem com antigos símbolos. Logo surgirão outros, como os "pais da pátria".

George Washington era um fazendeiro da Virgínia. Lutou nas guerras coloniais e adquiriu fama de bom militar. Quando a Independência aconteceu, tornou-se chefe maior das tropas americanas contra as inglesas.

Nascido em 1732, Washington pertencia à elite colonial. A participação dele no Primeiro e Segundo Congressos da Filadélfia não é algo estranho. A Independência e a construção do novo regime republicano foi um projeto levado adiante pelas elites das colônias. Escravos, mulheres e pobres não são os líderes desse movimento, a Independência norte-americana é um fenômeno branco, predominantemente masculino e latifundiário ou comerciante. Washington é o pai dessa pátria, uma parte da nação que, em 1776, identificou-se com a noção de toda a pátria.

Benjamin Franklin foi um dos mais famosos intelectuais do século XVIII. Sua imagem é associada com frequência ao para-raios, bibliotecas públicas, corpo de bombeiros e outras instituições que, se não foram inteiramente criação sua, muito lhe devem.

Nascido em Boston, em 1706, Franklin representa o elemento urbano que participou do processo de independência.

Franklin foi alimentando ao longo de sua vida ideias sobre a liberdade e a democracia. Crítico da escravidão, foge do pensamento-padrão dos outros líderes, tendo em vista que a escravidão foi um dos elementos em que não chegaram as ideias de liberdade pregadas pelos colonos. Franklin defendera desde muito cedo a unidade das colônias. Vimos que é de sua autoria o Plano de União de Albany, em 1745. Honesto, trabalhador, Franklin reúne todas as condições para tornar-se um "pai da pátria".

Em 1748, ainda longe do destaque que o movimento de independência lhe traria, Franklin dava instruções a um jovem aprendiz:

> Recorda que tempo é dinheiro... Recorda que crédito é dinheiro... O dinheiro pode gerar dinheiro e tua prole pode gerar mais... O caminho da riqueza depende principalmente de duas palavras: diligência e frugalidade; isto é, não desperdices tempo nem dinheiro, mas os emprega da melhor maneira possível... Quem ganha tudo o que pode honradamente e guarda tudo o que ganha (excetuando os gastos necessários), sem dúvida alguma chegará a ser rico, se este Ser que governa o mundo a quem todos devemos pedir a bênção para nossas empresas honestas não determina o contrário na Sua sábia providência.

O bom trabalhador protestante, que envolve Deus em seus negócios: esse é o retrato que o próprio Franklin traçou de si. Trabalhar de sol a sol, não desperdiçar, poupar e acumular, regras franklinianas para um viver feliz.

Franklin é o pai de outra parte da pátria: os protestantes, dedicados a guardar o dinheiro que Deus lhes envia em retribuição a seus esforços.

E PLURIBUS UNUM

Essa frase em latim significa: "de muitos, um". Ela foi escolhida como lema do novo país e consta em muitos símbolos oficiais dos Estados Unidos. Representa o surgimento de um país unificado, nascido de muitas colônias.

Essa unidade, porém, não era tão fácil de ser sustentada. A unidade contra os ingleses não significou em tempo algum um sentimento nacional de fato. A ideia de ser membro de um país deveria ser construída, e essa construção não terminaria com a Independência.

A bandeira já havia sido escolhida. Tinha 13 listras alternando o vermelho e o branco, cada listra representando uma colônia. No canto superior esquerdo, 13 estrelas sobre um fundo azul. A primeira foi confeccionada por Betsy Ross. Cada novo estado que, ao longo da história, foi sendo incorporado ao país (hoje são cinquenta) acrescentou uma nova estrela nesta área. Como símbolo dos Estados Unidos também foi escolhida uma ave: a águia careca, animal típico da América do Norte. Houve protestos contra a escolha. Por incrível que pareça, alguns chegaram a sugerir o peru como ave nacional, porque, além de ser também típico da América, era mais sociável e menos agressivo. Prevaleceu a águia.

O trabalho de construção de identidade, entretanto, seria longo, bem mais complicado do que escolher uma ave ou bandeira. Na expressão do historiador norte-americano Joyce Appleby (*Inheriting the Revolution*), houve ainda uma geração inteira que teve que se conscientizar de que era americana e absorver os novos valores republicanos e de independência. Por meio da análise de muitas cartas e biografias da época, Appleby fala de uma geração que se viu diante da tarefa de inventar um país na América.

Pela primeira vez uma colônia ficara independente. Devia-se a partir de então criar um país livre com novos princípios. A primeira dificuldade era exatamente a existência não de uma colônia, mas sim de 13. A luta contra os ingleses havia unido as 13 colônias. Desaparecido o inimigo em comum, restavam os problemas da organização política interna.

Para enfrentá-los, Benjamin Franklin havia proposto os *Artigos de uma Confederação e União Perpétua* ainda antes da Independência de fato. Com base nesse texto, uma comissão passou a elaborar uma Constituição.

A lenta discussão preparatória da Constituição perturbava o andamento de outras medidas. Unidade em torno de um governo central forte ou liberdade para as colônias agirem de forma mais autônoma? Esse problema fora levantado ainda antes da Independência e permaneceu mal resolvido até o século XIX, acabando por gerar a Guerra Civil Americana.

Durante vários meses, a Convenção da Filadélfia discutiu o texto da nova Constituição. James Madison foi um dos mais destacados redatores desse texto. Desde que foi submetido ao Congresso, em setembro de 1787, até maio de 1790, quando ratificado pelo mesmo Congresso, transcorreram quase três anos, demonstrando a dificuldade de consenso em torno de algumas questões.

De muitas formas, o texto constitucional é inovador. Começa invocando o povo e falando dos direitos, inspirados em Locke. A nação americana procurava assentar sua base jurídica na ideia de representatividade popular, ainda que o conceito de povo fosse, nesse momento, extremamente limitado.

Já no início da Constituição encontramos a expressão: "Nós, o povo dos Estados Unidos...". Quem eram "nós"? Certamente não todos os habitantes das colônias. A maior parte dos "americanos" estava excluída da participação política. O processo de independência fora liderado por comerciantes, latifundiários e intelectuais urbanos. Com a Constituição, cada estado, por exemplo, tinha a liberdade de organizar suas próprias eleições.

O momento histórico da assinatura da Constituição, na interpretação do artista Howard C. Christy.

O federalismo (autonomia para cada estado) é um conceito que atravessa toda a Constituição. A Constituição criou uma república federalista presidencial. O governo de cada colônia (agora estado) procura se equilibrar com o governo federal. Além disto, os poderes estão, dentro da tradição ensinada pelo filósofo Montesquieu, divididos em Executivo, Legislativo e Judiciário.

Por seu caráter bastante amplo, a carta magna dos Estados Unidos assegurou a sua durabilidade. Ao contrário da primeira Constituição brasileira, de 1824, a norte-americana estabelece princípios gerais e suficientemente vagos para garantirem sua estabilidade e permanência. À Suprema Corte dos Estados Unidos iria caber, no futuro, o papel de interpretar a Constituição e decidir sobre a constitucionalidade ou não das leis estaduais e das decisões presidenciais.

A eleição de Washington como o primeiro presidente era um fato mais ou menos óbvio. Era o único a contar com apoio em quase todos os estados. Um colégio eleitoral, constituído de eleitores por estados, deu maioria de votos a Washington e a vice-presidência a John Adams.

AS REPERCUSSÕES DA INDEPENDÊNCIA

O primeiro país atingido pela Independência dos Estados Unidos foi a Inglaterra. O rei Jorge III, que vinha tentando uma maior concentração de poderes, ficou extremamente desacreditado com a separação das 13 colônias. A derrota inglesa e o Tratado de Paris abalaram momentaneamente a expansão inglesa.

A França absolutista de Luís XVI também foi atingida. Os soldados franceses que haviam lutado na Independência voltaram para a Europa com ideias de liberdade e república. Haviam lutado contra uma tirania na América e, de volta à pátria, reencontravam um soberano absoluto. No entanto, só 13 anos depois da Independência norte-americana esse germe de liberdade frutificará na França.

As despesas do Estado francês com a guerra no além-mar foram elevadas, fazendo o já debilitado tesouro francês sofrer bastante. As vantagens obtidas pelo Tratado de Paris só supriram parte do déficit. Dessa forma também, a Revolução Americana colaborou para enfraquecer o poder real e desencadear a Revolução Francesa.

Para o resto da América, os Estados Unidos serviriam como exemplo. Uma independência concreta e possível passou a ser o grande modelo para as colônias ibéricas que desejavam separar-se das metrópoles. Os princípios iluministas, que também influenciavam a América ibérica, demonstraram ser aplicáveis em termos concretos. Soberania popular, resistência à tirania, fim do pacto colonial; tudo isso os Estados Unidos mostravam às outras colônias com seu feito.

Para os índios, a Independência foi negativa, pois, a partir dela, aumentou a pressão expansionista dos brancos sobre os territórios ocupados pelas tribos indígenas.

Para os negros escravos, foi um ato que em si nada representou. Temos notícia de um grande aumento do número de fugas durante o período da Guerra de Independência. Thomas Jefferson declarou que, em 1778, a Virgínia perdeu trinta mil escravos pela fuga. No entanto, nem à Inglaterra (que dependia do trabalho escravo em áreas como a Jamaica) nem aos colonos – os sulinos em particular – interessavam que a Guerra de Independência se transformasse numa guerra social entre escravos e latifundiários, o que de fato não ocorreu.

Com todas as suas limitações, o movimento de independência significava um fato histórico novo e fundamental: a promulgação da soberania "popular" como elemento suficientemente forte para mudar e derrubar formas estabelecidas de governo, e da capacidade, tão inspirada em Locke, de romper o elo entre governantes e governados quando os primeiros não garantissem

As negociações de paz foram retratadas pelo artista Benjamin West, mas os delegados ingleses se recusaram a posar para o quadro, que ficou incompleto.

aos cidadãos seus direitos fundamentais. Existia uma firme defesa da liberdade, a princípio limitada, mas que se foi estendendo em diversas áreas.

Já nas dez primeiras emendas à Constituição, em 1791, os direitos e liberdades individuais são esclarecidos e aprofundados. Essas emendas, chamadas Bill of Rights, são muitas vezes consideradas mais importantes do que todo o texto da Constituição.

A Primeira Emenda proíbe que se estabeleça uma religião oficial ou se limite o exercício de qualquer religião. A liberdade de expressão e a de imprensa são declaradas fundamentais e o povo tem o direito de reunir-se pacificamente e fazer petições contra um ato governamental que não lhe agrade. A Segunda Emenda garante o direito de cada cidadão ao porte de armas. A Terceira trata da proibição de se alojar soldados nas casas sem consentimento do proprietário. Outras emendas falam do direito ao júri, do direito a um julgamento público e rápido, proíbem multas excessivas e penas cruéis, e – no máximo do cuidado democrático – a Nona Emenda afirma que todos os direitos garantidos nas emendas não significam que outros, não escritos, não sejam válidos também.

Surgia um novo país que, apesar de graves limitações aos olhos atuais (permanência da escravidão, falta de voto de pobres e de mulheres), causava admiração por ser uma das mais avançadas democracias do planeta naquela ocasião. Essas realidades encantariam um pensador francês em visita aos Estados Unidos no século XIX, Alexis de Tocqueville, que, entusiasmado, afirmou:

> Há países onde um poder, de certo modo exterior ao corpo social, age sobre ele e o força a marchar em certa direção. Outros há em que a força é dividida, estando ao mesmo tempo situada na sociedade e fora dela. Nada de semelhante se vê nos Estados Unidos; ali, a sociedade age sozinha e sobre ela própria [...]. O povo reina sobre o mundo político americano como Deus sobre o universo. É ele a causa e o fim de todas as coisas, tudo sai de seu seio e tudo se absorve nele.

Entretanto, o mesmo Tocqueville, vindo de uma sociedade aristocrática, não deixa de tecer críticas à maneira de ser da jovem nação. Em passagem venenosa, o autor declara:

> Frequentemente observei nos Estados Unidos que não é fácil fazer uma pessoa compreender que sua presença pode ser dispensada, e as insinuações nem sempre bastam para afastá-la. Se contradigo um americano a cada palavra que diz, para lhe mostrar que sua conversação me aborrece, ele logo se esforça com redobrado ímpeto para me convencer; se mantenho um silêncio mortal, ele julga que estou meditando profundamente nas verdades que profere; se por fim fujo da sua companhia, ele supõe que algum assunto urgente me chama para outro lugar. Esse homem nunca compreenderá que me cansa mortalmente, a não ser que eu diga, e, assim, a única maneira de me ver livre dele é transformá-lo em meu inimigo pela vida inteira.

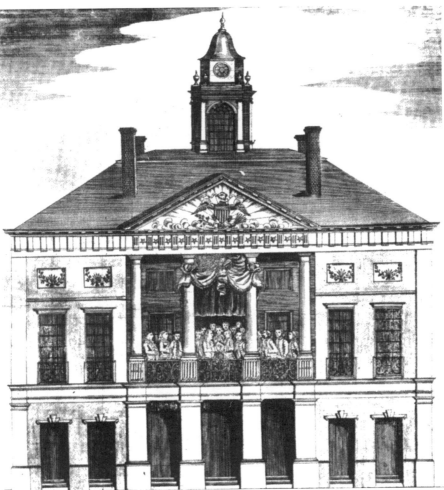

Ilustração da primeira sede do governo americano, o *Federal Hall*, em Nova York. Sobre a fachada em estilo colonial, a águia, símbolo do novo país. No balcão, George Washington presta juramento como presidente.

Como vemos, a admiração pela política do novo país não era ampliada para a admiração pela conversa dos novos cidadãos. Estava mais uma vez registrada a ambiguidade permanente do mundo com relação aos EUA.

OS EUA NO SÉCULO XIX

"Eu celebro a mim mesmo, e canto a mim mesmo,
E o que eu pensar também vais pensar,
Pois cada átomo que pertence a mim igualmente pertence a ti."
Walt Whitman

INVENTANDO A NOVA NAÇÃO

O QUE FAZER COM A LIBERDADE CONQUISTADA?

Após os anos iniciais de nação independente, os Estados Unidos da América precisavam definir o modelo republicano a ser adotado. Depois de tanto tempo em conflito e por ser formado por inúmeras regiões distantes não apenas geograficamente, mas também nos costumes e nas práticas econômicas, o país precisava encontrar unidade para que o governo fosse capaz de dar conta de tantas diferenças.

A guerra contra a Inglaterra tinha unido as colônias, mas sem ter criado, de fato, uma nação homogênea e bem-integrada. Os interesses locais eram predominantes e poucos estavam dispostos a abrir mão deles para formar algo que ainda era uma novidade: os Estados Unidos da América.

George Washington havia sido um grande líder militar e o primeiro governante. Seu vice-presidente tornou-se o chefe seguinte do Executivo, John Adams (1797-1801), e ainda teve de lidar com os efeitos da guerra contra a Inglaterra e com os debates em torno da naturalização de imigrantes. Normalmente, é ao terceiro presidente, Thomas Jefferson (1743-1826), que a memória dos norte-americanos atribui a obra de construção política do jovem país.

Thomas Jefferson havia lutado pela independência e desempenhou papel ativo na Constituição. Intelectual refinado e erudito queria combater o que ele supunha ser a tradição aristocrática da Inglaterra. Para formar um novo país e mais justo do que a tradição britânica, ele se baseava num sólido republicanismo. Para ele, a igualdade rural dos tempos da colônia, sem títulos de nobreza e com assembleias de homens tornados iguais pela lei e pelos princípios políticos, era a grande meta. Seu ideal de país parecia ser uma associação de pequenos produtores, diminuindo o peso do governo central ao estritamente necessário. A Europa do início da industrialização, com classes distintas bem evidentes e imensas cidades, estava próxima da sua concepção de inferno. O primeiro discurso de posse de Thomas Jefferson, a 4 de março de 1801, desenvolvia seu ideal político:

> Um governo prudente e frugal, que impeça os homens de se prejudicarem uns aos outros, mas, ao mesmo tempo, os deixe livres para regulamentar suas próprias buscas de indústria e progresso, e que não tire da boca dos trabalhadores o pão ganho por eles.

O país, como um todo, permanecia fiel à visão que tinha construído de si mesmo: um lugar independente, democrático e autossuficiente, guiado por pessoas virtuosas que marchavam em direção ao progresso. O tom adotado por Jefferson acabou lhe permitindo receber grande apoio político, mesmo na Nova Inglaterra em que as tendências ruralistas eram menores. Os cidadãos norte-americanos pareciam acreditar que o sonho de uma república perfeita e intacta seria realizado. As maiores ameaças a esse relativo sentimento de paz e vitória, sem dúvida, acabariam sendo as guerras na Europa, num contexto internacional, e a expansão para o Oeste, dentro da própria nação.

DOBRANDO DE TAMANHO

No início do século XIX, as Guerras Napoleônicas e o sonho de Napoleão Bonaparte em criar um verdadeiro império não poderiam deixar de influenciar a América do Norte. Os conflitos liderados pelo Império Francês, de certo modo, forneceriam para Jefferson uma grande oportunidade diplomática no que diz respeito aos territórios europeus na América e à expansão geográfica dos Estados Unidos. Napoleão, após invasão na Península Ibérica, forçou a Espanha a devolver o território da Louisiana à França. Nesse momento, a presença francesa em terreno americano certamente representava uma ameaça maior do que a espanhola para os Estados Unidos. O embaixador norte-americano foi auxiliado por James Monroe, em Paris, no começo das negociações com os franceses a pedido do próprio Jefferson. Mas os crescentes gastos de Paris com os conflitos e batalhas modificaram o rumo dos acontecimentos. O declínio das forças francesas fez Napoleão Bonaparte priorizar os combates na Europa em detrimento do sonho de expansão do império para o outro lado do Atlântico. Os franceses, necessitando de dinheiro e com tropas enfraquecidas, ofereceram a Louisiana para os norte-americanos por um preço de 15 milhões de dólares.

A compra da região pelo governo Jefferson se encaixava no desejo expansionista crescente da "perfeita e solidificada república da liberdade". O sentimento nacionalista começou a ganhar nova roupagem, sob a forma de conquistas territoriais.

Mesmo antes da compra desses locais, Jefferson já havia demonstrado interesse nas terras localizadas a oeste, estimulando viagens de reconhecimento pelas regiões do Missouri e das Montanhas Rochosas com vistas à posterior ocupação do "território selvagem". A "marcha para o Oeste" nasceu, portanto, como símbolo de expansão do modo de vida da nova república nacionalista dos norte-americanos.

Enquanto isso, as guerras na Europa continuavam e, na verdade, se intensificavam. De um lado, França, império em expansão; do outro, Inglaterra e sua poderosa marinha de guerra. Os norte-americanos ficaram em situação delicada, na medida em que eram parceiros comerciais das duas potências europeias envolvidas no conflito. Como resposta a essa situação particular, os Estados Unidos formularam uma doutrina de direitos de neutralidade, entre os quais o de comerciar, sem serem atacados, com todas as nações envolvidas na guerra.

A partir da crença de que seu comércio era muito importante e totalmente necessário para os países da Europa, os norte-americanos passaram a tentar utilizar esse mesmo comércio como arma de guerra e moeda de troca em negociações. Os ingleses, por exemplo, forçavam marinheiros norte-americanos, presos em alto mar, a lutar ao lado dos britânicos. Como resposta, o Congresso norte-americano, em 1805, impediu a entrada de alguns produtos ingleses nos portos dos Estados Unidos. Esse embargo, no entanto, causou um impacto muito maior para os comerciantes americanos, mais dependentes desses produtos, do que para os britânicos, que apresentavam uma indústria sólida e consolidada. Jefferson deixaria para o seu sucessor presidencial, em 1809, a obrigação de encontrar soluções melhores para as questões de guerra e comércio.

A NOVA LUTA PELA INDEPENDÊNCIA

A neutralidade desejada pelo governo norte-americano não conseguiu sobreviver aos choques entre Inglaterra e França. Navios eram tomados em alto mar. Marinheiros americanos eram obrigados a servir em navios ingleses. O novo presidente James Madison (1809-1817), então, tentou substituir o antigo embargo do comércio com nações agressivas, que não havia funcionado, pela Lei de Proibição ao Comércio, promulgada no mesmo ano de 1809, em que os comerciantes eram liberados a negociar com todas as nações, exceto França e Inglaterra. A primeira dentre essas duas que baixasse suas restrições teria o comércio reaberto com os Estados Unidos. Os lucros eram tão altos que a lei, na prática, mal funcionou, pois era mais vantajoso continuar o comércio de modo ilegal com a França e a Inglaterra do que obedecer ao governo norte-americano.

Tanto o embargo comercial como a Lei de Proibição demonstravam o imenso otimismo dos norte-americanos com relação a seu próprio país. A imagem que tinham de si mesmos só poderia ser imensamente positiva, a ponto de Madison e seus correligionários pensarem que potências europeias poderiam ceder diante de qualquer ameaça comercial vinda dos americanos. Seja como for, as medidas adotadas nessa questão foram em vão e, pela primeira vez, a nação sentiu-se impotente para resolver seus próprios problemas. Estava em jogo o orgulho nacional. A humilhação internacional, de algum modo, mexeu com a identidade norte-americana. Pensou-se que uma guerra poderia salvar a honra dos americanos e permitir o reinício de sua marcha para o progresso e a prosperidade baseados, entre outras coisas, na conquista de novos territórios.

Em junho de 1812, Madison e o Congresso aprovaram a declaração de guerra contra a Inglaterra. Pouco antes, o governo em Londres resolvera revogar todas as restrições ao comércio dos Estados Unidos, mas, mesmo assim, a guerra teve início. O otimismo e a "necessidade de guerra", contudo, não eram suficientes para vencer os britânicos. A marinha britânica era maior do que o orgulho do jovem país do Novo Mundo. A capital recém-edificada, Washington, foi incendiada pelos ingleses. Já Baltimore resistiu bravamente ao avanço inglês e o heroísmo de seus defensores (especialmente o Forte McHenry) inspirou Francis Scott Key a compor o que se tornaria o hino dos EUA: *The Star-Spangled Banner*. A tentativa americana de invadir e anexar o Canadá foi ambígua, com oscilações de resultados. Ao final, a ambição dos expansionistas que defendiam a conquista do Canadá acabou frustrada.

Não interessava ao Império Britânico lutar do outro lado do Atlântico com a ameaça napoleônica forte na Europa. A paz foi celebrada na Bélgica. Antes que as notícias dos acordos diplomáticos chegassem, uma frota britânica tentou tomar Nova Orleans e acabou derrotada pelo general Andrew Jackson.

A Guerra de 1812 trouxe, paradoxalmente, certa segurança ao país, pois a antiga metrópole fora novamente enfrentada e, mesmo derrotados, os Estados Unidos mantiveram sua independência.

Há outro fato importante ocorrido durante esse período. As guerras napoleônicas tinham sido fatais para o domínio hispânico na Flórida. Aproveitando-se da situação, o governo Madison, em 1813, enviou tropas para a Flórida. No ano seguinte, a mesma Espanha teve que enfrentar diversas manifestações de independência e revoltas liberais em suas posses coloniais na América e foi obrigada a deixar o território da Flórida em segundo plano. Essa situação fez com que houvesse uma diminuição na jurisdição e na presença de funcionários espanhóis na região, o que serviu de pretexto para que Madison, alegando a ameaça dos indígenas da Flórida aos territórios norte-americanos que se situavam nas proximidades, consolidasse a invasão do território.

Em 1817, Andrew Jackson, o mesmo general que defendera Nova Orleans e que viria a ser presidente, foi enviado para "pacificar esses indígenas" e ocupar todo o norte da área da costa do Golfo. O secretário de Estado, John Quincy Adams, dirigindo-se ao governo espanhol, acusou-o de incapaz de manter suas obrigações na América e sugeriu a venda do território para os Estados Unidos. Com receio de possível guerra, os espanhóis cederam à pressão e, pelo Tratado Adams-Onís de 1819, a Flórida passou para os Estados Unidos por uma soma de cinco milhões de dólares.

Encerrados os conflitos na Europa e após a prisão de Napoleão, uma onda conservadora varreu o continente e reinos como Áustria, Rússia e Prússia se colocaram como verdadeiros guardiões do mundo, impedindo, a partir de intervenções militares, quaisquer focos de manifestações liberais que pudessem lembrar a Revolução Francesa e as justificativas de domínio usadas por Napoleão. Essas três nações europeias formaram a chamada Santa Aliança e suas ações se expandiriam para todo e qualquer lugar do mundo em que as monarquias fossem colocadas em risco, de acordo com suas próprias interpretações. Se necessário, interviriam também na América e seus princípios de legitimidade e restauração, definidos no Congresso de Viena, colocariam em risco o sonho de liberdade e república que fora construído durante o processo de independência e que havia conquistado as mentes dos norte-americanos.

Ao assumir a presidência, James Monroe optou por exercer uma postura diplomática mais neutra, de não envolvimento em assuntos estrangeiros. Essa resposta às monarquias europeias foi fruto de um aprendizado obtido após a guerra de 1812. Denominada Doutrina Monroe, tal política foi anunciada no ano de 1823: em troca da não intervenção dos europeus na América, o presidente prometia a não interferência dos Estados Unidos nas questões exclusivamente europeias. Ao mesmo tempo, colocava-se como juiz e guardião de todas as questões que pudessem envolver a América como um todo, tanto na parte central como no cone sul do continente.

O medo dos EUA era, sobretudo, que as grandes potências europeias pudessem se unir para subjugar as colônias espanholas rebeladas e acabassem ameaçando a autonomia de seu próprio território ou seus interesses comerciais em todos esses mercados na América. Nesse sentido, a Doutrina Monroe pode ser entendida como um dos primeiros passos da política externa norte-americana no século XIX: em nome da paz e da liberdade, a presença dos Estados Unidos se fortaleceu em todo o Novo Mundo. Seu princípio básico, traduzido na frase "a América para os americanos", seria o guia de toda política externa dos EUA até o século XX:

> É impossível que as potências aliadas estendam seu sistema político a qualquer porção de qualquer continente sem por em perigo nossa paz e nossa felicidade; ninguém tampouco acreditará que nossos irmãos do Sul, entregues a si mesmos, o adotem voluntariamente. É também impossível, portanto, que consideremos tal intervenção com indiferença.

Assim, na sua fala ao Congresso, em 1823, James Monroe estabeleceu o princípio dos EUA como "protetores" do Novo Mundo. Como afirmava o presidente, o sistema político da Europa diferia do restante da América.

TEMPO DE CRESCIMENTO... PARA ALGUNS

Após o conflito de 1812 e a consolidação de uma relativa paz externa, o século proporcionou para os Estados Unidos rápida expansão e desenvolvimento econômico, atingindo pontos antes inimagináveis de crescimento.

Vivia-se o período da chamada revolução de mercado, que se caracterizou pela tendência de concentração de investimentos em um único produto ou serviço, que, graças a certas invenções tecnológicas, poderia ser produzido de modo mais eficaz, proporcionando lucros rápidos e incremento acelerado de venda e compra. Um produto que ganhou muita expressão foi o algodão, principalmente após a invenção do descaroçador, em 1793, por Eli Whitney, disseminando plantações pelas regiões da Geórgia e Carolina do Sul. Além do algodão, o tabaco também obteve grande expansão na área costeira da Virgínia e Maryland e em novas regiões de produção, como em Kentucky, Missouri e Tennessee. Tanto o aumento da produção do algodão quanto o do tabaco fizeram crescer a demanda por mão de obra e, consequentemente, por escravos negros nessas regiões. Nesse momento, a Virgínia, além do tabaco, passou a fornecer um novo produto para o Sul: escravos vindos da África.

Uma plantação de algodão no Mississipi, de Currier & Ives.
O "Rei do Algodão" é entronizado no Sul por meio do trabalho forçado de escravos negros da África.

Enquanto a escravidão dominava no Sul, os estados do Norte enfatizavam o trabalho livre. Ainda no século XIX, a maior parte dos produtos industrializados era de origem doméstica, como a tecelagem, a fiação e diversos outros produtos confeccionados em residências, oficinas e lojas de artesãos. Alguns historiadores afirmam que a passagem da indústria caseira para o sistema de fábricas ocorreu primeiro na região Nordeste dos EUA. Essa alteração estaria relacionada, sobretudo, à carência, nessa região, de solo fértil necessário à agricultura em grande escala. Por outro lado, a região era riquíssima em matérias-primas, mercado interno consumidor e energia hidráulica, possibilitando o investimento de empresários vindos, em sua maioria, da Nova Inglaterra.

O sistema fabril norte-americano teve início em 1790, com o cotonifício de Almy Brown, em Rhode Island. O setor industrial e inicialmente o têxtil, que naturalmente se comunicava com as grandes produções de algodão da Geórgia, rapidamente modificou a vida cotidiana das pessoas, com artigos de lã, borracha, couro e vidro, relógios, armas de fogo e em bens de consumo em geral.

A ideia de progresso andava de mãos dadas com a de transportes mais rápidos. O barco a vapor foi criado por Robert Fulton e o primeiro deles foi o Clermont, que passou a navegar no rio Hudson em 1807.

Enquanto, no início do século XIX, o barco a vapor era um dos símbolos do progresso e das conquistas da geração presente, as gerações seguintes tratariam de transformar o mesmo barco a vapor em símbolo de vida no campo, mais simples, sem a correria da cidade grande. A imagem de um barco descendo calmamente um rio, rodeado de belas paisagens naturais e eliminando fumaça, povoaria o imaginário de muitas pessoas, quase como uma antítese crítica do que irá se desenvolver bem mais tarde nos grandes centros urbanos. (Nas cenas iniciais do filme ...*E o Vento Levou*, de 1939, para retratar "a vida calma do Sul" que teria sido destruída pela Guerra Civil, o diretor coloca cenas de barcos a vapor navegando no Mississipi.)

Locomotiva a vapor da Illinois Central. Desde o fim da Guerra Civil, a malha ferroviária aumentou muito e os EUA estavam próximos da finalização da segunda ilha transcontinental.

As estradas de ferro proporcionaram grande impacto nos meios de transporte. Implantadas entre as décadas de 1840 e 1850, elas conseguiram aumentar a eficiência da locomoção de pessoas e mercadorias. No início da segunda metade do século XIX, foram completadas as grandes linhas que ligavam o Leste ao Oeste e, em 1860, o país já contava com cerca de cinquenta mil quilômetros de ferrovias. Os trens representavam um grande avanço e mudaram a concepção de velocidade e distância da maioria das pessoas. Além disso, até mesmo o seu modo de funcionamento parecia representar algo: pesados, barulhentos como uma fábrica, cheios de engrenagem e maquinarias, carregavam em si mesmos os sinais visíveis da indústria e da tecnologia; seguindo sempre em linha reta e para frente, as locomotivas se tornavam fortes símbolos de progresso, linear e contínuo, que ia sempre adiante, sem obstáculos. As ferrovias carregavam a ideia de que tudo era possível e de que os homens haviam finalmente alcançado o progresso.

DEPRESSÃO E MUDANÇAS POLÍTICAS

É certo que, até 1819, os Estados Unidos viveram um período de intenso crescimento econômico. Esse crescimento colaborou para reforçar o espírito nacionalista nascido no processo de independência de 1776 e na guerra de 1812. A rápida ascensão comercial teve origem no próprio desequilíbrio do mercado europeu, ocasionado durante os anos de conflitos iniciados por Napoleão.

Mas, uma vez restabelecido o fluxo comercial normal, a Inglaterra passou a inundar o mercado norte-americano com artigos mais baratos e de excelente qualidade, que a jovem nação ainda não podia produzir ou com os quais não podia concorrer. A exportação de algodão, por exemplo, teve terrível queda, na medida em que os ingleses procuravam fornecedores alternativos e faziam cair o preço a partir de contra ofertas. Quando os preços do algodão despencaram nos mercados mundiais, um número incontável de pessoas enfrentou a situação de perder suas casas, fazendas, oficinas e condições de sobrevivência por incapacidade de saldar suas dívidas. Muitas indústrias demitiram funcionários e pararam suas produções. A crise econômica assolou o país.

Naquele contexto, muitos bancos estatais realizaram empréstimos para que pessoas pudessem sanar suas dívidas ou mesmo acabar de pagar as terras que tinham adquirido do governo. Muitos clientes não puderam, entretanto, pagar os empréstimos feitos junto aos bancos e, por outro lado, os próprios bancos não tinham fundos suficientes para amparar essa política de empréstimos. As notas perderam parte do valor, comerciantes faliram, trabalhadores ficaram sem seus empregos e a economia estagnou.

Então, muitos bancos estatais foram forçados a fechar suas operações e isso provocou um *pânico* financeiro causando, inclusive, o encerramento das atividades de empresas bancárias consideradas sólidas. As regiões mais afetadas foram o Oeste e o Sul, cujos habitantes culparam diretamente o Banco dos Estados Unidos e sua desastrosa política monetária pelo desastre econômico. Também se culpou indiretamente a política fiscal do governo federal, acusando-o de ser um agente dos interesses da elite comercial. Esse *pânico* estendeu-se de 1819 a 1824 e os preços dos produtos agropecuários tiveram queda vertiginosa. O clima de tensão em toda a nação fez ressurgir velhos ressentimentos regionais. As diferenças políticas entre as regiões tornavam-se mais claras na medida em que o país passava por dificuldades.

Após o término da guerra com a Inglaterra, os territórios conquistados pelos norte-americanos a oeste foram se tornando estados. Como seriam então esses novos estados? Escravistas, como no Sul, ou não escravistas, como os do Norte? Esse era um problema importante, porque determinaria a posição de cada um nos assuntos políticos de interesse de cada região.

Em 1820, o Congresso Nacional admitiu o Missouri, escravista, como mais um estado na federação. Isso provocou protestos dos estados nortistas, acirrando o debate: o Norte afirmava existir certa dominação do Sul na política federal, na medida em que as cadeiras no Congresso norte-americano eram definidas a partir de uma divisão proporcional em relação ao número de pessoas residentes nos estados. O que ocorria é que três quintos dos escravos, de acordo com a lei, entravam nessa proporção e, desse modo, com mais indivíduos, os sulistas tinham maior representatividade federal. Uma tentativa de equilibrar o poder das regiões escravista e não escravista na política federal foi a decisão do Congresso de, ainda em 1820, admitir um outro estado, o Maine, como "livre" e confirmar o Missouri como escravocrata. Isso acalmou, temporariamente, os ânimos políticos.

Entretanto, os efeitos causados pelo *pânico* econômico tiveram fortes consequências de impacto coletivo: o povo mergulhou num período de pessimismo, privação, desespero e, assim, os ideais agrários e os valores tradicionais acabaram sendo resgatados em oposição ao progresso e à tecnologia, que passaram a ser vistos como os responsáveis por levar o país à falência. O choque também fez com que aumentasse o interesse dos americanos por política, devido, sobretudo, à insatisfação com relação às lideranças, que deveriam ser punidas pelos problemas que estavam acontecendo. Exigiam-se novas posturas, que fossem mais atentas às necessidades da maioria em detrimento das ideias de apoio à indústria e ao avanço científico. Assim, novos líderes surgiram no cenário político, aparecendo como representantes dos interesses da maioria da população, prometendo aos eleitores "fazer aquilo que eles queriam", apresentando-se como soldados na batalha das dificuldades do dia a dia.

O povo esperava dos governos estaduais ajuda para a solução dos problemas gerados pela crise. Em algumas cidades, o movimento trabalhista ganhou força, pedindo educação pública gratuita para as crianças e opondo-se às prisões por dívidas não pagas, muito comuns na época. Alguns estados criaram bancos, forneceram créditos, mas nem sempre era possível agradar a todas as partes envolvidas nas questões de credores e devedores.

Essa situação tornou as pessoas bastante cientes de que, em jogo, estavam interesses conflitantes e que cada um via e entedia a crise de uma maneira, a partir de situações extremamente particulares. Não se sustentava mais a ideia de república harmônica, em que todos são iguais, marchando para uma felicidade sem limites ao construir a nação.

Dessa situação, beneficiou-se o político Andrew Jackson, herói da Batalha de Nova Orleans. Buscando identificar-se com a população e com os ânimos vigentes, as suas principais ideias e posturas políticas faziam com que fosse visto como uma pessoa comum, um soldado contra as velhas lideranças tradicionais. Jackson tinha um discurso popular. Sua fala simples transmitia o que a maioria desejava: segurança.

Nas eleições de 1820, no entanto, a vitória ficou com John Quincy Adams. Ele foi então acusado por Jackson de ter vencido as eleições de modo fraudulento, o que causou agitação dentro do Partido Democrata. Seu programa nacionalista sustentava a construção de estradas, canais e o estabelecimento de uma Universidade e um Observatório, além de uniformizar os pesos e as medidas. Além disso, Adams investiu em novas campanhas para a conquista do Oeste.

No ano de 1827, o governo federal reviu as tarifas de alguns produtos vendidos no território norte-americano e, ao mesmo tempo em que protegeu a produção de lã, na Nova Inglaterra, tornou as matérias-primas, como a madeira e o ferro, excessivamente caras. Essas medidas acabariam com o pouco apoio que Adams tinha de empresários e comerciantes. Andrew Jackson e seus partidários aproveitaram-se dessa situação para liquidar politicamente o presidente eleito. Nesse sentido, a campanha a favor de Jackson para as eleições de 1828 começou nos primeiros anos do governo Adams, em que as acusações de fraude eleitoral ressuscitaram.

Recebendo apoio do vice-presidente Calhoun e do senador Van Buren, de Nova York, Jackson caminhou em direção à vitória com grande respaldo popular. A eleição de 1828 viu nascer uma nova era da democracia das massas, em que as campanhas eleitorais ganharam uma nova cara. O período e o contexto fizeram surgir uma aproximação do candidato com a população e, nesse caso, o uso de comícios públicos, a utilização de personalidades simpatizantes e o ataque à vida pessoal e moral do adversário começaram a fazer parte das disputas políticas. O que deu ampla vantagem aos seguidores de Jackson foi a habilidade de mostrá-lo como um autêntico homem do povo, simples, mesmo tendo escravos, fazendas e fortuna. A propaganda destacava a infância do candidato, criado no campo, mas de boa educação. Preparado pela vida, pelo exército e ao mesmo tempo próximo da população. Por outro lado, a imagem que se erguia de Adams era justamente o contrário: uma pessoa refinada, que se sentia melhor nas festas em salões do que ao lado do povo.

No dia de sua posse, Andrew Jackson (1829-1837) abriu a Casa Branca a uma multidão de pessoas humildes. Essa atitude aproximou o presidente do povo, destacando o valor do homem simples ante a antiga aristocracia.

Simbolicamente, o novo presidente conduzia o povo ao poder, capaz de decidir o destino da nação. Tornava-se um exemplo de que alguém simples pode vencer os obstáculos da vida e alcançar a vitória. A eleição de Jackson fez renascer a convicção no novo regime, numa nova época. A mensagem transmitida era de que todos são iguais e de que qualquer homem, independente de sua origem e formação, poderia exercer importantes cargos públicos. Isso contribuiu para eliminar a sensação de impotência causada pela crise econômica. Jackson foi o primeiro presidente a agir de acordo com o princípio de que o povo devia fazer a política do governo. Afirmou que seu principal objetivo ao assumir a presidência era o de fazer um governo simples e saldar as dívidas nacionais o mais rápido possível, além de apoiar os pequenos proprietários e estimular a mobilidade social.

Jackson, todavia, enfrentou a oposição de alguns estados sulistas, liderados pela Carolina do Sul, dominada por uma rica classe de comerciantes. O vice-presidente, Calhoun, acabou por romper com Jackson e passou a liderar a resistência do Sul contra certas medidas vindas da Casa Branca. Os sulistas promulgaram, por exemplo, a Doutrina da Anulação, afirmando que a Constituição tinha sido elaborada como um pacto entre os estados e que assim deveria continuar a ser. A partir dessa afirmação, somente os estados seriam os juízes de si próprios caso o governo federal não cumprisse ou extrapolasse o poder que lhe foi concedido. Se algum estado considerasse que alguma lei federal constituía uma violação a seus interesses, poderia declarar essa lei anulada e o governo federal deveria desistir de aplicá-la.

Jackson, na direção contrária, anunciou que iria fazer cumprir todas as leis federais nem que fosse pelo uso da força militar. A partir desse anúncio, Calhoun procurou unificar os estados sulistas contra a "ditadura e a tirania de Jackson". Em discurso de 26 de julho de 1831, Calhoun defendeu um federalismo radical, com cada estado gozando de muita autonomia dada a diversidade do país:

> Tão numerosos e diversificados são os interesses do nosso país que não poderiam ser representados com justeza num só governo, organizado de modo que desse a cada interesse importante uma voz separada e distinta. [...] Os poderes do governo foram divididos, não como antes, em referência a classes, mas geograficamente.

Por diversas vezes, ressurgiria nos EUA o debate sobre a as relações entre governo central e governos locais. A divergência de opiniões, somada a tantos outros fatores, contribuiu para a eclosão da Guerra Civil trinta anos depois deste discurso.

DEMOCRACIA BRANCA

Outro problema enfrentado pelo presidente foi a situação da localização de nações indígenas. O que fazer com os nativos americanos, uma vez que eram vistos como obstáculos à conquista de territórios e aos interesses de pequenos e grandes proprietários? Os chamados selvagens resistiam como podiam, inclusive com emprego da violência, ao avanço dos "brancos" sobre seus territórios.

Jackson era a favor da remoção dos índios do Leste para as terras além do Mississipi. No momento da eleição, cidadãos dos estados da Geórgia e Alabama eram os que mais cobravam uma rápida solução para essa questão. O maior obstáculo, entretanto, era a tribo dos cherokees, que detinha terras localizadas em vários estados.

Guerra contra os indígenas. A reação indígena à presença dos colonos resultou em conflitos violentos.

Procurando criar fato consumado, a Geórgia expropriou algumas terras de determinadas nações indígenas e, juntamente com Alabama e Mississipi, tornou suas leis estaduais extensivas também para os cherokees. Andrew Jackson simplesmente ignorou essas medidas anticonstitucionais tomadas pelos estados e, em 1830, promulgou a "Lei de Remoção dos Índios", que previa o deslocamento das comunidades indígenas de seus territórios tradicionais para a região de Oklahoma, onde deveriam se estabelecer em uma reserva determinada pelo governo. Os indígenas foram forçados a marchar para lá e, nessa viagem, ao longo de mil e quinhentos quilômetros, milhares de índios morreram de frio, fome, doenças, na jornada que ficaria conhecida como "trilha das lágrimas". Em 1839, outras tantas nações indígenas (como a choctaw, a creek e a chickasaw) foram levadas à força para o Oeste com aprovação do governo federal. Essa remoção abriu cerca de cem milhões de acres de terras férteis para a agricultura dos brancos. Ao mesmo tempo, condenou milhares de nativos à morte, na viagem ou já nas reservas (onde não se adaptavam bem e estavam sujeitos à desnutrição e doenças), varrendo-os da história americana. As tribos resistentes foram combatidas e várias dizimadas.

A "QUESTÃO BANCÁRIA"

Para muitos indígenas, o nome de Jackson foi sinônimo de morte e destruição. Para muitos eleitores brancos ele foi a esperança de uma grande renovação. Como foi dito, ele parecia encarnar o ideal do homem comum que, pelo esforço, atinge realizações extraordinárias.

A desconfiança de Jackson com relação às grandes empresas era famosa. Quando um grande banco nacional (o chamado Segundo Banco dos Estados Unidos, dirigido por Nicholas Biddle) tentou renovar sua carta patente, surgiu a chance de o presidente mostrar, na prática, suas concepções políticas e econômicas. Em discurso a 10 de julho de 1832, quando vetou o pedido da renovação da carta patente do banco, Andrew Jackson afirmou:

> É muito para lamentar que os ricos e poderosos inclinem com demasiada frequência as leis do governo aos seus propósitos egoístas. As distinções na sociedade sempre existirão sob todos os governos justos. [...] mas quando as leis se põem a acrescentar a essas vantagens naturais a justas distinções artificiais, a conceder títulos, gratificações e privilégios exclusivos, para tornar os ricos mais ricos e os poderosos mais poderosos, os membros humildes da sociedade – lavradores, mecânicos e trabalhadores – que carecem de tempo e de meios para conseguir favores semelhantes, têm direito de queixar-se da injustiça do seu governo. Não há males necessários no governo. Os males só existem nos abusos. Se o governo se limitasse a dispensar proteção igual e, como o céu manda a chuva, fizesse chover seus favores do mesmo modo sobre o alto e o baixo, o rico e o pobre, seria uma bênção absoluta.

A própria existência de um Banco Nacional forte foi o tema da campanha eleitoral na qual Jackson tentava a reeleição em oposição a Henry Clay. Ao obter 219 votos no colégio eleitoral contra 49 do adversário, o presidente Jackson, apelidado *Old Hickory* (Velho Castanheiro), tinha demonstrado que o eleitorado estava a seu lado.

Com mais cacife político, Jackson deu o passo seguinte: transferiu todos os depósitos federais da instituição de Biddle para bancos estaduais menores.

Diversos estados do Sul e a região Oeste já haviam acusado o Banco dos Estados Unidos como culpados pelo *pânico* de 1819 e a objeção contra a instituição residia simplesmente no fato de ela deter grandes poderes e privilégios sem estar sob qualquer tipo de controle popular. Ao assumir a presidência, Jackson solicitou ao Congresso uma redução dos poderes dos bancos. Para ele, o banco era inconstitucional, violava os direitos fundamentais do povo numa sociedade democrática e o governo deveria garantir a igualdade de oportunidades entre as pessoas e não os privilégios, juros especiais e vantagens exclusivas como, de acordo com Jackson, o banco fazia. O presidente ainda afirmava que o Banco dos Estados Unidos criava um clima de especulação, produzia ciclos de altas, quebras e principalmente transferia riquezas da população simples para os mais ricos. As opiniões de Jackson refletiam, em parte, sua mentalidade agrária, e paternalista. A opinião pública, em geral, apoiava o presidente nos seus duelos com os magnatas das finanças e o atrito sempre foi lido pelo eleitorado como um choque entre um presidente teimoso e ao lado do povo (Jackson) e magnatas ambiciosos e arrogantes.

A questão do Segundo Banco dos Estados Unidos intensificou o debate sobre instituições financeiras centrais. Quanto o governo pode interferir na liberdade dos cidadãos? Um poder forte em Washington permite a liberdade e a livre iniciativa? Se o governo for forte o cidadão deve enfraquecer-se? Essas eram questões centrais para os eleitores durante esse período.

REFORMISMO RELIGIOSO

A valorização da ciência, da razão e dos métodos, tão comuns nos estudos sobre o século XIX europeu, também pode ser observada na América do Norte. Os exemplos do crescimento da indústria, das ferrovias e o forte sentimento nacionalista, observado nas tentativas de expansão territorial e nos conflitos externos, mostram como os Estados Unidos, de alguma forma, compartilhavam esses valores do período.

Por outro lado, a reação contra os antigos políticos da aristocracia tradicional e a valorização de figuras como Andrew Jackson demonstram uma outra face desse mesmo momento histórico. A visão romântica criada sobre a força do homem simples pareceu surgir como contra visão crítica da ideia de "mundo mecânico" sugerido por pensamentos racionais de tradição iluminista. Essa postura desconfiava da intelectualidade e valorizava a emoção e a intuição. No momento em que Jackson venceu Adams, o que se teve foi, metaforicamente, a vitória dos sentimentos sobre o intelecto, e o camponês, pouco alfabetizado, era, a partir de agora, também considerado superior em sabedoria por suas vivências ligadas à natureza.

Já vimos, com relação aos tempos de colônia, a manifestação religiosa conhecida como "Grande Despertar", iniciado em 1730 e 1740. Na virada do século XVIII para o XIX, surgiu um novo grande despertar religioso. De forma geral, foi em decorrência desse movimento, bastante heterogêneo, que a porcentagem da população que pertencia às igrejas protestantes, ou que participava de organizações voluntárias ligadas a elas, aumentou.

Esse "novo despertar", ocorrido inicialmente na fronteira sulista e do baixo Meio Oeste, ficou marcado pelas reuniões campais, altamente emotivas, organizadas, em sua maioria, por metodistas ou batistas, que acabaram por superar em adeptos as antigas denominações anteriores, como congregacionais, anglicanos e presbiterianos. Essas reuniões cumpriam uma dupla função, religiosa e social. A primeira dessas reuniões que temos registro deu-se em julho de 1800, na Creedance Clearwater Church, a sudoeste de Kentucky. Para muitos, as reuniões representavam a única maneira de conseguir se batizar, casar ou ter uma experiência religiosa comunitária. Na região dos Apalaches, podiam durar dias inteiros, com vários pastores se revezando à frente de centenas, por vezes milhares, de pessoas rezando, dançando, cantando e gritando em êxtase religioso.

O renascimento religioso na fronteira fortaleceu sentimentos de piedade e moralidade pessoal, mas não chegou a estimular a benevolência organizada ou manifestações por uma reforma social generalizada. As tendências reformistas foram mais evidentes no tipo de renascimento religioso surgido na Nova Inglaterra e na parte ocidental do estado de Nova York. Em sua maioria congregacionais e presbiterianos, fortemente influenciados pelas tradições puritanas, os evangelistas do Norte promoviam reuniões menos emotivas do que as da fronteira, e encontraram terreno muito fértil nas cidades de tamanho pequeno e médio.

Surgido como resposta calvinista ao iluminismo e ao liberalismo aplicado à religião, o movimento reformista da Nova Inglaterra foi liderado por pessoas como o reverendo Timothy Dwight, que mais tarde, em 1795, seria presidente da Universidade de Yale. Dwight fez frente à crescente tendência unitarista, grupo congregacional que tomara o controle da Harvard Divinity School, uma escola religiosa e que encarava Deus como um benevolente arquiteto de um universo racional, mais do que um ser misterioso e todo-poderoso. Esse grupo negava a doutrina da Trindade, afirmando que Deus era uno, teoria que batizou o movimento. Dwight reafirmava o credo calvinista de que o homem era pecador e depravado, embora tenha dispensado a dureza da doutrina calvinista ortodoxa, que enfatizava o pecado original e a predestinação.

Além de Dwight, uma geração mais jovem de pastores, congregacionais, também propôs reformas ao puritanismo da Nova Inglaterra, aumentando seu apelo popular. O principal teólogo do neocalvinismo do início do século XIX, Nathaniel Taylor, era discípulo de Dwight. Taylor, nos passos de seu mentor, amenizou a doutrina da predestinação, aceitando que todos os indivíduos eram "seres livres", ou seja, que tinham habilidade para superar suas inclinações naturais para o pecado. A nova doutrina acabava por reconciliar ideias liberais de liberdade e crença no progresso do indivíduo com a noção de pecado original, abrindo aos neocalvinistas a possibilidade de competir com sucesso contra outras denominações do renascimento religioso.

Lyman Beecher, mais um dos discípulos de Dwight, na década de 1810, promoveu a nova doutrina calvinista em uma série de sessões de "reavivamento religioso" nas igrejas congregacionais da Nova Inglaterra, em que milhares de pessoas, de diferentes igrejas, "reconheciam seu estado pecaminoso e entregavam-se a Deus".

Na década seguinte, Beecher enfrentou uma nova e mais radical forma de renascimento religioso, praticado na região ocidental do estado de Nova York por Charles G. Finney. O interior do estado de Nova York era ocupado, em sua maioria, por uma população transplantada da Nova Inglaterra, com forte influência puritana, mas preocupada com as rápidas transformações econômicas e deslocamentos sociais. A cidade de Rochester, por exemplo, ouviu as pregações de Finney, que enfatizavam o fato de todos os homens e mulheres terem o poder de escolher Cristo e uma vida santificada. Esse evangelista atraiu milhares de pessoas para sua doutrina milenarista e as estimulou a converter, por sua vez, parentes, vizinhos e empregados.

Mais do que empreender sua guerra contra o pecado, Finney acabou tornando-se referência para o movimento abolicionista, uma vez que pregava abertamente contra a escravidão e recusava-se a dar a comunhão a donos de escravos. Embora trabalhasse dentro de igrejas congregacionais e presbiterianas, Finney abandonou totalmente as doutrinas tradicionais. Completamente indiferente às questões teológicas, Finney apelava diretamente para "o coração", afirmando que era possível para os cristãos redimidos serem totalmente livres de pecado, "perfeitos como o Pai no Céu".

Sua bem-sucedida concepção libertária da teologia condizia com os meios que usava para conquistar novos adeptos: Finney procurava obter conversões instantâneas através de uma variedade de novos métodos que incluíam reuniões prolongadas, durante toda a noite ou por vários dias seguidos, em que, muitas vezes, os assistentes caíam no chão em transe e recebiam imediatamente a graça de Deus.

Em um primeiro momento, Beecher e os evangelistas do Leste opuseram-se aos novos métodos de Finney, que davam às mulheres o direito de orar em voz alta nas igrejas, quebrando a antiga tradição cristã. Com o tempo, entretanto, a oposição no Leste começou a enfraquecer, uma vez que Finney ajudara a consolidar igrejas fortes e ativas.

Em pouco tempo, os reformadores religiosos e morais começaram a propor, além da reforma do indivíduo, mudanças para a sociedade estadunidense. Queriam que todas as instituições sociais e políticas alcançassem os níveis de "perfeição cristã", atacando os "pecados coletivos" como o tráfico de bebidas alcoólicas, a guerra, a escravatura, e combatendo até o governo.

A partir de então, o reformismo de inspiração religiosa, por um lado, trouxe uma certa unidade às comunidades divididas e cheias de problemas; por outro, inspirou uma variedade de movimentos mais radicais que almejavam derrubar instituições e princípios estabelecidos, como foi o caso da luta abolicionista.

No geral, os reformadores evangélicos achavam que o povo comum precisava ser redimido e elevado a novos ideais. Caso contrário, a democracia ficaria à mercê de incrédulos e pecadores, pessoas que viviam em meio à "infidelidade", palavra utilizada, naquele contexto, para designar toda e qualquer afirmação exclusivamente mundana ou a negligência da fé.

Essas ideias geraram um grande movimento de reforma social, em que muitos convertidos organizaram-se em associações voluntárias para combater o pecado e os males sociais e conquistar o mundo para Cristo. A maioria dos convertidos, cidadãos da classe média, ativos em suas comunidades, procurava ajustar-se ao mundo da nova economia por caminhos que não violassem a moral e os valores sociais.

Na Nova Inglaterra, Beecher e seus associados evangélicos estabeleciam uma grande rede de sociedades missionárias e de caridade, cujo intuito era espalhar os ensinamentos de Cristo pelas mais remotas partes do mundo. Organizações, como a American Bible Society (Sociedade Bíblica Americana), de 1816, também sob a batuta de Beecher, distribuíam, por sua vez, *Bíblias* em regiões do Oeste onde havia escassez de igrejas e de pastores. As metas dessas organizações visavam a coibir atividades não religiosas praticadas no domingo, acabar com os duelos, jogos de azar e prostituição. Acabavam funcionando como expoentes de uma certa cultura urbana do Leste em terras da fronteira.

Beecher teve influência especial na "cruzada da abstinência", o mais bem-sucedido de todos os movimentos de reforma, dirigido contra o consumo epidêmico de uísque (dado o enorme número de alcoólatras), que, desde a Revolução Americana, se tornara a bebida mais popular dos norte-americanos. Encabeçada por instituições como a Society for the Promotion of Temperance (Sociedade para a Promoção da Temperança), fundada em 1826, e que, oito anos depois, contava com mais de um milhão de afiliados, a luta pela sobriedade foi árdua, dado que o uísque e outros destilados eram mais baratos do que o leite ou a cerveja, e mais seguros do que a água (muitas vezes contaminada): na década de 1820, o consumo dessas bebidas era três vezes maior nos Estados Unidos, em números *per capita*, do que nos dias atuais. Os reformistas da abstinência viam o alcoolismo como uma perda de autocontrole e de responsabilidade moral que gerava o crime e a degradação da sociedade.

Cartaz de divulgação do livro *A cabana do Pai Tomás*, que teria um forte efeito de propaganda para a causa abolicionista.

Essa vertente social levou ao "despertar missionário" ou Movimento de Evangelismo Social (Social Gospel Movement). Depois da Guerra de Secessão, pregadores como Dwight Moody e seu Moody Bible Institute, em Chicago, prepararam muitos pastores e missionários. Crítico do trabalho infantil e da exploração das mulheres nas fábricas, o movimento evangelista social espalhou seus missionários não apenas pelos EUA, como também por várias partes do mundo.

Na segunda metade do século XIX, outras tendências observadas como decorrência do "novo despertar" foram a associação de universidades com igrejas e a chegada e consolidação nos EUA, no meio urbano, da YMCA (Associação Cristã de Moços, organização desportiva evangélica, fundada, na Inglaterra, em 1844, por George Williams e que, rapidamente, espalhou-se pelo mundo) e do Exército da Salvação (organização de promoção de caridade e serviços sociais, fundado por metodistas ingleses em 1865).

UMA NAÇÃO QUE SE EXPANDE E SE DIVIDE

DE NOVO, A ESCRAVIDÃO

Em 1830, organizou-se uma sociedade antiescravista em Nova York e um ano depois foi fundado o jornal *The Liberator* pelo estudante de Boston, William Garrison. O jornal parou de circular apenas no ano de 1865, e a maioria dos assinantes, no início, era formada por negros, já que o nível de alfabetização era grande até mesmo entre os escravos. Isso se deve ao fato de o protestantismo ser a religião predominante, em que a leitura da *Bíblia* era fundamental. Esse dado é importante na medida em que mostra que a alfabetização não é apenas uma questão social ou econômica, mas, também, um dado cultural. Nos quatro primeiros meses, antes mesmo de existir interesse dos brancos pelo jornal, foram os próprios negros os responsáveis pela sobrevivência e manutenção do periódico.

Garrinson, defensor da abolição imediata, afirmava que os escravos deveriam ser livres do mesmo modo como nasceram. Para denunciar a situação do escravo, utilizou a metáfora da "casa em chamas" e instou que um assunto como esse não poderia ser tratado com moderação. Ele foi um abolicionista radical e chegou até mesmo a queimar a Constituição norte-americana.

Alguns pregadores abolicionistas enfatizavam o mal moral da escravidão, o dever religioso dos bons de resistir contra essa situação, destacando os direitos das pessoas e a ideia de liberdade e igualdade dentro de uma sociedade que se dizia fundada sob esses mesmos valores. A maior parte dos abolicionistas, na época, era formada por pessoas religiosas. A ideia de

Fotografia tirada em Beaufort, Carolina do Sul, onde vemos cinco gerações de uma única família de escravos. A imagem é rara porque os proprietários costumavam dividir as famílias durante a compra e venda.

ser salvo e de obter o perdão fazia com que muitas pessoas se preocupassem em realizar as boas obras.

O reduto da escravidão era o Sul do país, principalmente nas regiões produtoras de tabaco e algodão, na Virgínia, Geórgia e Maryland. Nessas regiões, ter um escravo era o mesmo que ter um valioso bem e a quantidade de escravos simbolizava posição de prestígio social do proprietário. Além disso, a ideia de que brancos e negros jamais poderiam conviver em harmonia também reforçava a escravidão, na medida em que, segundo essa premissa, nada se poderia fazer com os negros caso ficassem livres. Outro importante fator que pesava contra a possibilidade de abolição da escravatura é que o escravo, mercadoria, já fazia parte do mercado econômico do país. Ele estava inserido numa complexa rede de compra e venda e sua força de trabalho sustentava a produção nos campos, sendo o responsável pela mobilização de milhões de dólares. Quanto mais se dependia do escravo, maior era o esforço para mantê-lo nessa posição, mesmo porque crescia cada vez mais o receio de manifestações coletivas de escravos, que de fato resistiam, fugiam ou matavam senhores em nome da liberdade.

A questão da escravidão acirrou ainda mais as disputas de opinião no país na primeira metade do século XIX. Uma nova identidade comum deveria ser forjada, algo que pudesse novamente conferir unidade ideológica à nação dividida nas questões raciais. Os inimigos externos, as campanhas de expansão para o Oeste e uma missão comum a todos contribuíram para isso. O imperialismo norte-americano, que veremos mais adiante, começou a justificar-se pelo discurso religioso.

NOVOS TERRITÓRIOS

A compra dos territórios franceses da Louisiana e a aquisição da Flórida tinham sido apenas os primeiros passos nos avanços territoriais.

Posturas e concepções presentes nos movimentos religiosos, como a ideia de que existem povos escolhidos e abençoados por Deus, passariam a povoar o imaginário coletivo da nação que se acreditava eleita para um destino glorioso. A fé nas instituições livres e democráticas também se intensificava.

A partir disso, desenvolveu-se a ideia de "destino manifesto": seria uma missão espalhar a concepção de sociedade norte-americana para as regiões vistas como carentes e necessitadas de ajuda.

Argumento semelhante de superioridade étnica estava sendo utilizado pelos europeus no movimento neocolonialista na Ásia e na África do século XIX: o homem branco seria responsável por levar a civilização e o progresso às outras nações "selvagens" e "atrasadas".

Entre os norte-americanos, no discurso que justificava o imperialismo, junto de "civilização e progresso", lia-se "democracia e liberdade".

A questão do Texas é um dos exemplos da anexação de territórios feita pelo governo americano com base nesses argumentos. O México se tornara independente em 1821 e herdara o Texas da Espanha, mas também havia a insistência por parte dos norte-americanos em adquirir o território. Em 1823, os mexicanos assinaram um acordo com Moses e Stephen Austin, dois colonos americanos, que lhes garantiu o uso de grandes quantidades de terra e a permissão à entrada de pessoas dos Estados Unidos para servir de agentes de colonização na região. Contudo, diversos atritos surgiram entre os norte-americanos que chegavam ao Texas e o governo mexicano: o México libertava todos os escravos que chegavam à região, forçava os novos colonos a se converter ao catolicismo e, em 1830, por conta das desavenças, proibiu a entrada de

126 HISTÓRIA DOS ESTADOS UNIDOS

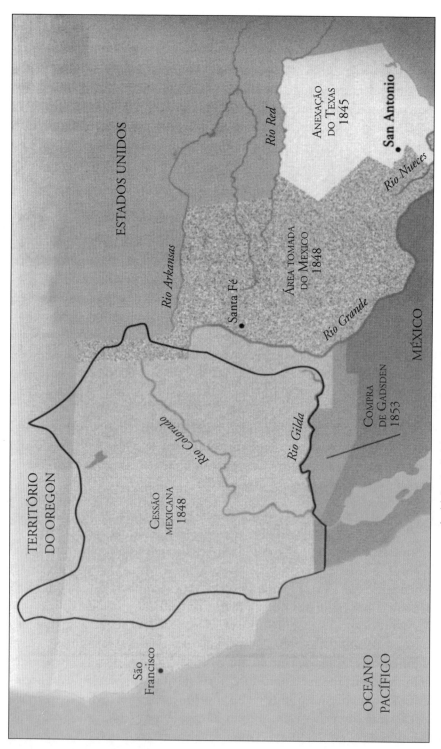

Aquisições territoriais que ampliaram os Estados Unidos no século XIX.

mais imigrantes. Os abusos e o desrespeito contra a legislação mexicana aumentavam na medida em que mais norte-americanos chegavam ao Texas.

Em 1833, Stephen Austin foi à Cidade do México para apresentar as reclamações dos americanos contra as leis do Texas, tentando obter, inclusive, autorização para a formação de um governo independente. Porém não conseguiu e acabou sendo preso por mais de um ano. Os norte-americanos que viviam no Texas iniciaram uma revolta e declararam a independência da região em 1836, adotando uma República e uma Constituição baseadas, naturalmente, nos Estados Unidos. Mas o governo mexicano, disposto a resistir, reuniu cerca de quatro mil soldados para invadir o forte Álamo, local que os colonos norte-americanos costumavam utilizar nos seus conflitos contra os indígenas e pessoas consideradas estrangeiras. O fato de conter imagens de São Francisco e São Domingos dava um caráter especial ao forte, que se tornava, cada vez mais, símbolo de resistência e heroísmo, principalmente num momento em que os Estados Unidos se firmavam como nação independente e em que as guerras de fronteiras assumiam caráter definidor da identidade e do espaço geográfico do país. Batalhas como essas, contra indígenas e mexicanos, eram associadas, naturalmente, às realizadas no processo de independência em 1776, pois garantiriam a paz em relação ao inimigo externo, lançando para bem longe toda e qualquer ameaça à soberania norte-americana.

Heróis eram criados, a partir, é claro, de referências na realidade. Eles se tornavam símbolos de uma geração de pessoas, por conter, em suas imagens, traços, trajetórias, valores que de algum modo se ligavam à grande maioria. Esse foi o caso, por exemplo, de Daniel Boone, explorador e caçador que, no final do período colonial, percorreu o famoso caminho "*Wilderness Road*", no atual estado de Kentucky, fundando o primeiro povoado a falar inglês na região. Durante a Guerra de Independência lutou para defender o território contra os ataques indígenas, cristalizando uma imagem de herói: aquele que defende os EUA (uma projeção futura, dado que, na época de Boone, sequer o país existia) do inimigo.

Foi durante os conflitos ocorridos no Texas que outro personagem ganhou destaque: o deputado Davy Crockett, do Tennessee, conhecido como o "rei da fronteira selvagem". Após carreira como congressista e depois de ter publicado o seu livro *Uma narrativa da vida de Davy Crockett*, ele se juntou, no ano de 1835, à Revolução do Texas e ao exército que defenderia o Álamo. Crockett se transformaria em herói. Sobre ele as mais maravilhosas histórias são contadas: um homem de valor que nunca mentia e que era capaz de saltar sobre o rio Mississipi, de caçar ursos, de cavalgar em um relâmpago e de comer batatas cozidas na gordura que escorria dos corpos de indígenas queimados.

Do outro lado do combate, o general mexicano Sant'ana procurava garantir que os norte-americanos respeitassem as leis do México e que a região não se separasse. Para ele, seu país havia conquistado a independência da Espanha e não era admissível que suas terras fossem roubadas por colonos vindos de outra nação.

Os colonos vindos dos Estados Unidos, por sua vez, afirmavam que jamais seriam humilhados por um ditador e que definiriam a questão num campo de batalha.

Em resposta, Sant'ana atacou o Álamo com suas tropas. A inferioridade numérica, a falta de suprimentos e as poucas armas fizeram o forte cair. Ocorreu um verdadeiro massacre e a morte dos colonos norte-americanos foi vista nos EUA como exemplo de luta e coragem a favor do nacionalismo de um povo capaz de defender até a morte a sua liberdade. Esses colonos, mortos no Álamo, transformaram-se em verdadeiros mártires, inspiração para outros combates. Uma tropa imensa dos Estados Unidos foi envida à região e os mexicanos acabam derrotados em abril de 1836, ano em que o México cortou relações diplomáticas com os Estados Unidos, teve que aceitar a independência do Texas e ceder aos norte-americanos também outros territórios que se estendiam até o Rio Grande.

Resolvida a "questão do Texas", o presidente James K. Polk (1845-1849) dedicou-se a uma nova linha de expansão, que se estendia das montanhas Rochosas até o Pacífico. A próxima conquista seria a Califórnia mexicana, devido ao interesse norte-americano no comércio marítimo da região. Os mexicanos sequer tentaram saídas diplomáticas e os americanos entenderam isso como motivo para mais uma guerra. Ao fim do conflito, em 1848, os mexicanos assinaram o Tratado de Guadalupe-Hidalgo, reconhecendo a fronteira do Rio Grande e cedendo o Novo México e a Califórnia aos Estados Unidos.

O forte expansionismo estadunidense parece ter sido mesmo, num primeiro momento, uma tentativa de encontrar uma causa que pudesse unir todos os americanos em uma nova onda de nacionalismo. Por outro lado, as anexações esbarraram num antigo e velho problema. Os estados do Norte sabiam que não deveriam permitir, de forma alguma, que essas novas terras anexadas servissem para aumentar a área de escravidão e o poder político dos escravocratas.

Em 1846, uma cláusula proposta por um democrata faria com que os sulistas tivessem durante muito tempo enorme receio do Congresso Federal. A proposta feita por David Wilmot, a chamada Cláusula Wilmot, dizia que todo território anexado do México teria a escravidão banida. Mesmo não sendo aprovada, foi o suficiente para provocar a ira dos sulistas e aumentar a tensão. Agora, o problema era elaborar uma nova legislação para os territórios recém-anexados que agradasse a nortistas e sulistas. A questão, no fundo, ainda era formar uma unidade, uma nação, a partir de regiões tão distantes e diferentes. Os sulistas diziam que iriam se separar da União dos estados, caso a Cláusula Wilmot fosse cumprida, e os nortistas estavam firmemente empenhados em barrar o avanço e o crescimento de áreas escravocratas.

A "CASA DIVIDIDA" E A GUERRA DE SECESSÃO

Ainda que unidos em nome de causas comuns – como as guerras contra o México, as invasões a Oeste e também o sentimento de imperialismo e a vontade de expandir seus estilos de vida para áreas maiores –, o Sul queria aumentar seu império do algodão e da escravidão e o Norte, a expansão das chamadas terras livres.

Mesmo tendo interesses e estruturas bem diferentes, não se pode afirmar que as regiões fossem completamente antagônicas. O Norte, mais avançado em termos industriais, tinha uma classe média nascente e uma indústria de importância crescente. O Sul, embora apresentando características fundamentalmente agrícolas, baseava-se no sistema de *plantation* e escravidão, muito bem inserido no sistema capitalista; o escravo era visto como mercadoria. O Sul interagia economicamente com o Norte e participava do comércio internacional, especialmente com a Inglaterra. Mesmo se constituindo como dois "mundos" bastante diferentes, um, ao Norte – de trabalhadores livres, assalariados, pequenos proprietários e mais consistente classe média urbana –, e o outro, ao Sul – escravista e senhorial –, a ideia da superioridade do homem branco era comum e inquestionável em ambos. Nos dois mundos, os negros estavam fora das decisões políticas e eram vítimas de preconceito, principalmente no Sul, onde a escravidão era garantida por lei. (Isso subsistiria na primeira metade do século XX quando se manifestariam dois tipos muito diferentes de racismos: um determinado juridicamente, no Sul, e o outro um pouco "envergonhado", mas sempre presente, no Norte.)

Entretanto, no século XIX, havia questões maiores que formavam uma separação nítida entre as regiões Sul e Norte, cujas semelhanças talvez não tivessem tanto peso quanto as diferenças existentes.

Na década de 1850, o Norte superava o Sul em população, mas o Sul, por sua vez, dispunha de maior força política no governo federal. Nessa época, os sulistas exigiam o direito de estender a escravidão aos novos territórios conquistados pelos Estados Unidos, postura essa que parecia ser essencial ao "imperialismo do algodão", sendo que, ainda com isso, os políticos do Sul poderiam manter o maior número de representantes no governo federal.

Mais um exemplo das disputas com o Norte foi o projeto de governo territorial pensado para as novas regiões de Kansas e Nebrasca. Os sulistas, representados por David Atchison, propuseram uma lei em que nenhum projeto de administração territorial poderia ser aprovado a não ser que contivesse uma cláusula que anulasse a proibição da escravidão. O Congresso aprovou o projeto, que passou a se chamar Lei Kansas-Nebrasca, e os nortistas ficaram indignados pelo fato de o governo federal e o presidente Franklin Pierce (1853-1857) terem se curvado diante da "escravocracia". Desse modo, o império do algodão desafiava, de uma vez por todas, o "imperialismo do solo livre".

O território do Kansas tornou-se um verdadeiro palco de disputas políticas em torno do controle político da região, além de ficar amplamente aberto aos imigrantes que acabavam apresentando posturas pró e contra o regime da escravidão. Os abolicionistas da Nova Inglaterra colaboravam e apoiavam os defensores do "solo livre" com armas e dinheiro, ao passo que alguns imigrantes apoiavam o regime sulista, vendendo votos ilegalmente. O presidente Pierce, mais uma vez, acabou autorizando a criação de um Legislativo formado por escravistas eleitos por esses votos ilegais. Indignados, políticos do Kansas favoráveis ao solo livre separaram-se, formaram um Legislativo próprio e elegeram para si um novo governador. A partir de agora, "a casa" estava, de fato, dividida.

O debate sobre a escravidão, sem sombra de dúvida, seria a grande questão das eleições de 1860. O principal nome de indicação dos democratas foi Stephen Douglas e dos republicanos, um jovem advogado, de grande eloquência, chamado Abraham Lincoln. Este, por sua vez, era favorável aos ideais de solo livre, trabalho e homens livres. Lincoln venceu as eleições. Novos rumos seriam tomados na história norte-americana.

A maior parte dos sulistas ficou irritada com a eleição de Lincoln, visto por eles como um verdadeiro abolicionista. Já alguns nortistas o viam como conservador, na medida em que não defendia abertamente uma luta para terminar com o regime escravista, embora o condenasse como um grande erro da humanidade.

Seu discurso ambíguo e carregado de retórica foi capaz de administrar, por algum tempo, a forte pressão sofrida durante o seu mandato. Afirmava,

Abraham Lincoln, de Jean Leon Gerome Ferris.

por exemplo, que a "raça branca" era sim superior. Dizia que não toleraria que algo fosse feito contra a escravidão nos territórios em que ela já existia, mas, ao mesmo tempo, que defenderia a todo custo os interesses da União, que invadiria os estados que quisessem se separar e recolheria, da mesma forma, os direitos aduaneiros de importação nos estados que fossem a favor da secessão. O próprio Lincoln demonstrou suas expectativas ao afirmar que não esperava que "a casa" não caísse, mas que, ao menos, deixasse de ser dividida.

O presidente pode ser considerado um antiescravista, mas nunca um abolicionista aberto e declarado. Mesmo assim, os senhores do Sul queriam a expansão da escravidão para o Oeste e, para eles, pouca diferença existia entre a fixação da escravidão apenas no Sul, proposta por Lincoln, e a abolição imediata, proposta por jornais como o *Liberator*. Para os sulistas, a ambiguidade de Lincoln era tão abolicionista quanto o discurso radical de William Garrinson. Acreditavam que, desde que o tráfico de escravos fora abolido em 1808 e que a reprodução natural de escravos não era suficiente para atender à demanda por mão de obra, a única forma de aumentar a escravidão era expandi-la para novas terras.

A ideia de separação do Sul ganhava corações e mentes das elites sulistas. Entretanto, como havia dito, Lincoln não aceitaria a secessão e a atacaria com força os estados adeptos da ideia. Sua eleição, portanto, foi o estopim necessário para o início formal das hostilidades entre as duas regiões.

Convocando uma convenção, a Carolina do Sul anulou sua ratificação da Constituição federal. Isso provocou o desespero de alguns políticos que tentavam lutar a favor de uma conciliação. Em pouco tempo, outros estados, como Alabama, Flórida, Mississipi, Geórgia e Texas também se declaram separados da União, formando os chamados Estados Confederados da América e elegendo Jefferson Davis como seu presidente.

O início dos conflitos militares se deu em Charleston, na Carolina do Sul, onde se situava um forte de tropas da União, o Sumter. Antes que o presidente Lincoln pudesse enviar esforços e ajuda de guerra para o forte, os confederados sulistas exigiram a evacuação imediata do local em abril de 1861. Lincoln reagiu com um reforço de quase oitenta mil soldados. A guerra estava declarada. Nesse momento, mais quatro estados do Sul se retiraram da União e juntaram-se aos seus compatriotas regionais.

No início, o clima de otimismo parecia tomar conta das duas regiões. O Norte imaginava uma guerra curta e fácil, confiando em sua superioridade técnica, e os sulistas, por sua vez, pareciam esquecidos do enorme contingente e da superioridade em recursos que teriam que enfrentar. Isso parece indicar o tradicional orgulho sulista da sua "superioridade" em relação à "ralé" do Norte, bem como a ideia corrente no Sul de que o Norte não iria à guerra de fato.

O Norte possuía uma vantagem de quatro para um no número de pessoas aptas ao serviço militar (uma vez que os negros não podiam integrar o exército sulista), além de concentrar as maiores empresas do país e contar com cerca de 35 mil quilômetros de estradas de ferro. Por outro lado, grandes nomes da estratégia militar dos Estados Unidos lutavam ao lado do Sul, como, por exemplo, o general Robert Lee, que impediu, no início, diversas invasões em Richmond, mesmo contando com menos soldados.

As batalhas tornaram-se verdadeiros palcos de horror. Numa delas, os nortistas, com cerca de 30 mil homens a mais que os sulistas, obrigaram o general Lee a se refugiar na Virgínia e cerca de 12 mil homens morreram em cada um dos lados envolvidos no conflito. Em outra, os confederados lançaram-se com mais de 150 mil homens contra as trincheiras da União próximas a Gettysburg, na Pensilvânia. Os confederados acabaram dizimados pelas tropas federais e cerca de 30 mil soldados sulistas morreram nesse conflito.

Aos poucos, o investimento exigido pela guerra e a falta de recursos foram devastando o Sul. Na esperança de contar com um apoio europeu na guerra, as autoridades confederadas, em vez de exportar o algodão e usufruir os lucros, cancelaram as vendas, pensando que, assim, poderiam forçar, por exemplo, a entrada da Inglaterra ao seu lado contra as tropas da União. Mas os ingleses tinham um ano de estoque do produto e os franceses se negaram a ajudar os sulistas sem o apoio inglês. Além disso, Lincoln proibiu a entrada e saída de produtos dos estados sulistas, dificultando a chegada de bens de primeira necessidade tanto para a população do Sul quanto para as tropas que se viam cada vez mais sem armas, roupas e famintas. Assim, as fugas do serviço militar foram intensas e, somadas às vitórias nortistas, em 1863, cerca de um terço das tropas sulistas abandonaram o campo de batalha, forçando, inclusive, alguns senhores a convocar até mesmo escravos para formar o exército. Essa medida foi um verdadeiro suicídio do regime escravista, pois seria insustentável manter essa irônica situação: escravos lutando em nome de uma região que os condenava aos maus-tratos e ao trabalho compulsório.

O presidente Abraham Lincoln propôs, então, uma emancipação dos escravos de modo lento, gradual e indenizado, em que o governo pagaria a quantia equivalente ao valor dos escravos libertos para os fazendeiros, já que os escravos eram verdadeiras mercadorias e perdê-los significaria perder um bem, um investimento. Lincoln reafirmava, assim, que seu objetivo maior era manter a União.

Em agosto de 1861, foi aprovada a primeira "Lei do Confisco", em que qualquer propriedade usada em favor dos confederados (como gado, algodão, matérias-primas e, sobretudo, escravos) que caísse em mãos dos nortistas seria imediatamente confiscada. Essa lei impulsionou as fugas coletivas de escravos das fazendas, pois sabiam que, em mãos dos nortistas, poderiam alcançar a liberdade.

A pressão de políticos radicais do Norte fez com que, em 1862, a escravidão fosse abolida nos territórios do Distrito de Colúmbia. No mesmo ano, foi aprovada a segunda "Lei do Confisco", que finalmente declarava livre todo escravo capturado ou fugido.

Em maio de 1862, Lincoln promulgou uma nova lei relacionada às terras, o que fez ressurgir o velho debate do tempo do Compromisso do

Missouri, assinado anos antes, em 1820, por ocasião da entrada desse estado na União. O Homestead Act (Lei de Terras) foi uma lei federal que entregava um quarto de um distrito ainda não desenvolvido no Oeste para qualquer família ou indivíduo maior de 21 anos dispostos a migrar para a região. A lei era o resultado de anos de agitação e manobras políticas. Muitos projetos de lei haviam sido criados antes desse, mas sem sucesso, até que, em 1862, com a ausência do voto contrário sulista, o Homestead Act foi finalmente aprovado. Ele foi introduzido com a esperança de que se pudesse aliviar a concentração de estrangeiros no Leste e diminuir também o desemprego.

As atitudes de Lincoln caminhavam na direção de retomar as rédeas de todo o país, impedir a fragmentação do território e criar, se possível, uma unidade nas leis e na administração dos estados. O governo agia de forma enérgica, violando correspondências, fechando jornais, prendendo sem julgamento e punindo os que desertavam do exército, tudo em nome da vitória da União.

Durante a Secessão, os escravos utilizaram a Guerra Civil do melhor jeito que podiam para se tornar livres: cada vez que uma tropa do Norte invadia uma região confederada, um enorme contingente de negros fugia das fazendas e, dessa maneira, colaborava para o desmoronamento do sistema escravista.

Graças aos escravos e aos abolicionistas, um combate, que se iniciara em nome da recuperação da unidade territorial do país, transformou-se numa luta pelo fim da escravidão. Lincoln, diante das pressões crescentes de diversos setores pela abolição e da ausência de acordo sobre a escravidão nas novas terras do Oeste, percebeu que a emancipação total dos escravos lhe traria popularidade, e que poderia acelerar o fim da guerra, além de angariar apoio de europeus críticos do regime de escravidão. Assim, no dia 1º de janeiro de 1863 foi proclamada a Lei de Emancipação dos escravos. Nas áreas longe do alcance legal da União, os escravos tornavam-se livres na medida em que as tropas do Norte venciam.

Essa data se tornou simbólica, pois representou a liberdade para um grande número de escravos. (O século XX celebraria o centenário da lei, com intensas manifestações de lutas por direito iguais de negros e brancos.) A lei federal que proibiu a escravidão em todo o território nacional seria promulgada apenas em 1865, como a Décima Terceira Emenda da Constituição norte-americana.

Em novembro de 1863, logo após a sangrenta Batalha de Gettysburg, o presidente Lincoln, proferiu seu famoso discurso em que dava ao conflito um caráter de luta pela democracia. Essa fala tornou-se um dos mais famosos documentos da história dos EUA:

Há oitenta e sete anos, nossos antepassados implantaram sobre este continente uma nova nação, concebida em liberdade, e dedicada à ideia de que todos os homens são iguais. Presentemente, estamos envolvidos numa grande guerra civil testando assim o poder de resistência dessa nação, ou de qualquer outra concebida sobre aquele princípio. Encontramo-nos, agora, num grande campo de batalha dessa guerra. Viemos até aqui para dedicar uma porção de tal campo como um lugar de repouso eterno para aqueles que aqui deram suas vidas a fim de que a nação pudesse viver. E é conveniente e apropriado que nós prestemos juntos essa homenagem.

Mas, num sentido mais amplo, nós não podemos dedicar-lhes, não podemos consagrar – nem santificar – este local. Os homens bravos, vivos ou mortos, que lutaram aqui, já o consagraram, muito mais do que o nosso poder de acrescentar algo ou diminuí-lo. O mundo deverá registrar bem pouco, e nem de longe recordar o que dissemos aqui, mas ele nunca poderá esquecer o que aqueles homens fizeram. É para nós, os que continuam vivos, que temos diante de nós uma obra inacabada pela qual eles se bateram e tão nobremente adiantaram, que melhor caberia tal dedicatória. Sim, é para nós que estamos aqui dedicados a grande tarefa que se nos defronta – que isso se endereça mais do que a esses mortos honrados dos quais retiraremos a devoção ampliada àquela causa pela qual eles esgotaram a última reserva de dedicação –, tarefa essa que aqui devemos assumir para que esses mortos não tenham morrido em vão, e para que essa nação, sob a autoridade de Deus, deva renascer em liberdade, e a fim de que o governo do povo, pelo povo e para o povo não pereça na terra.

Os ataques finais da União foram lançados em maio de 1864 e o presidente dos confederados, Jefferson Davis, foi preso tentando fugir, na Geórgia. Como explicar a vitória nortista?

A Revolução Industrial estava em andamento no Norte desde aproximadamente 1820, com as ferrovias, o barco a vapor e o telégrafo como bons exemplos da expansão econômica. A região conseguiu enriquecer ainda mais com a Guerra Civil, fortalecendo a indústria têxtil, de calçados e principalmente a bélica. Muitos imigrantes europeus recém-chegados se integraram às tropas da União. E os enfrentamentos de tropas aconteceram principalmente no Sul, o que livrou o Norte de maior destruição de cidades e da grande mortandade de civis.

Na região Sul, a situação foi diferente; a guerra significou grande colapso econômico e desestruturação. No decorrer do conflito, a população sulista foi se tornando cada vez mais desmotivada e desmoralizada, o que contribuiu para o desfecho de derrota. Com a guerra, a região viu-se impossibilitada de vender algodão e tabaco e de fabricar armas. As milícias e os regimentos sulistas eram formados por soldados brancos de baixa condição social, que não possuíam escravos e precisavam ser alimentados. Para prover as tropas, os líderes sulistas lançaram uma política de aquisição de gêneros alimentícios de todos os tipos, exigindo preços menores de seus produtores, o que ocasionou prejuízo a muitos comerciantes e proprietários de terras. Outro fator importante a explicar a derrota sulista é que o Sul manteve, durante a guerra, a liberdade de imprensa; as pessoas que criticavam o governo e o exército por meio dessa não eram punidas, criando, assim, um clima desfavorável ao consenso exigido numa época de guerra.

Essa foi a guerra mais letal e mais custosa da história dos Estados Unidos. Para uma comparação breve: morreram mais de 600 mil norte-americanos na Guerra Civil; já na famosa Guerra do Vietnã, o número de baixas oficiais foi de 58 mil mortos. O conflito também serviu para criar o mito de Lincoln como grande estadista defensor da liberdade, forjar certo sentimento de identidade nacional baseada na superioridade do "mundo" do Norte, abrir caminho para o surgimento de determinadas leis comuns e definir a trilha histórica de um país unificado a partir das armas.

Coleta de corpos na Guerra Civil.

A emancipação dos escravos trouxe certo sentimento de justificativa moral para o enfrentamento, já que ela ocorreu em meio aos combates; se milhões morreram, milhares ganharam a liberdade. Os números das atrocidades e a violência da Guerra de Secessão perderam força diante do impacto simbólico do fim da escravidão. Mas milhares de pessoas morreram em nome de causas que mal compreendiam e milhões lutaram nas mais indignas condições. Após a Independência de 1776, a nação estava incompleta e só foi decididamente formada com o fim da Guerra Civil. Agora, era preciso recolher os destroços.

DAS CINZAS DA GUERRA EMERGE
O MODELO DO NORTE

A RECONSTRUÇÃO

O período posterior ao término das hostilidades entre Norte e Sul trouxe, além das inúmeras consequências da Guerra já mencionadas, um grande questionamento: como reincorporar os territórios sulistas à União? Qual seria o estatuto legal de um estado soberano que se separara e era forçado a voltar à União? Seria ainda um estado ou apenas uma província conquistada? Como seria a "reconstrução"?

Essas perguntas, longe de terem resposta unânime, geraram um intenso e acirrado debate, que acabou evoluindo para uma crise política. Quem daria a palavra final, uma vez que a Constituição era vaga em relação a esses pontos: o Congresso ou o presidente? O presidente, chefe do Executivo, era o comandante-chefe das forças armadas e tinha o poder de perdoar. O Congresso, órgão máximo do Legislativo, tinha, por sua vez, o autoridade para admitir novos estados, elaborar leis para territórios e julgar as qualificações de seus próprios membros.

Na política, havia aqueles que defendiam uma "reconstrução" radical dos territórios devastados dos antigos estados da Confederação. Esses radicais não ofereciam garantia alguma aos "direitos" dos antigos donos de escravos que reivindicavam indenização. Além disso, aceitavam a readmissão dos estados sulistas desde que comandada por "homens leais" ao Norte. Queriam também que os negros do Sul se beneficiassem dos direitos básicos da cidadania norte-americana.

Por outro lado, havia os que buscavam uma "reconstrução" mais moderada, que não garantiria aos libertos nada mais que sua liberdade, abrindo margem ao desejo dos proprietários sulistas de utilizar a mão de obra dos ex-escravos em algum tipo de regime de trabalhado compulsório. A presidência favorecia esse enfoque mínimo, enquanto o Congresso endossava uma política mais radical.

A tensão entre a Casa Branca e o Congresso sobre o que fazer ao fim da guerra começou mesmo antes do término dos combates. Lincoln, ainda que não de forma conclusiva e sistemática, indicara uma tendência à clemência e à conciliação em favor dos sulistas que renunciassem à sua luta e repudiassem a escravatura. Em dezembro de 1863, o presidente oferecera perdão completo aos sulistas que jurassem fidelidade à União e reconhecessem a abolição, excetuando do indulto líderes confederados. Ainda na mesma proposta, Lincoln afirmara que, se 10% da população de qualquer estado confederado jurasse fidelidade à União, essas pessoas poderiam organizar um governo legal com apoio de Washington. O plano pareceu dar certo, visto que, em 1864, Louisiana e Arkansas já contavam com governos legalistas em funcionamento. Lincoln partia da ideia de que a secessão fora obra de certos indivíduos e não dos estados em si. Logo, constitucionalmente, como o desafio à autoridade federal havia sido individual, o presidente poderia usar seus poderes de perdão para legalizar o eleitorado leal, que então poderia constituir seu governo estadual.

O Congresso, por sua vez, insatisfeito com a proposta moderada de Lincoln, recusou a posse dos unionistas eleitos por Arkansas e Louisiana para a Câmara e o Senado. No geral, o Legislativo entendia que o presidente extrapolava sua autoridade, ao usar poderes do Executivo para restaurar o país, visto que, segundo interpretava, os estados confederados teriam prejudicado definitivamente seus direitos à União e que cabia, portanto, ao Congresso decidir quando e como eles seriam readmitidos.

Uma minoria de republicanos no Congresso, conhecidos como radicais, fortemente abolicionistas, exigia uma pré-condição para a readmissão dos estados sulistas: o alistamento eleitoral dos negros (fato que, na esperança dos radicais, aumentaria suas bases políticas, ganhando votos de libertos gratos pela medida).

Um grupo maior e de tendência moderada também fazia oposição ao plano de Lincoln por não confiar no arrependimento dos confederados que teriam um papel majoritário nos novos governos do Sul.

Unido contra a proposta do presidente, o Congresso aprovou um projeto próprio de reconstrução em julho de 1864: a Lei Wade-Davis, que exigia o juramento de fidelidade à União de metade do eleitorado sulista antes que o processo de restauração pudesse ser iniciado. Depois disso, aqueles que jurassem nunca ter apoiado voluntariamente a Confederação poderiam votar numa eleição para delegados de uma convenção constitucional. Essa medida esvaziaria o poder político do Sul na nação que emergiria da guerra. Lincoln, entretanto, invalidou a lei, recusando-se a assiná-la antes do recesso do Congresso, irritando muitos congressistas.

Lincoln acabou assassinado logo após o fim da guerra, quando assistia a uma peça de teatro, por um manifestante extremista que via o presidente recém-reeleito como um ditador. Pouco antes de morrer, durante a campanha de sua reeleição, Lincoln havia sinalizado, finalmente, a possibilidade de acordo com o Congresso, mas não viveu para concretizar a conciliação.

Quando Andrew Johnson (1865-1869), vice-presidente, assumiu o cargo tornado vago com o assassinato, o quadro era desanimador. Além da destruição física das cidades, da bancarrota financeira do Sul e da questão constitucional de reintegração, havia o problema de como lidar com os anseios imediatos dos ex-escravos, dos sulistas brancos derrotados e dos nortistas vitoriosos.

Cerca de 286 mil negros vestiam o uniforme do exército da União, alguns haviam se estabelecido nas fazendas confiscadas nas ilhas ao largo da costa das Carolinas, e muitos simplesmente perambulavam entre os acampamentos dos exércitos da União e as cidades sulistas, cheios de esperança, mas sem garantia alguma de sustento. Embora lideranças negras tenham rapidamente aparecido, a imensa maioria dos ex-escravos era analfabeta e nunca participara da política ou de instituições econômicas. Para a maior parte dos mais de quatro milhões de negros libertos, a aquisição de terras, o acesso à educação e o direito de voto eram os meios de atingir a cidadania.

Os milhares de brancos nortistas que se mudaram para o Sul depois da guerra, seja por razões econômicas ou humanitárias, entendiam que estavam estendendo a "civilização" ao que consideravam uma região bárbara, e o caminho para isso devia contar com a ajuda dos libertos. Entretanto, mesmo entre estes nortistas havia racismo e, assim, não chegavam a um consenso sobre qual a participação dos negros na nova Nação.

Os democratas, 45% do eleitorado, eram críticos acerbados da maneira pela qual a guerra havia sido conduzida e combateram a emancipação dos negros. Para eles, o único objetivo da luta fora a restauração da "União como ela era". Entre os republicanos, como vimos, havia os grupos "radical" e "moderado", que discordavam em seu apoio a Lincoln e, depois, a Johnson, além de debaterem calorosamente sobre tarifas e finanças, e sobre o futuro dos libertos.

Dois paradoxos tornavam a reconstrução muito difícil. O primeiro deles era que, mesmo com a escravidão abolida, a nação acreditava esmagadoramente na inferioridade inata da "raça negra". Mesmo entre os abolicionistas, eram poucos os que aceitavam os negros como intelectual e politicamente iguais. O segundo era que, durante a reconstrução, o governo precisava empreender um programa de medidas drásticas ainda que isso contradissesse a tradição liberal norte-americana, nos moldes de Jefferson, Jackson e Lincoln, de acreditar que a ação do governo devia ser rigorosamente limitada.

As opções que se abriam ao Norte, portanto, eram, em termos simples, a ocupação ou a conciliação. A maioria do Congresso acreditava na segunda opção desde que o Sul reconhecesse seus "erros" e se governasse de acordo com ideais nortistas. Ainda assim restavam questões: quem comporia esses novos governos? Ex-rebeldes, que talvez não fossem tão "arrependidos" assim? Ex-escravos, vistos, pela maioria dos nortistas, como membros de uma "raça inferior"?

No Sul, não havia capital disponível para a reconstrução, uma vez que a moeda e títulos de crédito confederados não tinham mais valor: de acordo com algumas estimativas, a riqueza *per capita* do Sul em 1865 correspondia à metade do que havia sido em 1860.

Os negros tinham forte preferência em se estabelecer como pequenos proprietários em vez de serem trabalhadores nas plantações de donos brancos. Durante algum tempo, tiveram razão em esperar que o governo apoiasse suas ambições. Algumas propriedades de 40 acres chegaram a ser distribuídas pelo governo entre os escravos libertos. Em julho de 1865, 40 mil fazendeiros negros trabalhavam 300 mil acres do que eles pensavam ser sua própria terra.

Mas o sonho de "40 acres e uma mula" não se realizaria para a grande maioria. Nem o presidente Johnson nem o Congresso foram favoráveis a um programa efetivo de confisco e redistribuição de terras. Consequentemente, a maior parte dos negros que já ocupavam um pedaço de terra e efetivamente trabalhavam nele não obteve títulos de propriedade, tendo sido, então, abandonados. A guerra tinha terminado com a escravidão no Sul, mas não representou a integração dos negros como cidadãos efetivos.

Apesar da pobreza e da falta de terras, os ex-escravos relutavam em se fixar e se tornar empregados dos seus antigos senhores. A situação era tão grave que os próprios donos de fazendas achavam que não teriam como realizar a colheita em fins de 1865. A solução encontrada pela maioria, em 1866, foi o contrato de trabalho sistemático, em que os trabalhadores se engajariam por um ano em troca de salário fixo. Esses contratos previam pagamentos muito baixos e, na maior parte dos casos, protegiam mais os empregadores do que os empregados.

Descontentes, grupos de negros exigiram sociedade nos resultados, o direito de trabalhar pequenos lotes de terra, independentemente, em troca de uma percentagem da colheita: em geral a metade. Mais uma vez o medo da falta de trabalhadores forçou alguns proprietários a aceitar esse tipo de contrato; muitos deles, inclusive, acharam o sistema vantajoso, porque não exigia muito capital e obrigava o arrendatário a participar dos riscos do fracasso da colheita ou de uma eventual baixa do preço do algodão.

Durante a década de 1870, entretanto, esses contratos transformaram-se em uma nova forma de servidão, visto que os trabalhadores tinham que contrair débitos até que o algodão fosse vendido e os fazendeiros e comerciantes aproveitaram a oportunidade para vender produtos de primeira necessidade a preços altos e juros exorbitantes. Resultado: as dívidas dos trabalhadores se multiplicavam mais rápido do que os lucros.

Por todo o Sul, a sociedade começou a consolidar uma profunda segregação baseada em "critérios raciais". À exceção do mundo do trabalho, em que brancos e negros conviviam, a sociedade sulista comportava dois mundos separados Por meio de instrumentos legais e ilegais, as pessoas consideradas negras ficavam segregadas das brancas na maioria dos locais públicos, na maioria dos hotéis, restaurantes e outros estabelecimentos particulares. Mesmo quando os governos republicanos, apoiados pelos negros, assumiram o poder, em 1868, e foram aprovadas leis de direitos civis exigindo acesso igual às instalações públicas, muito pouco esforço foi feito para aplicar a legislação.

A RECONSTRUÇÃO PRESIDENCIAL

Ainda em 1865, em vista de todos esses problemas, Andrew Johnson tentou refazer a União à sua própria maneira, acirrando suas divergências com o Congresso.

O presidente nascera muito pobre na Carolina do Norte e emigrara ainda jovem para o leste do Tennessee, onde ganhava a vida como alfaiate. Embora tivesse pouca instrução (ele aprendeu a escrever já adulto), entrou na política e tornou-se um tribuno eficiente que atacava a aristocracia dos fazendeiros. Após tornar-se, membro do Congresso e, depois, governador, em 1857 foi eleito para o Senado. Quando o Tennessee separou-se, em 1861, Johnson foi o único senador de um estado confederado a permanecer leal à União, continuando a servir em Washington. Longe de nutrir simpatia pela causa abolicionista, desejava que cada chefe de família norte-americano tivesse um escravo para evitar que sua família fosse obrigada a executar serviços "inferiores e desagradáveis", segundo suas próprias palavras. Durante a Guerra, como governador militar do Tennessee, Johnson seguiu as ordens emancipatórias de Lincoln por acreditar que elas destruiriam a aristocracia que sempre combateu. Quando, em 1864, entrou na chapa eleitoral de Lincoln, poucos achavam que chegaria à presidência.

Em maio de 1865, Johnson pôs em prática seu plano para afastar de vez os grandes fazendeiros sulistas do poder, colocando alguns estados sob a administração de governadores provisórios escolhidos entre os políticos sulistas opositores do movimento secessionista. Essas pessoas deveriam convocar Convenções Constitucionais para eleger dirigentes. Uma vez eleitas, as convenções deveriam declarar ilegais as resoluções confederadas, repudiando dívidas assumidas pelos sulistas durante o conflito e ratificando a Décima Terceira Emenda. Ao cumprir essas etapas, o processo de reconstrução estaria completo.

As Convenções sulistas foram eleitas, e Johnson, para desilusão dos republicanos radicais, parecia disposto a dar carta branca para que elas determinassem o estatuto civil e político dos escravos libertos. Dessa forma, foram aprovados os "Códigos Negros" (*Black Codes*), que restringiam a liberdade dos negros em diversos aspectos. Entre essas leis, estavam as de vadiagem, que obrigavam os ex-escravos a trabalhar sem poder escolher seus empregadores. Em alguns estados, os negros não tinham permissão para se reunir, casar-se com brancos, beber álcool, possuir armas de fogo, ou atuar em ofícios especializados. Aqueles que cometessem alguma infração podiam ser vendidos em leilão. Na Carolina do Sul, uma lei definiu os contratos de trabalho: os negros só poderiam trabalhar em serviços rurais ou domésticos. No Mississipi, poderiam lavrar a terra, jamais possuí-la. Até mesmo alguns sulistas brancos acharam que essas medidas eram muito provocadoras para os nortistas, que as consideravam uma "escravidão disfarçada".

Em fins de 1865, todos os estados haviam passado pela chamada "reconstrução presidencial", em que os presidentes Lincoln e Johnson haviam comandado a cena política. Aos olhos conservadores e sulistas, a reconstrução já estava pronta: o governo sulista voltara a funcionar e, em alguns estados reconstituídos, ex-confederados ilustres foram eleitos para cargos estaduais e federais.

O ressentimento entre o presidente e o Congresso, no entanto, aumentou ainda mais, em dezembro, quando o Legislativo recusou a posse à delegação sulista recém-eleita. Além disso, os congressistas criaram uma comissão conjunta para estabelecer novas condições de readmissão dos estados sulistas.

Na primavera de 1866, o Congresso aprovou a Lei de Direitos Civis, proibindo numerosos tipos de legislação discriminatória. Johnson, por sua vez, endureceu seu discurso ao atribuir aos radicais a violência e os distúrbios racistas no Sul, minimizando as infrações dos direitos dos negros e perdoando centenas de líderes confederados.

Entretanto, os planos presidenciais seriam minados de uma vez quando, em novembro, nas eleições para o Congresso, os republicanos obtiveram dois terços das duas Casas, e a liderança radical assumiu alguns postos-chave no governo, apesar de todo o esforço de Johnson, durante a campanha eleitoral, em detratar os radicais perante a opinião pública.

A RECONSTRUÇÃO RADICAL

O cerne do conflito irreconciliável entre o Congresso e o presidente era a própria natureza daquilo que deveria ser a reconstrução.

Para Johnson, o sistema federal deveria ser restaurado o mais rápido possível, nos mesmos moldes de antes da Guerra, excetuando-se a questão da escravidão.

Os deputados, por sua vez, buscavam uma política de reconstrução que limitasse o papel dos ex-confederados e trouxesse alguma proteção para os negros. Os republicanos do Congresso, com exceção de alguns radicais extremados, não consideravam que os negros fossem iguais aos brancos, mas que, como cidadãos, deveriam ter os mesmos direitos básicos. Esse programa político, acreditavam aqueles congressistas, deveria engrossar as fileiras do próprio Partido Republicano com os "negros que ele ajudara a emancipar".

Em meio aos vetos presidenciais e disputas com o Congresso, Johnson revelou que pretendia abandonar o Partido Republicano e criar um novo partido, de caráter mais conservador, que uniria seus correligionários com um Partido Democrata revitalizado que apoiava *a sua* política de reconstrução.

Em contrapartida, a maioria republicana no Capitólio aprovou, em junho de 1866, a Décima Quarta Emenda Constitucional, que, em sua seção principal, estendia a cidadania a "todas as pessoas nascidas ou naturalizadas nos Estados Unidos". Os estados ficavam proibidos de restringir os direitos dos cidadãos americanos e não poderiam "privar qualquer pessoa da vida, liberdade ou propriedade sem prévio procedimento legal; nem negar a qualquer pessoa [...] proteção igual dentro das leis". A segunda seção da emenda estabelecia que, se um estado negasse o voto a qualquer homem adulto, sua representação seria proporcionalmente reduzida. A terceira e quarta seções vedavam o acesso de confederados importantes a cargos federais e proibia que os estados repudiassem dívidas federais ou reconhecessem dívidas rebeldes. Para ser ratificada por três quartos dos estados, essa nova emenda deveria contar com algum apoio sulista. Mas Johnson, pessoalmente, endossou a decisão de todos os estados sulistas, à exceção do Tennessee, de rejeitarem-na.

Em 1867, o Congresso contra-atacou com a implementação de seu próprio plano: era o início da chamada "reconstrução radical". O plano original, elaborado por republicanos radicais, como Charles Summer e Thaddeus Stevens, previa um período extenso de governo militar no Sul, que deveria confiscar e redistribuir grandes latifúndios entre os libertos e observar, com tutela federal, que as escolas educassem os negros para a cidadania. A maioria dos representantes republicanos, mais moderada, achou o programa original inaceitável, uma vez que ele contradizia as tradições americanas de federalismo e respeito pelo direito de propriedade, e decidiu implantá-lo apenas em parte.

A primeira Lei de Reconstrução, promulgada apesar do veto de Johnson em 2 de março de 1867, colocou, por um período curto, o Sul sob governo militar, dividindo a região em cinco distritos. Sob supervisão militar, cada estado deveria compor uma convenção constitucional, eleita pelo voto de toda a população masculina, incluindo os negros emancipados e excluindo confederados importantes, e aprovada pelo Congresso. Quando o novo estado houvesse ratificado a Décima Quarta Emenda, seus representantes poderiam ser admitidos no Congresso. Essa lei foi regulamentada e tornada mais rigorosa posteriormente.

A reconstrução radical, ou Congressional, duraria até 1870, quando se ratificou a Décima Quinta Emenda, que proibia, de uma vez por todas, a discriminação do sufrágio por motivo de "raça, cor, ou anterior condição de servidão". Durante esses três anos, todas as medidas apoiadas pelos radicais visando à reconstrução contariam com a oposição do presidente e, na maioria dos casos, com a repulsa do Supremo Tribunal. Para alguns historiadores, esse foi o período da história americana em que uma esfera do governo ousou tornar-se mais poderosa que as outras duas: para garantir a reconstrução radical, o Congresso retirou certos tipos de ação judicial da alçada do Supremo Tribunal e tentou o *impeachment* do presidente através da Lei de Permanência no Cargo, de 1867. Essa lei, aprovada em um contexto de constitucionalidade duvidosa, proibia a demissão de membros do gabinete presidencial sem aprovação do Congresso. Johnson havia tentado demitir o Secretário da Guerra Edwin Stanton, que fora nomeado por Lincoln e, em 1868, a Câmara de Representantes votou o *impeachment* do presidente baseando-se num longo e nebuloso conjunto de acusações. Por apenas um voto, no Senado, sua condenação, entretanto, foi evitada.

Já quanto ao caráter da reconstrução radical, o debate entre os historiadores é intenso. As abordagens mais tradicionais veem esse período como um erro. Os governos estaduais sulistas teriam sido dominados por "negros ignorantes, especuladores gananciosos e por uma desprezível ralé sulista" de colaboracionistas que "haviam imposto um reino de terror, excessos e corrupção". Essa "era de corrupção" só teria tido fim com o renascimento da opinião moderada no Norte e o restabelecimento de governos "democráticos" no Sul: o próprio nome dado àqueles que derrubaram a reconstrução radical, *redentores,* revela-nos a essência dessa vertente mais conservadora da historiografia norte-americana.[1]

Após a década de 1940, surgiram outras versões da reconstrução radical, nas quais esse período aparece como uma tentativa de levar justiça e progresso ao Sul arcaico. Essas versões mais recentes sustentam, no geral, que qualquer aspecto positivo dessa época deveu-se à ação das forças federais que contaram com resoluto apoio negro. A corrupção política generalizada do período e o terrorismo que eclodiu no Sul, como reação da elite branca, teriam ocorrido por conta do recuo prematuro do Norte.[2]

A década de 1870 começava com a aprovação da Décima Quinta Emenda, que, ao mesmo tempo em que era celebrada por garantir o voto universal masculino, decepcionava os advogados dos direitos das mulheres. Na prática, foram criados limites à "universalidade" do próprio voto masculino, como a exigência de alfabetização, a possibilidade de votar condicionada à propriedade ou a existência de impostos para votar (todas medidas que visavam, especialmente, à exclusão dos negros dos pleitos).

Leis de segregação racial haviam feito breve aparição durante a reconstrução, mas desapareceram até 1868. Ressurgiram no governo de Grant, a começar pelo Tennessee, em 1870: lá, os sulistas brancos promulgaram leis contra o casamento inter-racial. Cinco anos mais tarde, o Tennessee adotou a primeira Lei Jim Crow e o resto do Sul o seguiu rapidamente. O termo "Jim Crow", nascido de uma música popular, referia-se a toda lei (foram dezenas) que seguisse o princípio "separados, mas iguais", estabelecendo afastamento entre negros e brancos nos trens, estações ferroviárias, cais, hotéis, barbearias, restaurantes, teatros, entre outros. Em 1885, a maior parte das escolas sulistas também foram divididas em instituições para brancos e outras para negros. Houve "leis Jim Crow" por todo o Sul. Apenas nas décadas de 1950 e 1960 a Suprema Corte derrubaria a ideia de "separados, mas iguais".

Dentro dessa postura segregacionista surgiu uma corrente ainda mais extremada, que defendia, em última instância, o extermínio da "população inferior". Desse grupo emergiu a Ku Klux Klan (KKK) – do grego *Kyklos,* "círculo"–, criada em Nashville, em 1867. A ideia de círculo aparece como símbolo de sociedade secreta, fechada em si mesma. Ancorada numa antiga tradição de linchamentos de negros, a KKK combatia, além dos negros, os brancos liberais que apoiavam o fim da segregação, também chamados de *negro lovers* (amantes de negros, com duplo sentido), os chineses, os judeus e outras "raças" consideradas inferiores.

A KKK colocava-se como uma entidade moralizante, de defesa da honra, dos costumes e da moral cristã. A prática pavorosa dos linchamentos era justificada por seus membros a partir de acusações de supostos estupros de mulheres brancas por negros (numa clara hierarquização da sociedade: a mulher, indefesa e inocente, estaria sendo vitimizada pelo negro, ser "inferior e bestial", que precisava ser combatido pelos protetores dos "bons costumes", os cavaleiros brancos da Klan).

A organização tem começo incerto, mas se sabe que surgiu da união de vários outros grupos locais, associações clandestinas e racistas, como a Fraternidade Branca, do Tennessee, por exemplo. Outras organizações como a dos Cavaleiros do Sol Nascente, os Cavaleiros da Camélia Branca, as Guardas Constitucionais e os Caras Pálidas antecederam e coexistiram com a Klan, assemelhando-se a ela em preceitos, princípios e ações, numa demonstração do racismo profundamente arraigado. Entre 1867 e 1871, as estimativas falam em mais de vinte mil pessoas mortas por terroristas brancos.

Alguns desses grupos, como a própria Klan, usavam um lençol branco como vestimenta, simbolizando os senhores mortos durante a Guerra Civil que voltavam para se vingar na forma de espíritos, acusando os ex-escravos de os terem abandonado em meio ao conflito. Outra explicação para o uso do lençol branco é a ideia de que os negros seriam supersticiosos e que, portanto, acreditariam em espíritos que voltavam para assombrar os vivos.

A KKK era apoiada pela participação de muitos políticos sulistas, mas toda a sua base era composta por brancos pobres ressentidos. Para se tornar membro da Klan era necessário ser branco, não ser judeu, "defender a pátria até as últimas consequências" e ser um "bom cristão protestante", já que não se aceitavam católicos.

Nos anos de 1871 e 1872, o governo federal aprovou leis e tomou providências que contiveram o avanço dessas organizações. Mesmo assim, outras semelhantes como a Linha Branca, o Clube do Povo, Os Camisas Vermelhas e a Liga Branca surgiram no Sul, contando com a complacência dos governos locais. A Klan reapareceu na Geórgia, em 1915. O século XX abriu-se com 214 linchamentos promovidos por organizações racistas apenas em seus dois primeiros anos.

Grant, em 1874, pela última vez, usou da força para conter esses grupos. Quando uma milícia da "supremacia branca" instigou uma série de sangrentos distúrbios raciais no Mississipi, antes das eleições de 1875, Grant negou o pedido de tropas federais feito pelo governador. Como resultado, os negros, temendo a intimidação, afastaram-se das urnas. Isso fez com que, em 1876, os republicanos só conseguissem se manter em três estados do Sul (Carolina do Sul, Louisiana e Flórida).

A ação do presidente pode ser explicada, em parte, porque a população do Norte já não tolerava mais ações militares para manter governos ou defender os negros no Sul. Crescia entre os nortistas a ideia que o Sul havia sido tomado por maus governos cujo único intuito era tirar proveito de vantagens pessoais e partidárias.

O Partido Republicano, na era Grant, perdia rapidamente o idealismo da década anterior e passava a ser comandado pelos chamados "recolhedores de despojos", base de apoio do presidente. Durante o primeiro mandato de Grant, a Casa Branca viu-se envolta em escândalos, envolvendo o vice-presidente (Schuyler Colfax, de Indiana) e o Crédit Mobilier, uma firma de construção que desviava divisas para pagar acionistas da estrada de ferro Union Pacific, beneficiária de enormes concessões de terras federais.

Os republicanos romperam com Grant em 1872 e formaram um terceiro partido comprometido com a reconciliação entre o Norte e o Sul: os Republicanos liberais, defensores do fim do clientelismo e favoráveis a uma política estrita de *laissez-faire*, o que representava tarifas baixas, o fim dos subsídios governamentais para as estradas de ferro e moeda forte. O pleito daquele ano ficou dividido entre Grant, que contava com imenso apoio popular (advindo da época da guerra), e Horace Greeley, editor do respeitado jornal *New York Tribune*, candidato do novo partido, mas que galvanizara o voto dos democratas ao prometer que acabaria com a reconstrução radical. Grant foi reeleito e sua segunda administração ficou também marcada por suspeitas de corrupção nas altas esferas.

Mas se os governos federal e estaduais na época da reconstrução radical ficaram marcados pela corrupção, o governo redentor que se seguiu esteve bem longe da probidade política ou fiscal. Fazendo um balanço desse período, podemos perceber que as tentativas de reforma deram-se mais na área econômica (através de subsídios para a construção de estradas de ferro e outras obras públicas) do que nas áreas social e política. A corrupção e a escolha do traçado das vias férreas baseada em critérios duvidosos geraram uma crescente dívida pública e mais tributos, sem proporcionar um transporte barato e de qualidade. Quando o Pânico de 1873 levou muitos estados sulistas à beira da bancarrota, diversas estradas de ferro subsidiadas faliram, deixando os contribuintes com os débitos a pagar e convencidos de que os republicanos haviam arruinado a economia sulista.

Certos negros tiveram somente uma pequena responsabilidade pela desonestidade dos governos radicais, dado que nunca controlaram governo estadual algum e jamais ocuparam postos de comando. Alguns congressistas negros, comprovadamente, aceitaram "empréstimos" de lobistas de estradas de ferro para financiar suas campanhas. Mas, contrariamente ao mito, o pequeno número de negros eleitos para as assembleias estaduais ou para o Congresso durante o período de reconstrução demonstrou integridade e competência e era composto, quase que totalmente, por pessoas com razoável grau de instrução. Mesmo assim, os críticos democratas da reconstrução radical conseguiram convencer, em vista do preconceito racial enraizado na cultura americana, que "bom governo" deveria ser sinônimo de "supremacia branca".

A "REDENÇÃO"

A disputa eleitoral de 1876 travou-se entre Rutherford B. Hayes, governador republicano de Ohio, e Samuel J. Tilden, governador de Nova York. Quando os resultados foram divulgados, Tilden havia ganhado no voto popular e parecia ter chances de obter uma vitória estreita no colégio eleitoral. Esse resultado, todavia, nos três estados do Sul ainda controlados pelos republicanos, foi posto em dúvida: se Hayes ganhasse nesses estados e se mais uma votação fosse impugnada, no Oregon, pensavam os estrategistas republicanos, ele triunfaria no colégio eleitoral por um voto.

O resultado da eleição ficou meses em suspenso. O Congresso nomeou uma comissão eleitoral de 15 membros para determinar a quem seriam atribuídos os votos dos estados com contagem duvidosa. A comissão, dividida entre os partidos, votou oito a sete pela vitória de Hayes nos estados disputados, mas essa decisão ainda tinha que ser ratificada pelo Congresso e, na Câmara, havia forte oposição democrata.

Uma barganha informal, o "Compromisso de 1877", cujos detalhes ainda são nebulosos, assegurou a eleição de Hayes em troca da evacuação das últimas tropas federais do Sul. Com a posse de Hayes (1877-1881), caiu o último dos governos radicais e todo o Sul passou para o controle dos democratas brancos, os "redentores".

Esse grupo, por sua vez, era bastante heterogêneo. Parte dele vinha da velha aristocracia secessionista e tentava restabelecer a antiga ordem das coisas. Aqueles de classe média favoreciam, por sua vez, interesses comerciais ou industriais sobre os interesses agrários: queriam o "Novo Sul", cujo futuro dependeria mais de um desenvolvimento econômico diversificado e menos ligado às atividades rurais. Um terceiro grupo, "políticos profissionais", seguiam a direção de quem estivesse no poder.

Os pontos de convergência entre esses segmentos eram, no entanto, sólidos. Acreditavam em práticas liberais (o governo deveria ser neutro e limitado nas suas atividades) e na supremacia branca. Também eram contrários à intervenção nortista, mas não quando isso significava fortalecer seus interesses particulares. Quando a industrialização começou a ganhar força, na década de 1880, os "regimes redentores" receberam com entusiasmo o capital nortista. Entretanto, mesmo com o avanço da industrialização, até a Segunda Guerra Mundial, o Sul permaneceu pobre e predominantemente rural.

Ainda que as elites brancas tenham prometido, no Compromisso de 1877, seguir as Emendas 14 e 15, em 1890, por meio de fraudes e violência, em todas as seções eleitorais no Sul, os negros foram praticamente excluídos.

Entre 1889 e 1899, quase duzentas pessoas por ano, em média, foram linchadas por supostos crimes contra a supremacia branca. Esse período foi também o auge da promulgação das leis Jim Crow.

Uma série de julgamentos do Supremo Tribunal, entre 1878 e 1898, estabeleceu jurisprudências racistas, deixando os negros praticamente sem defesa contra a discriminação social e política.

Além de desfavorecer os negros, a "redenção" negligenciou os interesses dos pequenos fazendeiros brancos que, endividados, perdiam seus títulos de bens de família e se viam reduzidos a arrendatários.

Seria estranho pensar que uma nação fizera uma sangrenta guerra civil por causa da escravidão trinta anos antes e, agora, aceitava a segregação e a violência racial. Mas, como já aventamos, os pressupostos de supremacia branca eram reforçados pelo imperialismo norte-americano na passagem do século: "o pardo filipino" era uma raça inferior de homem que precisava da mão firme e orientadora de uma nação norte-americana branca superior; os negros, pela mesma lógica perversa, também. Por tradição política, o governo deveria ratificar aquilo que era a moral social, pois as regras do federalismo estadunidense exigiam respeito geral a costumes locais, estaduais e regionais. Se, no início, os novos governos, "brancos como lírios", permitiram aos negros uma participação simbólica na política, o fim do século XIX assistiu ao governo federal e à opinião pública nortista passarem a julgar a "harmonia nacional" mais importante do que a ideia de direitos iguais para todas as pessoas.

Os republicanos continuaram ocupando a presidência até o século xx, com exceção dos dois mandatos de Grover Cleveland (1884-1888 e 1892-1896). Os democratas, por sua vez, recuperando-se dos tempos da reconstrução, obtiveram com mais frequência apoio popular e controlaram a Câmara de Representantes por várias legislaturas.

NOTAS

[1] Até a década de 1930, a reconstrução era caracterizada como um período de depravação humana: a "Era do Ódio", "O Blecaute do Governo Honesto", "A Década Pavorosa" e a "Era Trágica". A maioria desses estudiosos, brancos, partia de pontos de vista decididamente racistas. Exemplo disso é o livro *Reconstruction and the Constitution* (1902), de John W. Burgess, no qual os negros eram pintados como seres humanos inferiores, incapazes de "sujeitar a emoção à razão"; ou ainda a obra de William A. Dunning, *Reconstruction, Political and Economic* (1907), em que uma grande riqueza de fontes foi trabalhada sob pressupostos sulistas e racistas, mostrando a reconstrução como uma época de licenciosidade e de extrema crueldade para o prostrado Sul. Apenas em 1939, Francis Butler Simkins, em artigo no *Journal of Southern History*, instou seus colegas historiadores para que adotassem "uma atitude mais crítica, criativa e tolerante" em relação ao período, sugerindo uma interpretação que não se baseasse na "convicção de que o negro pertence a uma raça inatamente inferior".

[2] Ainda em 1935, W. E. B. Du Bois, autor de *Black Reconstruction* (1935), contestou veementemente as conclusões de Dunning. Refletindo uma crescente sensibilidade nacional aos direitos civis. As décadas seguintes viram a publicação de livros como *Reconstruction After the Civil War* (1961), de John Hope Franklin, e *The Era of Reconstruction* (1965), de Kenneth Stampp, em que foram descartados os estereótipos raciais e o período do pós-guerra foi reavaliado, geralmente de forma mais favorável. Segundo esses estudiosos, os trabalhos tradicionais haviam exagerado muito na extensão das fraudes ocorridas e no papel de negros no governo. Franklin e Stampp concluem, no entanto, que a reconstrução não conseguiu garantir a igualdade econômica, política e social dos negros.

OS TEMPOS MODERNOS
E OS MAGNATAS DA INDÚSTRIA

Embora a indústria norte-americana fosse anterior à Guerra Civil, foi durante o conflito, com maciço apoio governamental, que ela alcançou patamares de produção que se mantiveram entre os mais altos do mundo durante o resto do século XIX. Nas décadas posteriores à guerra, famílias dos chamados "senhores da Criação", como os Carnegie, os Duke, os Hill, os Morgan, os Rockfeller, os Swift, os Vanderbilt etc., acumularam espantosas riquezas e poder, criando, a partir de 1860, a chamada "era da iniciativa privada".

TRANSPORTE E COMUNICAÇÕES

As estradas de ferro, mola central dessa industrialização, passaram por um forte surto de crescimento na década de 1850, criando as primeiras grandes companhias ferroviárias do país. Essa febre da locomotiva diminuía distâncias entre centros de matéria-prima e indústria, ligava o país de costa a costa por meio de cinco ferrovias intercontinentais, criava novos padrões de tempo e hábitos de trabalho e acelerava o crescimento demográfico do Oeste. Na virada do século, os Estados Unidos possuíam cerca de um terço de todas as vias férreas do mundo, algo em torno de 320 mil quilômetros de trilhos de aço.

Anterior a essa verdadeira revolução nos transportes, a mecanização da agricultura gerava aumentos exponenciais de produção e expansão das áreas de cultivo. Um fazendeiro, acompanhado de ceifadeira, trançador e debulhador a vapor, em 1896, podia colher mais trigo do que 18 homens 70 anos antes.

Talvez motivados pelas dimensões continentais, os norte-americanos excederam a todos no campo das comunicações. Aperfeiçoaram uma invenção italiana, o telefone (creditando-o como invenção norte-americana). Criaram a máquina de escrever, a máquina registradora, a máquina de somar e o linotipo. Vincularam o receptor telegráfico contínuo em fita às bolsas de valores. Se já na década de 1870 a eletricidade era usada como fonte de luz e energia, dez anos depois ela movia bondes elétricos, lâmpadas incandescentes e vitrolas nas crescentes cidades.

O inventor Thomas Edison – personagem romântico que simboliza um dos cérebros da engenhosidade norte-americana – demonstra o funcionamento da lâmpada.
Ele teria dito: "Não me importo tanto em fazer fortuna, mas adoro ficar adiante dos outros".

Essa era da industrialização forjou o mito dos grandes inventores, gerado pelo confuso sistema de patentes estadunidense. Como se a nação fosse berço dos maiores talentos inventivos do mundo, a figura do inventor solitário, criativo, genial e laborioso, que no fundo de sua casa transformava ideias em aparatos tecnológicos revolucionários para a vida cotidiana e industrial, tornou-se mais um sonho norte-americano. O público se inclinava aos créditos dos jornais à "engenhosidade norte-americana", simbolizada por personagens românticos como Thomas Alva Edison, um dos homens mais populares de sua época. Hoje sabemos que, a despeito das notáveis engenhocas de pessoas como Edison, a industrialização foi sustentada por incrementos continuados e melhorias tecnológicas paulatinas, criadas em laboratórios das próprias indústrias ou universidades, fruto de esforços de cientistas e engenheiros anônimos. Também é notório que boa parte dessa tecnologia tivesse origem europeia ou fosse resultado de parcerias entre o velho continente e os Estados Unidos, como os processos Bessemer e Siemens-Martin de produção de aço.

IMIGRANTES

Atraída pela "terra das oportunidades", entre 1870 e 1900, a população dos Estados Unidos recebeu mais de 20 milhões de imigrantes vindos da Europa e da Ásia, em sua maioria. Essa imigração, somada ao crescimento vegetativo, fez a população do país quase dobrar no mesmo período, indo de quase 40 milhões para cerca de 76 milhões.

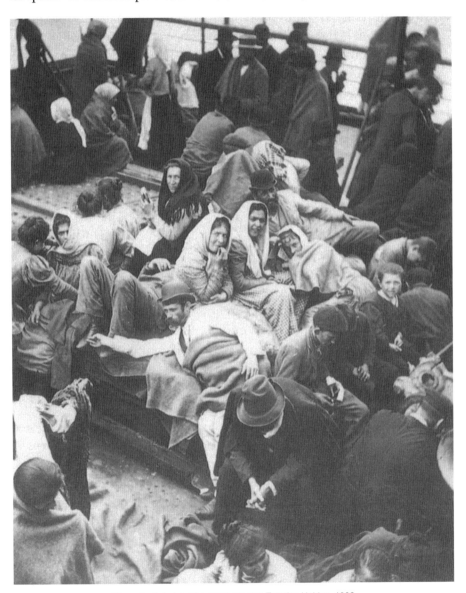

Chegada de imigrantes europeus aos Estados Unidos, 1902.

O preconceito de grande parte dos norte-americanos, entretanto, acabou por julgar esses imigrantes. Chineses foram vistos como sujeitos de "raça inferior", gente porca e portadora de doenças. Aos olhos da velha estirpe de "descendentes de anglo-saxões", os europeus recém-chegados compunham uma massa de camponeses maltrapilhos e ignorantes. Destinados parcialmente ao trabalho malremunerado das fábricas e ferrovias, os imigrantes acabaram por diminuir ainda mais o relativamente pequeno número de negros nos centros industriais, porque os "estrangeiros brancos ou amarelos", mesmo os que não falavam inglês, eram mais aceitáveis nesses tipos de trabalho.

A pressão social contra os asiáticos ou europeus, católicos em sua maioria, resultou em medidas governamentais para conter a imigração. Em 1882, o Congresso proibiu a entrada de chineses, presidiários, indigentes e criminosos (lista posteriormente acrescida de anarquistas e outros "elementos indesejáveis"). Em 1885, proibiu-se a importação de mão de obra contratada. Em 1907, proibiu-se a entrada de japoneses. Nos tempos de Primeira Guerra Mundial, contrariando o veto do presidente Woodrow Wilson, o Congresso criou o requisito de alfabetização para a entrada de imigrantes. Finalmente, nos anos 1920, foram aprovadas leis que atribuíam quotas a nacionalidades, restringindo o ingresso de latino-americanos e eslavos.

GRANDES EMPRESAS

As depressões econômicas acabaram, curiosamente, por consolidar o poderio das grandes empresas e corporações, expondo as desvantagens da competição acirrada que se praticava. Entre 1869 e 1898, estima-se que cerca de 13% da renda nacional foi aplicada na expansão da indústria e esse grande investimento de capital espelha a ascensão dos bancos de investimento, centralizados em Wall Street, Nova York.

Surgiam as grandes corporações, que caminhavam sempre no mesmo sentido: o do monopólio. Para sustentar essa industrialização que crescera mais do que a demanda por bens de consumo ou por serviços ferroviários, os industriais tinham altos custos. Em busca de rentabilidade, alguns desses homens de negócio fecharam "acordos de cavalheiros" que levaram, pouco adiante, à formação de cartéis, com o intuito de limitar a concorrência e dividir os lucros. Esses acordos iniciais eram sempre pontuais. Com o tempo, muitos se formalizaram, gerando crescimento gigante em algumas indústrias. Esse crescimento podia ser horizontal, na tentativa de monopolizar um único produto, comprando e tirando do negócio empresas concorrentes;

ou vertical, unindo empresas correlatas, em vários níveis da produção e distribuição de produtos.

Exemplo disso foi John D. Rockfeller e seus sócios, que construíram o primeiro truste, em 1882, quando os acionistas das maiores refinarias da nação abandonaram a forma de cartel e trocaram suas ações com direito a voto por certificados da Standard Oil Trust. Com isso, a administração de cerca de 90% da capacidade de refino da indústria ficou nas mãos de um único conselho. Enorme em termos horizontais, a Standard Oil passou à integração vertical, unindo setores da perfuração de poços à fábrica de barris e oleodutos: era o virtual monopólio dos mercados internos e externos. Até sua dissolução nos termos da Lei Sherman Antitruste (1890),[1] a Standard Oil dominou a indústria nos Estados Unidos e em grande parte do mundo.

O desenho de 1900 endossa a ideia de que o governo era controlado pelas grandes companhias. J. Rockfeller tem a Casa Branca nas mãos e dispõe do Capitólio conforme seus interesses.

Nas indústrias que mais utilizavam tecnologia, onde se procurava otimizar custos de produção, as fusões prevaleceram. Fosse através de trustes, de companhias de controle (*holding companies*) ou de criação de empresas gigantes, a consolidação industrial expandiu-se rapidamente: entre 1888 e 1905, foram formados 328 conglomerados ou empresas consolidadas. Mesmo com essa tendência no mercado industrial norte-americano, em algumas áreas, a concorrência não desapareceu, notadamente naquelas que mais se valiam de mão de obra e baixa tecnologia, como as de mobiliário, alimentos e vestuário.

Esse tipo de capitalismo, o monopolista, marcou o fim do outro, o altamente competitivo, e deu início à chamada "liderança de preços" (espécie de acordo informal entre membros de um setor da indústria para seguir preços previamente estabelecidos). Fugindo à vigilância federal antitruste e satisfeitas com os lucros garantidos por preços tacitamente aceitos, a competição se dava em publicidade e *design*, levando incontáveis pequenas empresas à falência e concentrando riquezas de maneira inédita.

Mesmo assim, os Estados Unidos viveram um período de euforia industrial, que louvava o próprio crescimento, capaz de "integrar o país" e torná-lo competitivo diante das maiores nações industrializadas da Europa. Em 1900, por exemplo, os estadunidenses produziam tanto aço quanto Inglaterra e Alemanha juntas, além de dominarem a outrora sem importância indústria do petróleo.

URBANIZAÇÃO

A urbanização decorrente desse processo de industrialização também foi grande. Mesmo que consideremos que, até 1900, a maior parte dos norte-americanos vivesse diretamente do campo, cidades nos Grandes Lagos, costa do Pacífico e no Leste expandiram-se. Na década de 1890, já era possível ver,

A imensa ponte ligando o Brooklyn a Manhattan foi uma conquista tecnológica que maravilhou os cidadãos dos EUA.

nesse meio urbano, a formação de uma crescente classe média, admiradora de esportes, leitora de revistas e romances de grande circulação, e "fanática" pela nova invenção: a bicicleta.

Em termos populacionais, em 1890, havia 26 cidades com mais de cem mil habitantes. Em 1900, seis dessas cidades haviam ultrapassado a marca do milhão.

Esse quadro de otimismo ajudava a propaganda norte-americana no exterior, mas a distribuição da riqueza era muito desigual e a mesma cidade que atraía imigrantes em busca de oportunidades, iluminação incandescente, telefone, saneamento e bondes, acabava oferecendo-lhes trabalho mal-remunerado e péssimas condições de vida.

VALORES

Essa nova maneira de viver, a de grandes cidades, tinha um caráter dúbio para os valores tradicionais norte-americanos: ao mesmo tempo em que se louvavam as promessas materiais de uma economia industrial madura, temiam-se as desigualdades profundas geradas pelo monopolismo. Competiam a profunda crença nos direitos da propriedade, que se aliava aos influentes interesses da indústria, e a também enorme crença na livre concorrência e nas oportunidades da "Terra da liberdade", interesses que pediam uma regulamentação ao poder monopolista.

Na segunda corrente, a tradição de valorizar o individualismo competitivo, acreditavam os intelectuais que os assuntos humanos eram governados por leis naturais imutáveis: o bem geral era mais bem servido com a busca da satisfação dos interesses individuais. O eventual sofrimento social causado seria infinitamente inferior às recompensas trazidas àqueles laboriosos espíritos independentes, que, por meio do trabalho, atingiam a plenitude econômica. A pobreza era quase sempre vista como castigo advindo aos indolentes. Logo, acreditava-se ser imoral que o Estado ou qualquer organização privada interviesse nos assuntos econômicos. Alguns religiosos protestantes, influenciados pela ética calvinista de realização e respon-sabilidade individuais, justificavam essa concorrência com argumentos éticos e religiosos: "A santidade é aliada da riqueza", comentou a autoridade episcopal de Massachusetts à época.

Inicialmente chocado com a Teoria da Evolução, o puritanismo norte-americano acabou, pelo mesmo motivo, aceitando o darwinismo social.

Segundo o filósofo inglês Herbert Spencer e seu discípulo norte-americano, William Graham Sumner, a luta sem controle pela existência era o meio através do qual a "raça humana" alcançara seu alto desenvolvimento. As ações sociais ou estatais incentivariam os desajustados, contendo os fortes e retardando o progresso: era a confirmação "científica" dos valores do individualismo competitivo.

Mas nem todos os norte-americanos concordavam com o darwinismo social, embora, até a década de 1890, esse modo de pensar estivesse em ascensão. Havia muitos e influentes críticos do *laissez-faire* que não eram, nem remotamente, defensores dos industriais monopolistas. Os de inspiração marxista, como Daniel De Leon, do Partido Socialista Trabalhista, e Eugene V. Debs, do Partido Socialista da América, ou ainda Edward Bellamy, queriam o fim da concorrência e da propriedade privada, pregando uma nova ordem socialista de cooperação e coletivismo. O teórico social mais influente do fim do XIX, Henry George, autor de *Progress and Poverty* (Progresso e pobreza) (1879), era voraz crítico do monopólio da terra, ao qual atribuía todos os males sociais. A solução capaz de reduzir o contraste entre "a Casa da Abundância" e a "Casa da Carência", propunha George, poderia ser a criação de um imposto único, confiscatório, sobre esse "incremento imerecido". O ataque de George ao *laissez-faire* contribuiu para que se fizesse um exame mais crítico dos problemas sociais da nação.

Mesmo assim, a crença de senso comum era a de que os "capitães da indústria" norte-americana compunham uma camada social admirável de "*self-made men*". Uma pequena análise biográfica desses personagens revela, todavia, que as histórias de sucesso individual não estão tão comumente atreladas a imigrantes pobres ou garotos que cresceram em fazendas, mas a gente que emergira em circunstâncias vantajosas. Em pleno século XIX, época de grande louvor à industrialização, críticos, como o poeta Walt Whitman, escreviam sobre a "depravação das classes empresariais".

HISTÓRIA E MEMÓRIA

A própria memória do período foi tratada de forma ambivalente pela historiografia. No pico do período de euforia consumista norte-americana, a explosão industrial norte-americana foi diretamente associada à Guerra Civil.[2] Essa teria sido – por sua alta barreira tarifária protecionista, estabilização da atividade bancária e da moeda, e a construção de uma estrada de ferro transcontinental – uma nova Revolução Americana.

Durante a Grande Depressão que se seguiu à quebra da Bolsa de 1929, o historiador Matthew Josephson comparou os industriais aos "barões salteadores" da Europa medieval, capazes de trapacear e roubar sem o menor escrúpulo.

Em tempos de Guerra Fria, politicamente mais conservadores, os estudos sobre a industrialização do século xix procuraram se ater mais às descrições estruturais do crescimento industrial e a exaltar os "estadistas industriais", retratados como indivíduos inovadores, que haviam trazido progresso econômico à nação.

Análises mais recentes tendem a desconstruir a tese de que a Guerra Civil foi uma Segunda Revolução Americana, ao demonstrar que os industriais e homens de negócios não formavam um bloco único de interesses diante dos assuntos da guerra e do período de reconstrução. Pelo contrário, sequer estiveram de acordo sobre a maior parte dos programas econômicos da época. As novas pesquisas ainda contestam a importância econômica do período da Secessão e comprovam que os maiores ganhos percentuais do século xix ocorreram nas décadas de 1840 e 1850. Ao mesmo tempo em que concordam que a Guerra Civil tenha criado certos tipos de demanda (por calçados, cobertores, armas e tecidos de lã para uniformes), esses estudiosos argumentam que essa produção desviou recursos de outros setores, levando, na verdade, a uma diminuição na taxa de avanço tecnológico.

NOTAS

[1] Em 1890, a demanda por uma legislação geral antimonopólio foi atendida pela Lei Sherman Antitruste, que proibiu, formalmente, os contratos, combinações (monopólios) ou conluios que restringissem o comércio interestadual ou externo. Como acontecera com a Lei de Comércio Interestadual, essa medida, durante anos, ficou apenas no papel. Ambas as leis representavam um curioso paradoxo: a intervenção do governo em nome do *laissez-faire*, regulamentando para preservar a livre competição. No caso da Standard Oil Company, até a década de 1910, ela continuou obtendo lucros funcionando como um truste, ainda que disfarçado.

[2] Em *The Rise of American Civilization* (1927), Charles e Mary Beard chamaram a Guerra Civil de Segunda Revolução Americana, um conflito social e econômico no qual os outrora predominantes interesses agrícolas haviam sido deliberadamente substituídos por forças industriais em expansão do Norte e do Leste. A produção de guerra, o novo sistema financeiro e medidas governamentais favoráveis ao liberalismo industrial tomadas durante a Secessão foram fundamentais para o crescimento de uma economia industrializada.

A CONQUISTA DA ÚLTIMA FRONTEIRA

Entre as décadas de 1860 e 1880, cerca de metade da atual área dos Estados Unidos já estava ocupada e era explorada por norte-americanos, incluindo zonas recém-incorporadas como Kansas e Nebrasca. Cidades como São Francisco e Sacramento eram bastante movimentadas e a produção agrícola estava firme no vale do Willamette, Oregon. Entre essas duas "fronteiras", os povoados da costa do Pacífico e os estados imediatamente a oeste do Mississipi, estendia-se o chamado "Grande Deserto", uma imensa região de pradarias, planícies e montanhas, praticamente intocada por qualquer civilização de origem europeia.

A ocupação dessa "última fronteira" se deu por várias razões, quais sejam, a liberdade religiosa (no caso dos mórmons) ou o desejo de obter terras e ouro. Entre 1859 e 1876, houve "corridas do ouro" para pontos dispersos que mais tarde se tornariam os estados de Nevada, Colorado, Idaho, Montana, Arizona e Dakota do Sul.

Da noite para o dia, surgiam cidadelas de centenas – por vezes milhares – de pessoas, entre garimpeiros, prostitutas, mercadores, jogadores, bandidos comuns, e diversos outros grupos cujas profissões eram mais bem aceitas para os rígidos padrões morais do Leste: professores, advogados etc. Passada a euforia da cata fácil de pepitas na superfície, muitas dessas cidades mineiras eram, literalmente, abandonadas, transformando-se em cidades-fantasma. Por vezes, a essa primeira fase seguia-se outra de uma exploração mais sistemática dos veios de ouro mais profundos, utilizando-se de maquinaria cara. No último quartel do XIX, as "febres do ouro" norte-americanas duplicaram a oferta mundial de ouro.

Além da construção dessas cidades, a ocupação do Grande Deserto levou a novos choques com populações indígenas, culturas que, no geral, viviam da caça aos búfalos e dependiam de amplos espaços para esse fim. Embora os indígenas tenham, muitas vezes, massacrado populações "brancas", o contrário é que provocou um dos episódios mais horripilantes da história recente dos Estados Unidos. O Massacre de Sand Creek em 1864, por exemplo, em que foram mortas por um destacamento de tropas federais muitas centenas de homens, mulheres e crianças de uma tribo que tentava se render.

Atirando nos búfalos por esporte. *A caçada ao búfalo*, de Currier e Ives (1862).

Os sioux, nação indígena das planícies do Norte, e os apaches, do Sudoeste, foram os povos que mais resistência bélica ofereceram aos invasores. O primeiro massacre foi feito pelos sioux em uma população de "brancos", em Minnesota, em 1862. Durante os anos de Guerra Civil e década de 1870, os embates com os sioux e muitas outras tribos continuaram, mesmo que esporadicamente. O último e sangrento combate entre sioux e norte-americanos[1] estourou em 1876, quando começou a "corrida do ouro de Dakota". Os garimpeiros acabaram ocupando uma região que havia sido prometida aos indígenas pouco antes, Black Hills, provocando as primeiras escaramuças. O conflito terminou apenas em 1890, quando um levante em Wounded Knee, Dakota do Sul, resultou num massacre da população indígena.

No sudoeste, as guerras com os apaches haviam se prolongado até a captura de Jerônimo, um dos últimos líderes daquela nação, em 1885.

Mesmo antes do episódio de Wounded Knee, o sistema de vida dos indígenas havia sido destruído pela dizimação dos búfalos. Desde o governo Monroe (1817-1825), a política oficial fora transferir os ameríndios para terras além da "fronteira branca", sempre de maneira inábil e, por vezes, cruel, gerando campanhas de protesto entre indigenistas nas cidades e levantes indígenas como os descritos. A crítica mais feroz da política federal em relação aos nativos foi Helen Hunt Jackson. Seus livros, de grande sucesso, *A Century of Dishonor* (1881) e *Ramona* (1884), romantizaram as tribulações dos povos indígenas, comovendo boa parte da opinião pública. De qualquer forma, mesmo os defensores dos indígenas acreditavam que se tratava de culturas menores ou inferiores e que os nativos deviam ser trazidos para os "benefícios da civilização branca" e ser assimilados na "cultura dominante".

Uma bem-intencionada lei, em 1876, previa colocar indígenas em reservas mais bem estruturadas e montar escolas (normalmente protestantes) que os alfabetizariam e os introduziriam na sociedade norte-americana. Isso se provou desastroso, na medida em que não se consultou, em nenhum momento, as reais necessidades e vontades de nenhuma nação ameríndia, e as terras acabaram nas mãos de colonos americanos que as usavam para especulação fundiária. Destruídas as autoridades tribais e submetidas ao Estado, na maior parte das vezes, ausente, as comunidades indígenas entraram o século XX em grandes dificuldades. Em 1934, essa política mal-orientada foi revogada pela Lei de Reorganização dos índios, numa tentativa, também desastrada, de "proteger o que sobrara da vida tribal".

O fim da "cultura das pradarias" começou ainda mais cedo, com a implantação de gado em terras antes ocupadas por búfalos. O fim dessa indústria pecuária se deu com as desastrosas nevascas de 1885-86 e 1886-87, quando milhões de cabeças de gado vacum congelaram ou morreram de fome. Para evitar novos problemas da mesma natureza, os fazendeiros abandonaram os costumes tradicionais, cercaram as pastagens e contrataram funcionários fixos para as fazendas, responsáveis pelo conserto de cercas e plantio de forragem. Morria, dessa forma, a era clássica do vaqueiro norte-americano, o *cowboy* que oferecia seu serviço por curtas jornadas e percorria cidades em uma vida errante e incerta. Esse vaqueiro lendário reencarnaria na ficção de escritores como Zane Grey, e depois no cinema e televisão, sempre de forma bastante romanceada.

A ponta de lança desse último impulso de conquista da fronteira não foi nem o ouro, nem o gado, mas as estradas de ferro, maiores vendedoras de terra para colonos, uma vez que tinham interesse em fomentar o assentamento de populações nas áreas que serviam às ferrovias transcontinentais. Nos últimos trinta anos do século XIX, mais terra foi colonizada do que em toda a história americana anterior.

A lenda sobre a "última fronteira" originou-se ainda em 1893, quando o historiador Frederick Jackson Turner afirmou que, ao desaparecer a fronteira, em 1890, encerrava-se um período na história do país. Até aquele momento, para Turner, a fronteira "modelara o caráter e as instituições do país, servindo também como válvula de segurança para os descontentes urbanos", dado que muitos marginalizados das cidades teriam migrado para "fazer o Oeste".

Essa "tese da fronteira" foi contestada por outros historiadores em produções mais recentes, uma vez que mais terras governamentais haviam sido postas à disposição da colonização na década que se seguiu a 1890 do que na década anterior. Essas terras, em sua maioria, ao contrário da lenda de um território de pequenos agricultores laboriosos e pioneiros, caíram nas mãos de especuladores. Por último, para desmontar a tese de Turner e seus seguidores, é preciso lembrar que os trabalhadores urbanos que tentavam "fazer o Oeste", muitas vezes, vinham sem treinamento, equipamentos, poupança ou crédito e acabavam seus dias em grandes dificuldades ou vendendo suas terras a especuladores. Os índices de migração, desde a Guerra Civil, mostram que a maioria das pessoas que queria fugir da pobreza movia-se do campo para a cidade e não o contrário.

Seja como for, o legado óbvio desse último Oeste foi, com seus vigilantes, xerifes de fronteira e associações de criadores de gado, a criação de uma tradição de justiça rude. Junto da violência, um dos traços mais evidentes da lenda da fronteira foi a idealização de uma terra de liberdade individual e de igualdade. Até hoje, em filmes que trabalham com ideias do senso comum, as pessoas que querem liberdade fazem uma viagem pelo Oeste, percorrendo suas estradas desertas, pradarias e parando em cidades em que há um bar que reúne todos os tipos de gente e onde a lei é levada pelas "mãos dos justos".

NOTA

[1] A cidadania norte-americana, naquela época, não era extensiva aos indígenas.

O IMPERIALISMO

De modo geral, entre 1814 e 1898, os Estados Unidos permaneceram longe da política internacional europeia, vivendo os princípios da Doutrina Monroe e de aquisição de territórios no Oeste, seja por meio de compra, seja por meio de guerras contra o México. A maioria dos norte-americanos, no entanto, acreditava que seu país era a maior nação do planeta e que aquelas terras viviam em constante e "natural" perigo diante de ameaças externas.

O interesse por assuntos externos, portanto, sempre esteve presente. Em parte porque o país se via como guardião das instituições republicanas e democráticas, caminho em que o mundo todo estaria se movendo, em parte pela Doutrina Monroe, que revelara interesses norte-americanos no Caribe, região cobiçada também pela Inglaterra. A relação ambivalente com a antiga metrópole também levou os EUA a choques frequentes com os britânicos concernentes às fronteiras das possessões do Novo Mundo britânico, além de os norte-americanos demonstrarem visível simpatia pela rebelião canadense. Outro fator que contribuía para a presença norte-americana em assuntos exteriores diz respeito ao desejo de expandir o comércio exterior, especialmente no Extremo Oriente (interesse que resultou no estabelecimento de relações com Japão, China e Coreia, na aquisição de ilhas no Pacífico e no estabelecimento de um protetorado no Havaí).

A Guerra Hispano-Americana é um divisor de águas na presença dos Estados Unidos em cenário internacional. Ainda que possamos relativizar esse paradigma, argumentando que, após uma onda de debates sobre imperialismo, a opinião pública voltou a se concentrar, no início do século XX, em assuntos internos, a partir de 1898, as potências europeias aceitaram o pressuposto de que a antiga colônia britânica tinha os olhos voltados a crises mundiais.

Alguns historiadores apontam a existência de uma elite bélica e imperialista, composta por uma classe alta, geralmente da costa leste, que defendia a existência de uma marinha de guerra poderosa, antes mesmo da Guerra Civil.

Em uma ponta da elite estariam homens como William H. Seward, secretário de Estado (1861-1869), responsável pela incorporação do Alasca[1] e de Midway aos domínios norte-americanos, que dizia, ainda em 1850, que um "império marítimo" era o único e verdadeiro império.

Na outra, já no início do século xx, o futuro presidente Theodore Roosevelt, quando ainda secretário-assistente da Marinha do governo McKinley (1897-1901), afirmou que qualquer "guerra justa" era capaz de unir o país, promovendo virtudes cívicas entre a mocidade. Entre os que assim pensavam, estariam alguns líderes políticos e formadores de opinião muito influentes. O presidente Grant, por exemplo, alimentara aspirações expansionistas sobre a República Dominicana. Na década 1880, o secretário de Estado, James G. Elaine (1881, 1889-1892), tentara, sem sucesso, obter posições no Caribe e discutiu com a Grã-Bretanha sobre os direitos de construção de um canal cortando o istmo do Panamá. Em 1889, Elaine, de volta ao cargo, propôs uma ideia de pan-americanismo, que uniria todo o Hemisfério Ocidental sob liderança dos Estados Unidos.[2]

Cuba sempre fora o desafio mais imediato ao controle norte-americano do Caribe. Uma das últimas remanescentes do outrora grande império espanhol no Novo Mundo, a ilha, após uma fracassada e sangrenta tentativa de insurreição em 1878, vivia uma relativa prosperidade, sustentada pelo mercado norte-americano de açúcar e mantida pela Lei McKinley de Tarifas (1890), que permitia a entrada do produto em solo estadunidense sem pagamento de tarifas aduaneiras. Quando, em 1894, a Tarifa Wilson-Gorman voltou a cobrar esses encargos, Cuba mergulhou em uma depressão econômica que levou ao início de outro levante contra os espanhóis. A brutalidade da repressão espanhola à revolta foi destacada por jornais norte-americanos, levando grupos patrióticos, organizações trabalhistas, reformadores e membros do Congresso a exigir a intervenção norte-americana. O presidente Cleveland (1893-1897) insistiu com a Espanha para que concedesse autonomia a Cuba, mas não sucumbiu aos clamores de compatriotas por uma guerra.

Durante o governo do presidente McKinley, empossado em 1897, o quadro virou diante de dois acontecimentos. Um documento produzido pelo embaixador espanhol em Washington, a *Carta Lome*, que continha uma descrição bastante ácida de McKinley, caiu nas mãos da imprensa norte-americana, causando escândalo. Mas o pior, o "estopim da guerra" foi a perda do *U.S.S. Maine,* em fevereiro de 1898: enviado a Cuba para uma "visita de cortesia", o navio de guerra norte-americano explodiu enquanto estava ancorado em Havana, matando 260 marinheiros.

Diante de uma enorme pressão de jornalistas e políticos belicosos e ultranacionalistas, e temeroso de que o Congresso pudesse declarar guerra à sua revelia, McKinley, em 11 de abril, solicitou permissão para usar armas a fim de restabelecer a ordem em Cuba. A guerra seria oficialmente declarada duas semanas depois. Anti-imperialistas, na contramão dos eventos, conseguiram aprovar no Congresso a Resolução Teller, que impossibilitava os Estados Unidos de se apossarem da ilha em caso de vitória.

No Pacífico, outra colônia espanhola, as Filipinas, também passava por uma rebelião colonial. Theodore Roosevelt, secretário-assistente da Marinha, ordenou ao comodoro George Dewey que reunisse em Hong Kong a Esquadra Asiática da Marinha dos Estados Unidos e se preparasse, caso eclodisse a guerra em Cuba, para atacar a esquadra espanhola na baía de Manila. Em maio, a frota espanhola, de dez navios, foi destruída sem a perda de nenhuma vida norte-americana: a imprensa, de maneira ufanista, classificou aquele acontecimento como "a maior batalha naval dos tempos modernos".

A rápida guerra encerrou-se em 12 de agosto de 1898, levando o secretário Hay a chamá-la de "esplêndida guerrinha". Como condições do armistício, os Estados Unidos tomaram da Espanha o controle sobre Cuba e Porto Rico no Caribe. Na esteira, mesmo diante de um relutante McKinley, receoso em anexar muitos territórios distantes, vieram as Filipinas (mais de sete mil ilhas grandes e pequenas e cerca de oito milhões de habitantes) mediante o pagamento de US$ 20 milhões. Os EUA passaram a considerar seu dever "erguer e civilizar" as Filipinas.[3]

No Senado, o tratado de anexação das Filipinas enfrentou séria oposição de uma coalizão profundamente heterogênea, uma maioria de democratas do Norte e uma minoria de republicanos do Leste, de mentalidade reformista, que acabou fracassando. Alguns argumentavam que um império construído sobre povos submetidos violava a Declaração de Independência e a Doutrina Monroe. Outros, legalistas, observavam que a Constituição não previa maneira de governar territórios que não estavam destinados a se tornarem estados. Racistas, por sua vez, afirmavam que os "pardos filipinos" eram inassimiláveis. Já os estrategistas argumentavam que uma possessão no Extremo Oriente poria em risco a segurança norte-americana.

Quatro anos depois de vencida a guerra contra a Espanha, os Estados Unidos, que tinham votado pela não anexação de Cuba, não haviam se retirado da ilha, afirmando que faziam uma hercúlea tarefa a fim de acabar com a febre amarela. Em 1902, retiraram-se, mas não antes que a Emenda Platt fosse incorporada à Constituição cubana, transformando a ilha em uma espécie de protetorado norte-americano: os Estados Unidos garantiam o direito de intervir em assuntos cubanos, a fim de promover "a continuação da independência" e a estabilidade do país, além de assegurarem uma base naval (Guantánamo) na ilha. A Emenda Platt foi revogada na década de 1930, mas Cuba continuou a gravitar ao redor da economia dos Estados Unidos.

Nas Filipinas, para onde prometeram levar "a boa vontade, a proteção e as mais ricas bênçãos de uma nação libertadora e não conquistadora", os Estados Unidos acabaram subestimando os desejos locais por independência: uma sangrenta rebelião irrompeu (durando, de forma intermitente, até 1906) com o intuito de proclamar a República das Filipinas. Vítimas da guerra ou de doenças, morreram cerca de cinco mil norte-americanos, vinte mil guerrilheiros e duzentos mil civis filipinos. Em 1901, um governo civil substituiu o governo militar das Filipinas, e uma assembleia eletiva foi instaurada em 1907. Os filipinos conseguiram sua independência somente após a Segunda Guerra Mundial.

Em Porto Rico, um movimento em prol da instalação de um governo popular local começou com a criação do Legislativo de Porto Rico em 1900. A ilha acabou se tornando, no século xx, um estado-livre associado aos EUA.

As relações com a Inglaterra melhoraram muito após a Guerra Hispano-Americana, que contou com apoio britânico aos norte-americanos. A florescente harmonia anglo-americana era baseada na concordância britânica com os objetivos comuns de estabilidade e manutenção do *status quo* no Caribe e no Extremo Oriente e em uma suposta herança cultural e – acreditavam alguns – "racial" comuns. A Grã-Bretanha reconheceu a hegemonia estadunidense no Caribe no Segundo Tratado Hay-Pauncefote, de 1901, em que o controle exclusivo do projetado canal no istmo do Panamá foi passado aos EUA.

Com o assassinato de MacKinley em 1901, seu vice, Theodore Roosevelt, ascendeu à presidência. Veterano da Guerra Hispano-Americana, era um expansionista, mas, para alguns historiadores, contrariando seu adágio muito citado, ele não falava tão mansamente assim e seu porrete algumas vezes não foi verdadeiramente usado.[4]

Quando o Japão protestou contra a segregação de escolares orientais em São Francisco, Roosevelt negociou um acordo internacional (1907) que acabou com a divisão (mas não com outras formas de discriminação), apesar de restringir a imigração japonesa. Mas para que esse gesto de natureza conciliatória não parecesse sinal de fraqueza, mandou a Marinha em um "cruzeiro de treinamento" em volta do mundo. Isso pode, além de ter acirrado uma corrida armamentista, ter levado ao Acordo Root-Takahira (1908), pelo qual os Estados Unidos e o Japão concordavam em respeitar a "integridade da China e do Pacífico", reconhecendo a dominação japonesa na Manchúria e garantindo a posse das Filipinas.

No Caribe, Roosevelt iniciou a construção do canal do Panamá, apaziguando os poderosos investidores franceses da French Panamá Canal Company, e contrariando a Colômbia, que recusava as condições norte-americanas para construir em seu território. Não admitindo que "os interesses da civilização como um todo" fossem contrariados por "latinos", o presidente estimulou uma revolução de independência panamenha em troca do acordo para a construção do canal. Mais tarde, a Colômbia seria parcialmente indenizada.

Entre 1900 e 1920, os EUA intervieram nos assuntos internos de pelo menos seis países do Hemisfério. Sob William Howard Taft (1909-1913), sucessor de Roosevelt, o intervencionismo norte-americano assumiu uma conotação claramente econômica, ao passo que mais tarde, sob Woodrow Wilson (1913-1921), adquiriu a forma de "imperialismo missionário": os norte-americanos se reservavam o direito de "esclarecer e elevar povos", pela força, se necessário. O presidente Wilson fazia discursos anticolonialistas e, apesar disto, interveio em Cuba, estabeleceu protetorados norte-americanos no Haiti e na República Dominicana e ainda apoiou uma ditadura na Nicarágua. O conflito mais visível entre princípios e práticas ocorreu durante a Revolução Mexicana, quando levou os Estados Unidos à beira da guerra a fim de "ensinar o conturbado México a eleger boa gente".

As interpretações historiográficas sobre o imperialismo norte-americano são as mais variadas. A interpretação econômica tradicional é bastante determinista e defende a tese de que a economia norte-americana chegara à maturidade e, por conseguinte, ela precisava de novas matérias-primas e de mercados externos.[5]

Outras explicações para essa política externa ressaltam a reafirmação do "Destino manifesto", sob a forma de anglo-saxonismo: a crença de que a nação norte-americana "anglo-teutônica" era superior do ponto de vista racial e tinha uma missão civilizatória a realizar; nesse sentido, o mundo estaria sendo beneficiado com a expansão, bem como a guerra manteria virtudes morais altas e os espíritos disciplinados, em pressupostos bem próximos aos do darwinismo social.

Essa missão divina levou protestantes evangélicos a promoverem um imperialismo baseado na "retidão moral", isto é, que os norte-americanos liderariam, não só pelo exemplo remoto, mas também pela presença física entre raças ainda não remidas do pecado. O reverendo Josiah Strong e seu livro *Our Country* (1885) fizeram muito sucesso ao insistir que os Estados Unidos, com seu "gênio anglo-saxão para a colonização", deviam espalhar as bênçãos do protestantismo e da democracia "na direção do México, América Central e do Sul, para as ilhas do mar, para África e além". O século xx parece ter concordado com essa ideia.

DE UM SÉCULO A OUTRO

Em 1800, os Estados Unidos eram um aglomerado de pequenos estados isolados na situação de país independente na América. Em breve, o Haiti e toda a América hispânica seguiriam, cada um a seu modo, o exemplo do Norte.

Em 1900, tendo atravessado uma devastadora Guerra Civil, o país era uma potência imperialista que se preparava para assumir o posto de maior parque industrial do planeta. O século xix tinha assistido a uma extraordinária expansão territorial, um fluxo de imigrantes sem precedentes e a ascensão de um discurso democratizante que ainda não atingia, de fato, mulheres e negros. Dada como presente pelos franceses aos EUA em 1886, a Estátua da Liberdade guardava a entrada de Nova York e saudava as massas despossuídas do planeta (como diz a inscrição na base do monumento). A indústria tinha se expandido como o território, e o racismo e a exclusão continuavam, mas os norte-americanos haviam formado uma nação a partir de milhares de cacos.

O país que nascera sem nome e adotara a forma política e o lugar como denominação (Estados Unidos da América) tinha passado de 16 estados, em 1800, para 45, em 1900. A nova potência, banhada por dois oceanos, mantinha a mesma Constituição e sonhava com um futuro glorioso à frente.

NOTAS

[1] A Guerra da Crimeia (1853-1856) debilitou muito a economia da Rússia. Os russos, por conseguinte, viram-se querendo se desfazer dos territórios americanos conquistados duas décadas antes, em seu momento de expansionismo imperialista sobre a América. Entre as terras que passaram a ser vistas como desnecessárias estava o Alasca, que vinha causando prejuízos à companhia russa na região. Seward propôs comprá-lo. No início houve críticas, pois a população americana acreditava que o Alasca não passava de uma região imprestável e coberta de gelo. Muitos americanos, entre eles vários políticos, eram contra essa compra do que apelidaram de a "Caixa de Gelo de Seward". Mas, a descoberta de grandes reservas de recursos naturais atraiu milhares de pessoas à região, pressionando o Congresso americano a aprovar a compra em 1867. Em 30 de março daquele ano, os Estados Unidos adquiriram o Alasca por 7,2 milhões de dólares: ou seja, por cinco centavos o hectare.

[2] Seja como for, o expansionismo norte-americano pode ser estudado em um contexto mais amplo de imperialismo, majoritariamente europeu, que já havia dilacerado a África, dividindo-a entre potências do Velho Continente e que se expandiam, naquele momento, para a Ásia. A construção de impérios certamente despertou a mesma vontade nos governos norte-americanos do fim do XIX.

[3] Em 1968, no próprio auge do debate nacional sobre a Guerra do Vietnã e sobre os interesses norte-americanos no Sudoeste da Ásia, Walter LaFeber escreveu no *Texas Quarterly*: "A linha da conquista das Filipinas, em 1898, até a tentativa de pacificação do Vietnã [...] não é reta, mas pode ser acompanhada com absoluta nitidez". LaFeber se filiava a uma tradição de historiadores críticos do imperialismo norte-americano que se iniciara com o decano da "Velha Esquerda" Charles Beard e sua conclusão de que o expansionismo de seu país no começo do século XX não fora acidente, mas resultado do sistema econômico sem escrúpulos. No trabalho de LaFeber, representante da "Nova Esquerda", a mesma tese foi revisitada: "o conflito hispano-americano não pode ser mais considerado apenas como uma 'esplêndida guerrinha'. Foi uma guerra para preservar o sistema norte-americano".

[4] Roosevelt ficou famoso pelo Corolário Roosevelt à Doutrina Monroe, pelo qual se ampliava o direito norte-americano de intervir na América, inclusive nos negócios internos dos países do continente e de manter neles somente governantes "aceitáveis" por Washington. A história consagraria o Corolário com o nome de "política do Big Stick" (Grande Porrete) e o adágio de Roosevelt: "Fale macio e use o porrete", que simbolizava uma política de "paz pronta para a guerra".

[5] A interpretação econômica, embora seja ainda muito utilizada, tem inúmeros críticos. Julius Pratt, autor de *The Expansionists of 1898* (1936), afirmou que "a preponderância esmagadora dos interesses comerciais mais eloquentes do país desejava ardentemente a paz". Para Pratt, a comunidade empresarial queria o aumento do comércio com o exterior, tornando-se imperialista apenas depois do início da Guerra Hispano-Americana. Por sua vez, essa guerra, embora estimulada pela imprensa sensacionalista e pelo estado de espírito belicoso então reinante, fora para libertar Cuba.

O SÉCULO AMERICANO

"Na política externa, os Estados Unidos
não punem atrocidades, apenas desobediência."
Noam Chomsky

A ERA PROGRESSISTA: 1900-1920

Cento e vinte cinco anos depois de sua formação e três décadas depois de uma guerra civil que dividiu a nação em duas, os Estados Unidos entrariam no século XX como o maior poder econômico no mundo. Sua produção industrial – cada vez mais controlada por grandes monopólios – era enorme e superava as velhas potências europeias. A imigração massiva, nas duas últimas décadas do século XIX, elevou a população total a 76 milhões de habitantes e propiciou a consolidação de grandes metrópoles como Nova York, Chicago e Filadélfia. Expansionistas no governo, aliados a elites econômicas, lançaram projetos imperialistas visando à obtenção do controle de novos territórios no Caribe, América Central e no oceano Pacífico.

Grande parte da elite e seus defensores intelectuais baseavam-se na doutrina do darwinismo social, segundo a qual o grande poder político e econômico refletia o sucesso natural dos mais aptos da sociedade. O poderoso banqueiro Russell Sage, por exemplo, argumentou num debate público, em 1902, que a sua inteligência superior, honestidade e habilidade para negócios foram responsáveis pela sua enorme fortuna pessoal. Criticar a acumulação de riqueza, de acordo com ele, era "criticar os decretos de justiça". A exploração extrema da classe trabalhadora – carga horária excessiva com salários muito baixos e péssimas condições de trabalho – era apresentada como um estado natural da sociedade. Segregação formal e informal da população negra e políticas discriminatórias contra a população indígena, latino-americana e imigrante foram justificadas por meio dessa ideologia de superioridade.

Houve, entretanto, muitas contestações nos EUA. Nas últimas décadas do século XIX, surgiram movimentos sociais variados – feministas, planejadores urbanos, religiosos, sindicalistas, socialistas – criticando a falta de direitos políticos, a miséria nas cidades grandes e a concentração aguda de riqueza nas mãos dos industriais e grandes proprietários. Escritores e artistas passaram a enfatizar temas de crítica social e conflito em suas obras. Novos setores da população começaram a formular suas próprias noções de liberdade e do sonho americano.

Simpatizantes das reivindicações ou temerosos de mais agitação e desordem social – setores da classe média, profissionais liberais, alguns políticos e jornalistas – denunciaram escândalos econômicos e injustiças sociais, advogando por uma mudança no comportamento social e no sistema econômico e político do país.

Em resposta, os governos implantaram leis para aliviar os abusos mais extremados.

Essa época, que mais tarde foi chamada "progressista", viu diversas campanhas defenderem o argumento de que só um Estado atuante e socialmente consciente podia garantir medidas de justiça social e manter a ordem num país em franca mudança. Porém, o impulso progressista era cheio de contradições que ficariam evidentes durante a Primeira Guerra Mundial, quando o novo Estado intervencionista viria usar seus poderes para violentamente arrasar seus críticos mais radicais.

CAPITALISMO MONOPOLISTA E TRABALHO

Nas décadas seguintes à Guerra Civil, a economia agrícola e artesanal foi substituída pelo mundo industrial do carvão, aço e vapor. Pequenas firmas individuais e familiares foram superadas por grandes complexos industriais, que aproveitaram da ampla disponibilidade de matérias-primas, mão de obra extensiva e barata, inovação tecnológica, um crescente mercado de consumo e políticas estatais favoráveis para transformar os Estados Unidos, de longe, na maior nação industrial no mundo na virada do século XX.

A extensão das ferrovias aumentou seis vezes entre 1860 e 1920, abrindo vastas áreas à agricultura comercial, criando um mercado nacional para produtos industrializados e provocando um avanço espantoso da mineração de carvão e da produção de aço. A necessidade de dinheiro em grande escala para financiar esses empreendimentos consolidou o mercado financeiro de Wall Street, uma rua no centro de Nova York que passou a ser a sede dos grandes bancos e financeiras do país. Avanços tecnológicos como eletricidade, aço, motores a vapor e o automóvel revolucionaram a produção industrial e o transporte.

Em 1900, metade dos operários da indústria trabalhava em firmas com mais de 250 empregados, principalmente em algumas corporações gigantescas que dominavam os principais setores da economia. Empresas enormes, que combinavam poder industrial e financeiro, passaram a dominar a economia como a International Harvester, a Carnegie Steel e a Standard Oil. Não é surpresa que, em 1904, 318 corporações poderosas controlassem 40% da indústria nacional. O Senado dos Estados Unidos relatou, em 1903, que o banqueiro J. P. Morgan participava da diretoria de 48 corporações enquanto John D. Rockefeller, presidente da Standard Oil, atuava em 37.

A grande riqueza dos chamados "capitães de indústria" não foi compartilhada com os trabalhadores. Os salários dos operários industriais em 1900 eram muito mais baixos do que o necessário para manterem um padrão razoável de vida. Benefícios não existiam. Os trabalhadores não tinham qualquer defesa diante das oscilações do mercado, perda de emprego ou arrocho salarial nas frequentes recessões econômicas. A jornada de trabalho típica era de dez horas por dia, seis dias por semana. Doenças ocupacionais e acidentes fatais eram comuns. No dia 25 de março de 1911, por exemplo, um incêndio numa confecção de roupas em Nova York, a Triangle Shirtwaist Company, matou 146 trabalhadores. Não foi um caso isolado.

Muitas empresas empregavam preferencialmente mulheres e crianças, cujos salários eram bem menores que os pagos aos homens. Até 1920, mulheres constituíram 20% de mão de obra industrial. Sem direitos políticos e sociais, mulheres também tinham que lidar com "o fardo duplo" de cuidar da casa e dos filhos além de trabalhar. Em 1900, pelo menos 1,7 milhão de crianças menores de 16 anos de idade trabalhavam em fábricas e no campo. Esforços para banir o trabalho infantil tiveram pouco impacto até a Primeira Guerra Mundial.

O movimento sindical, que organizou cinco milhões de trabalhadores até 1920, aproximadamente 10% da mão de obra não agrícola, sofreu várias limitações externas e internas. As políticas da principal central sindical, a Federação do Trabalho Americano (AFL em inglês) favoreciam apenas uma luta moderada pelas reformas nas condições de trabalho e melhorias de salário e preocupavam-se somente em organizar a elite da classe trabalhadora, ignorando negros, mulheres e muitos imigrantes, os quais constituíam a maioria do operariado.

Divisões ideológicas – entre negros e brancos, nativos e imigrantes, homens e mulheres – obstaculizaram a organização sindical. Além disso, imigrantes e negros foram usados pelos patrões para furar greves e a contratação da mão de obra barata de mulheres e crianças sempre constituiu uma ameaça das empresas contra as reivindicações sindicais. Muitos imigrantes chegaram aos Estados Unidos com a intenção de voltar com algum dinheiro a seus países de origem, enquanto outros constantemente tiveram que se mudar em busca de trabalho. Tudo isso minava as possibilidades de criar laços institucionais necessários à organização de greves, manifestações e mobilizações. Elas ocorreram nesse período, mas o movimento como um todo não conseguiu generalizar as lutas e construir uma força política suficientemente coerente e poderosa.

Houve exceções importantes: algumas seções sindicais, sob a influência de ideias socialistas, engajaram-se em movimentos fortes por vezes unindo negros, brancos, imigrantes e mulheres. O premiado filme de John Sayles, *Matewan* (1987), mostra a sindicalização "multirracial" nas minas da Virgínia do Oeste onde mineiros negros, brancos e italianos se uniram para defender seus interesses diante das grandes empresas mineradoras. Se essas ações foram exceções que provaram a regra, mostraram, contudo, o forte desejo de muitos americanos por uma política social alternativa.

IMIGRANTES E O SONHO DE "FAZER A AMÉRICA"

O enorme crescimento econômico dos Estados Unidos dependia de uma mão de obra massiva, que foi providenciada pelos grandes movimentos populacionais do fim do século XIX no mundo. Expulsos de seus países pelo crescimento demográfico, modernização agrícola, pobreza e opressão política e religiosa, 25 milhões de imigrantes chegaram aos Estados Unidos, entre 1865 e 1915, um contingente mais de quatro vezes superior ao dos 50 anos anteriores.

Nas últimas quatro décadas do século XIX, a maioria dos imigrantes veio de origens tradicionais como Reino Unido, Irlanda, Alemanha, Canadá, México e Escandinávia. Entre 1890 e 1914, os países da Europa do Sul e Leste e Japão aumentaram o número de imigrantes significativamente.

A maioria dos imigrantes depois de 1900 era jovem e vinda de áreas rurais para trabalhar nas grandes cidades. Muitos viviam em condições precárias, amontoados em apartamentos pequenos em cortiços decadentes no centro da cidade. Doenças fatais, como a febre amarela, e incêndios eram preocupações constantes no ambiente doméstico.

Em 1890, a maioria da população urbana era formada por imigrantes: 87% da população em Chicago, 80% em Nova York, 84% em Milwaukee e Detroit. Além de residências, os bairros de concentração étnica que surgiam na época, abrigando os que chegavam, tinham lojas, tavernas, instituições culturais, políticas e religiosas vinculadas ao país de origem de seus habitantes.

Alguns grupos étnicos como judeus e alemães progrediram economicamente mais rápido do que outros, como irlandeses e especialmente as "minorias raciais". O grau de exclusão existente nos Estados Unidos influenciou bastante as chances dos imigrantes. Estrangeiros brancos, especialmente aqueles com qualificação profissional e/ou algum dinheiro, geralmente, deram-se melhor do que outros grupos que sofreram racismo sistemático.

Até 1900, descreve o historiador Eric Foner, a "linguagem da 'raça' – conflito de raça, sentido de raça, problemas de raça – tinha assumido um lugar central no discurso público americano". "Raça" significava supostas diferenças biológicas e culturais entre povos e foi um conceito invocado para explicar a desigualdade econômica e social entre povos tidos como superiores, geralmente brancos originários da Europa Ocidental e do Norte, e outros povos "inferiores", geralmente não brancos e/ou imigrantes da periferia da Europa. Negros, latino-americanos e asiáticos foram os principais alvos da discriminação racial. Inteligência, caráter, qualidade de vida, participação política, adesão aos valores democráticos – tudo foi analisado por meio das lentes da ideia preconceituosa e pseudocientífica de raça. O economista Francis Amasa Walker afirmou, na época, que os imigrantes enfraqueceriam a "fibra" da sociedade americana quando a população de "raça inferior" ultrapassasse numericamente a anglo-saxônica.

Não é surpresa ser dessa época a "invenção" de muitas tradições americanas como o juramento de fidelidade à nação, a prática de ficar em pé durante a execução do Hino Nacional e a comemoração do Dia da Bandeira. Um patriotismo coercitivo se desenvolveu, elogiando principalmente tradições anglo-saxônicas e brancas. Práticas informais de exclusão, relativas a local de moradia, serviços públicos e educação, afetaram muitos imigrantes judeus, bem como italianos, asiáticos e latino-americanos nesse período.

Entretanto, apesar do preconceito, poucas leis contra imigração foram criadas depois da proibição de entrada de chineses em 1882. A necessidade de mão de obra barata pesou muito mais nos cálculos dos industriais e políticos norte-americanos. Contudo, noções como *raça inferior* e *superior* infiltraram-se em muitos aspectos da sociedade e da cultura norte-americana, criando sensíveis distinções socioeconômicas na população do país.

Frequentemente, imigrantes não tinham outra escolha senão adaptar sua dieta, roupa, língua e estilo de vida ao padrão americano para tentar evitar maiores discriminações, inclusive no mundo do trabalho.

Um desejo de assimilação também partiu dos próprios imigrantes. Muitos chegavam motivados pelos sonhos sobre as possibilidades de sucesso nos Estados Unidos e, conscientemente, tentaram se integrar na sociedade. Alguns líderes comunitários e religiosos aconselhavam a adoção do *american way of life*, enquanto outros procuravam combater certos valores da cultura dominante distintos dos seus.

Emprego, educação, lazer e práticas sexuais mais livres adotadas por jovens mulheres eram motivo de conflitos familiares. Os Estados Unidos ofereciam oportunidades que as mulheres não tinham na Europa. Muitas moças resolveram aproveitá-las como certas funcionárias do correio, em Nova York, que se diziam muito satisfeitas com sua "independência e liberdade".

Vários imigrantes descontentes se engajaram em grupos que lutavam por alternativas políticas como o socialismo e o anarquismo.

Emma Goldman e Alexander Berkman. Imigrantes da Lituânia, os dois líderes do movimento anarquista americano foram condenados, em 1917, a dois anos de prisão por atividades antiguerra e deportados para a União Soviética em 1919. A inscrição na lápide de Goldman (1869-1940) em Chicago é: "A liberdade não vai descer ao povo; o povo deve se levantar para a liberdade".

A população americana foi feita e refeita pelas ondas sucessivas de imigração no período de 1850-1915. Processos de adaptação, assimilação e resistência à cultura dominante continuariam ao longo do tempo: imigrantes brancos, como os irlandeses, alemães e eslavos, conseguiram se integrar bem depois de algumas gerações, tornando-se inclusive lideranças políticas em regiões onde predominavam. Judeus sofreram discriminação por mais tempo e em muitos aspectos, embora também fossem se acomodando. As restrições à cidadania plena na época constituiriam, porém, obstáculos firmes à inclusão social e cultural para imigrantes vindos da Ásia e da América Latina.

RACISMO E A GRANDE MIGRAÇÃO DE AFRO-AMERICANOS

Nos anos 1890, um novo sistema de subordinação racial nasceu nos Estados Unidos a partir do Sul ex-escravista. Nessa região do país, os negros acabaram perdendo o direito de voto, entre outros direitos conquistados, e foram socialmente segregados. Negros e brancos não podiam mais "se misturar" ou conviver nos espaços públicos. Escolas, serviços públicos e lojas reservavam aos negros instalações separadas, assinaladas por placas bem visíveis afixadas em locais como bebedouros, salas de espera, restaurantes e ônibus, diferenciando "pessoas de cor" e "brancos". Negros também não podiam frequentar diversos parques e praias ou ser atendidos em vários hospitais.

A terrível situação dos negros no Sul, com o aval das autoridades locais e leis específicas, foi reforçada pela violência dos linchamentos. Para manter a "supremacia branca", racistas, frequentemente com a colaboração da polícia e políticos, espancavam, enforcavam ou queimavam os negros suspeitos de crimes, os "atrevidos" ou os que tinham, de algum modo, protestado contra a opressão. Entre 1889 e 1903, na média, dois negros eram linchados por semana nos estados do Sul.

A ideologia da supremacia branca ganhou adeptos fervorosos entre todas as classes sociais do Sul, sendo abraçada, inclusive, pela maioria dos brancos pobres. O intelectual negro W. E. B. DuBois chamou esse fenômeno de "salário psicológico": aos olhos do pobre branco, a superioridade da sua cor compensa sua miséria socioeconômica.

Em 1900, 90% dos 10 milhões de negros nos Estados Unidos moravam nos estados sulistas, em grande parte trabalhando as terras das regiões algodoeiras. A maioria era constituída por arrendatários de latifundiários brancos, pagando "aluguel" das terras em dinheiro ou com parte de sua produção. Esse sistema econômico, chamado *sharecropping*, compartilhado com muitos brancos pobres, não era viável no longo prazo, pois os arrendatários tinham que tomar dinheiro emprestado a juros altos (50-60%) de comerciantes locais para manter-se. Alguns anos de cultivo ruim, frequentemente, resultavam em dívidas difíceis de serem pagas, num ciclo vicioso de endividamento. Formalmente livres, os negros no Sul dos Estados Unidos eram cativos economicamente.

Nos primeiros anos do século XX, a precarização da vida, o racismo e a oferta de trabalho nas indústrias do Norte provocaram o êxodo de negros do Sul dos Estados Unidos para o Norte, onde se uniram aos imigrantes na crescente economia industrial. Além de motivados por salários bem melhores do que os do Sul, os negros sulistas, sem direitos civis básicos onde viviam, mudaram-se atraídos pela possibilidade de, como escreveu W. E. B. DuBois, escapar à condição de casta subordinada, "pelo menos nas suas feições pessoais mais agravantes".

W.E.B. DuBois, c.1910. Primeiro afro-americano a receber o título de doutor pela Universidade de Harvard e autor de dezenas de livros consagrados nos campos da Sociologia e História, DuBois atuou no movimento negro por sete décadas até sua morte, aos 95 anos, em 1963.

O desejo de conseguir emprego estável, fora do alcance da aberta discriminação racial, tornou-se uma "febre" entre os negros sulistas. Depois que metade da população afro-americana saiu de sua cidadezinha, no Mississipi, uma senhora negra lamentou-se:

> Se eu ficar aqui mais [tempo], vou ficar louca. Toda vez que eu volto para casa, eu passo de casa em casa de cada um dos meus amigos, todos estão no Norte e se dando bem. Estou tentando ficar aqui mantendo minha propriedade. Mas não tem gente suficiente aqui que me conheça e que possa me dar um enterro decente.

A maioria dos migrantes negros eram jovens da geração pós-Guerra Civil: insatisfeitos e impacientes, não queriam se acomodar a papéis subservientes. Um migrante da Carolina do Norte afirmou não ser possível "morar [no Sul] e ser tratado como homem".

Entre 1910 e 1920, a população negra de Detroit subiu de 5 mil para 41 mil pessoas; em Cleveland, de 8,4 mil para 35 mil; em Chicago, de 44 mil para 110 mil e, em Nova York, de 91,7 mil para 152 mil.

Entretanto, a vida no Norte também não era fácil para os negros. Havia uma segregação informal, pois ideias racistas estavam bem ancoradas na cultura dominante. Os negros conviviam com diversas formas de violência racial. Suas oportunidades de emprego restringiam-se a serviços domésticos ou trabalhos braçais. Eventualmente, entravam em conflitos com brancos por questões de moradia, trabalho e escola. Porém, em comparação com o racismo sufocante do Sul, as cidades do Norte ofereciam, para muitos negros, a esperança de prosperidade e liberdade social.

Assim, as comunidades negras ampliaram-se em bairros e regiões dessas cidades, tais como a Zona Sul de Chicago e o Harlem, em Nova York. Proliferaram igrejas de fiéis negros e clubes, bares e casas de show frequentadas por negros. Artistas, músicos, poetas e romancistas traduziram a nova experiência de migração e vida urbana negra em diversas expressões culturais.

Intelectualmente, a filosofia de autoajuda e de reformas gradativas, defendida pelo proeminente educador negro Booker T. Washington, veio a ser desafiada por propostas políticas mais agudas. Novos intelectuais negros radicados no Norte, como o brilhante sociólogo e historiador W. E. B. DuBois, passaram a criticar Washington por limitar as aspirações de negros às escolas técnicas e agrícolas ao invés de advogar acesso pleno ao nível superior e às profissões liberais. DuBois pregava também o início imediato de uma luta por diretos civis plenos e contra a discriminação racial na educação, nos serviços públicos e no mundo do trabalho. Em 1909, junto com progressistas brancos, ele fundou a Associação Nacional para o Progresso de Pessoas de Cor (NAACP em inglês), dedicada a esta luta.

O JAZZ E O BLUES

Apesar das adversidades, os negros do Sul não foram somente vítimas. A esperança dada pela liberdade acordada após a Guerra Civil persistiu. Muitos criaram famílias estáveis, lutaram para sobreviver e construíram espaços sociais e culturais autônomos, inclusive linguagens musicais populares dinâmicas e criativas como o jazz e o blues.

O blues basicamente misturou ritmos e melodias africanos e europeus. Originou-se nas "canções de trabalho", entoadas na época da escravidão, e desenvolveu-se nas rotinas opressivas de trabalho e vida décadas depois da Abolição. Mais tarde, ao longo do século XX, alimentou-se da experiência do gueto em cidades do Norte.

Esse gênero musical expressou brilhantemente a condição contraditória de ser "livre e cativo ao mesmo tempo". As letras tocaram nas vicissitudes da exploração econômica e da discriminação racial, da solidão, das preocupações, e, sobretudo, dos desejos de escapar aos confinamentos de raça, classe e gênero.

A pobreza, uma constante na vida dos negros, foi um dos temas principais da música blues:

> Sonhei ontem à noite
> pensei que o mundo inteiro era meu
> acordei hoje de manhã
> e não tinha um tostão.

A ferrovia foi, frequentemente, utilizada como metáfora para o escape: "Quando o homem fica com blues, ele pega o trem e sai".

O historiador Bryan Palmer comenta: o blues era "uma articulação de justiça e uma negociação de injustiça" com uma representação poderosa em muitas comunidades negras até as primeiras décadas do século XX. Ante o racismo sistemático e a pobreza, a música traduzia, entre os negros, seus próprios sonhos americanos.

Mais tarde, junto com o jazz, o blues marcaria uma nova presença pública negra na sociedade americana. E, com o tempo, décadas e décadas, passaria não só a fazer parte do patrimônio cultural do país, como seria também uma das principais contribuições culturais dos EUA para o mundo.

O IMPULSO PROGRESSISTA E SEUS CRÍTICOS

As desigualdades e a miséria evidenciadas pelo drástico crescimento econômico e urbano no período 1900-1920 provocaram acirrados questionamentos e protestos. Nessa "era progressista" surgiram numerosas correntes e movimentos intelectuais, sociais, culturais e políticos, afirmando que a gerência estatal da economia e da sociedade era necessária para construir um mundo melhor e prevenir o conflito social. As campanhas reformistas, porém, foram extremamente diversas e frequentemente contraditórias, contando, em um lado do espectro, com socialistas que queriam transformação social e política profunda e, no outro lado, com empresários e políticos de partidos tradicionais incomodados com o mal-estar provocado pelos descontentamentos nos meios industriais.

OS *WOBBLIES*

A mais penetrante crítica ao capitalismo americano foi feita pelo movimento socialista. Em 1905, duzentos socialistas, anarquistas e sindicalistas radicais se reuniram em Chicago para fundar a Industrial Workers of the World (IWW) como alternativa ao sindicalismo conservador da AFL. Popularmente conhecidos como *wobblies*, os membros da IWW visavam a organizar todos os trabalhadores independentemente de sexo, etnia e qualificação. Rejeitavam as formalidades das relações de trabalho institucionalizadas, argumentando que a "ação direta" – greves, mobilizações, manifestações, ocupações – era mais eficiente do que as negociações contratuais. Influenciado pelas ideias anarcossindicalistas circulantes na Europa na época, e com elas contribuindo, seu objetivo último era formar "um grande sindicato" de todos os trabalhadores e promover uma greve geral nacional que permitiria a tomada do poder pela classe trabalhadora.

A IWW nunca conseguiu organizar mais de cem mil membros, mas suas ideias e práticas inclusivas tiveram influência muito além do seu tamanho formal. Organizando mineiros, estivadores, operários – homens e mulheres, nativos e imigrantes, brancos e negros – a IWW mostrou extraordinária persistência, energia e capacidade de mobilização. Os *wobblies* criaram uma "cultura movimentista" com sua própria literatura, teatro, práticas de manifestação, *slogans* e canções, inclusive o famoso hino "Solidariedade para sempre".

Os *wobblies* sofreram repressão violenta por parte do Estado e dos patrões. Autoridades municipais em dezenas de cidades uniram-se para prevenir suas palestras e manifestações. Os *wobblies* contra-atacaram com campanhas contundentes a favor da liberdade de expressão, tendo obtido algumas vitórias. Porém, milhares de ativistas foram presos e espancados pelas polícias, milícias e vigilantes particulares e dezenas deles acabaram assassinados, como o trovador do movimento, Joe Hill, que foi injustamente condenado por latrocínio e executado em 1915.

A coerção não impediu a IWW de organizar várias das mais importantes greves da história do país. Em Lawrence, Massachusetts, em 1912, uma greve em fábricas têxteis controladas pelo banqueiro J. P. Morgan chamou a atenção dos trabalhadores por todo o país. Os vinte mil grevistas eram imigrantes – portugueses, ingleses, irlandeses, russos, italianos, sírios, poloneses e canadenses com ascendência francesa –, grande parte mulheres, e combatiam uma diminuição drástica em seus salários. A falta de apoio da AFL fez com que os trabalhadores apelassem à IWW. Com a coordenação dos ativistas ítalo-americanos da IWW, Joe Ettor e Arturo Giovannitti, os trabalhadores montaram um comitê central de greve, representando todas as nacionalidades, que se reunia diariamente para tomar decisões. Organizaram passeatas e grandes reuniões semanais em várias línguas. Fizeram piquetes 24 horas por dia e providenciaram comida para 50 mil pessoas. Grandes oradores do movimento socialista, como Elizabeth Gurley Flynn, discursavam para os grevistas em enormes comícios.

A chave do sucesso de uma greve era a solidariedade de outros trabalhadores. Na de 1912, a IWW apelou pela ajuda de trabalhadores no país inteiro. Temendo pela segurança de seus filhos, os grevistas os deixaram com "apoiadores" residentes em outras cidades. Ao chegarem a Nova York e Filadélfia, as crianças de Lawrence foram recebidas com grandes manifestações de apoio por parte de socialistas e sindicalistas.

A solidariedade, a persistência e a garra foram recompensadas. Depois de três meses de greve, as empresas atenderam as reivindicações dos grevistas. Muitas das greves da IWW não foram bem-sucedidas, mas o exemplo de Lawrence inspirou milhões. "Nós queremos pão e rosas" fora o *slogan* da greve, significando que a luta não era somente por melhores salários, mas também por respeito e dignidade. Essa esperança ecoaria em todos os cantos do país.

O PARTIDO SOCIALISTA DA AMÉRICA

Um partido socialista nunca teve tanta influência nos Estados Unidos quanto o Partido Socialista da América (SPA) antes da Primeira Guerra Mundial. Fundado em 1901 por sindicalistas e intelectuais, misturava ideias marxistas, como a necessidade de acabar com propriedade privada, com bandeiras da democracia social, que defendia reformas e mudanças graduais dentro do sistema capitalista. Seu programa de nacionalização das ferrovias e bancos, criação de seguro desemprego, diminuição da jornada de trabalho, salário mínimo e imposto de renda "mais justo" obteve apoio significativo.

O partido foi mais forte nos bairros imigrantes das grandes cidades, atraindo para suas fileiras milhares de judeus e alemães, mas também ganhou bastante apoio entre pequenos proprietários no Sul e no centro do país. Em 1912, o partido contava com 150 mil membros e significativo apoio nos sindicatos, tendo já publicado dezenas de jornais, inclusive o principal, o *Appeal to Reason* (Apelo à Razão), que atingiu uma circulação de 760 mil em 1913. Nesse mesmo ano, o partido tinha mais de mil representantes eleitos em 340 cidades, inclusive 73 prefeitos, e um deputado federal no Congresso. Ativistas do partido envolveram-se em diversas campanhas, greves e movimentos. Em 1912, seu candidato a presidente, o veterano sindicalista, Eugene Debs, obteve um milhão de votos.

Mulheres também tinham vez e se destacaram no SPA. Não constituíram mais de 15% dos membros, mas ocuparam posições importantes na base do partido, publicaram seu próprio jornal, e lutaram ativamente em greves, em campanhas sobre moradia e direitos do consumidor e em batalhas feministas pelo direito de voto. O SPA não abraçou o programa pleno da emancipação da mulher, mas engajou-se na luta contra a opressão das mulheres mais do que qualquer outra organização de trabalhadores na época. Entre as ativistas mais populares do partido estavam Kate Richards O'Hara, líder socialista de Oklahoma, e a escritora cega, surda e muda Helen Keller, famosa também por sua atuação no movimento pelos direitos dos deficientes.

Como a IWW, o movimento socialista seria abalado pela repressão durante a Primeira Guerra Mundial. Mas deixou uma marca importante nas lutas por reformas, elaborando muitas das ideias e dos argumentos mais radicais do impulso progressista que tomou o país e forçando uma tomada de posição de políticos dos partidos tradicionais e dos reformistas mais moderados.

ALTERNATIVOS

A crítica radical à exploração capitalista no período, como vimos, também esteve presente nos círculos artísticos. Destaca-se o romance *The Jungle* (1906), de Upton Sinclair, no qual as indignas condições de trabalho nos matadouros de Chicago representam, em microcosmo, a situação das classes baixas do país. Foi publicado pela primeira vez no jornal da SPA e depois, em livro, vendeu milhões de cópias. Muitos outros escritores críticos das desigualdades sociais desfrutaram de bastante popularidade na época, tais como Jack London, Theodore Dreiser, Stephen Crane e Frank Norris.

No início do século xx, antes da Primeira Guerra Mundial, despontou uma nova geração de jovens que questionava ordem social estabelecida. Além de se tornar um centro extraordinário de experimentação social, com sua ativa comunidade gay e um ambiente de liberdade sexual entre jovens, o bairro boêmio de Nova York, Greenwich Village, também cultivou um ambiente político radical. Nesse bairro, um grupo diversificado de artistas e intelectuais floresceu nos bares, cafés e parques, com destaque para a ativista feminista Margaret Sanger, o dramaturgo Eugene O'Neal, a líder anarquista Emma Goldman e a dançarina inovadora Isadora Duncan. Esse ambiente alternativo está bem relatado no filme *Reds*, de Warren Beatty, que conta a história do jornalista radical John Reed, "o cronista da Revolução Russa".

FEMINISTAS

Embora socialistas e sindicalistas radicais fossem importantes nesse período, o impulso progressista foi muito mais amplo, englobando campanhas pelo sufrágio feminino, contra corrupção política em municípios e estados, pelo fortalecimento das instituições democráticas e a favor da regulação e do gerenciamento eficiente da economia e de uma distribuição mais justa da riqueza nacional.

Os diversos movimentos feministas defendiam bandeiras variadas. A tendência predominante no século xix fora a que defendia terem as mulheres "diretos naturais", ou seja, que o papel desempenhado pela mulher como mãe, esposa, irmã e filha seria "suplementar" ao seu papel mais amplo e mais importante de cidadã da nação. Na primeira década do século xx, porém, essa mensagem foi moderada e transformou-se em algo que certos historiadores chamam de "feminismo materno", que enfatiza o instinto materno e as habilidades específicas das mulheres no cuidado das crianças e da casa. Nessa linha, as pessoas que defendiam o sufrágio feminino argumentavam que as mulheres, por sua própria natureza e virtudes femininas, seriam capazes de tratar com eficiência e carinho as políticas nacionais. Exigências mais abrangentes como o fim da desigualdade sexual no trabalho e na vida privada foram colocadas em segundo plano. Com essa mensagem, sob a liderança de Anna Howard Shaw e Carrie Chapman Catt, a Associação Nacional de Sufrágio para Mulheres (NAWSA em inglês) conseguiu afiliar dois milhões de membros em 1917.

Inserindo-se nos debates nacionais sobre reformas sociais, os sufragistas conseguiam o direito de voto para mulheres em 39 estados até 1919 e, finalmente em 1920, uma Emenda à Constituição garantiu esse direito no nível federal.

A conquista do sufrágio feminino foi uma vitória contraditória. Junto com os esforços bem-sucedidos de mulheres em campanhas sociais (a favor de crianças, doentes e miseráveis, por melhores condições de moradia) e no movimento sindical da época, representou um fundamental primeiro passo na luta contra discriminação de gênero. Por outro lado, a ênfase no voto limitou a luta feminista à busca desse direito político formal, colocando em segundo plano o problema das desigualdades de classe. Aliás, a tendência

Passeata de sufragistas, 1918. Ilustração publicada no jornal do movimento sufragista.
No cartaz se lê: "Senhor Presidente, quanto tempo as mulheres precisarão esperar pela LIBERDADE".

feminista dominante na época aceitava ideias discriminatórias prevalecentes sobre raça. A líder Carrie Chapman Catt, por exemplo, sugeriu que o voto das mulheres brancas nativas pudesse compensar o poder crescente do "voto estrangeiro ignorante" e o potencial deletério de uma temida "segunda reconstrução" favorável aos negros do Sul.

CIDADÃOS

Os ganhos, contradições e limitações do impulso progressista também foram evidentes em movimentos pela reforma urbana e política. Novos jornais e revistas de grande circulação, como *McClure's Magazine*, contribuíram para o ambiente de dissenso ao investigar e publicar matérias sobre a pobreza nas cidades e a corrupção na política.

Entre determinados religiosos protestantes, nasceu um movimento chamado "O Evangelho Social", que relacionava fé cristã a reformas sociais e políticas, adicionando um impulso moral poderoso às diversas intervenções dos movimentos reformistas.

Nas universidades, uma nova geração de cientistas sociais e filósofos – como John Dewey, Louis Brandeis, Thorstein Veblen e Walter Lippmann –, influenciados pelas correntes intelectuais progressistas que circulavam entre a América e a Europa, propuseram diversos programas de intervenção estatal para o combate das desigualdades sociais.

No nível municipal, a corrupção e a ineficiência das chamadas "máquinas políticas", controladas por alguns líderes poderosos, sofreram os primeiros ataques. Algumas cidades – como Galveston, Texas, Des Moines, Iowa, Portland, Oregon – criaram "comissões" eleitas que substituíram na administração urbana o sistema de prefeitos e vereadores. Essa inovação durou, em certos municípios, até o período pós-Segunda Guerra e, em conformidade com as elites locais, conseguiu melhorar a eficiência da administração municipal. Outras cidades contrataram "gerentes" municipais presumindo que esse tipo de cargo seria livre das influências corruptas dos partidos políticos. E muitas cidades ainda implementaram agências públicas direcionadas à melhoria da vida da população carente.

Os progressistas também formularam programas relacionados à esfera estadual. Graças a isso, até 1918, vinte estados tinham estabelecido dispositivos legais permitindo que reformistas apresentassem diretamente, para a aprovação dos eleitores, propostas de leis, as chamadas "iniciativas", e "referendos" nos quais políticos eleitos podiam ser retirados do poder durante o mandato se a população desaprovasse das suas ações. No estado de

Wisconsin, o governador progressista Robert M. La Follette lançou, em 1901, um programa amplo de reformas, implementando "iniciativas", "referendos", leis trabalhistas, regras para a indústria e reformas tributárias.

A maioria da legislação reformista na época surgiu nas esferas local e estadual. Mas políticas nacionais também foram altamente abaladas por causa dos impulsos reformistas. Afinal, esse período testemunhou a consolidação do Estado-Nação, com seus órgãos reguladores e leis governando a conduta das relações de trabalho, comportamento empresarial, e política financeira. Como vimos, o movimento progressista reconhecia que somente a ação na órbita nacional poderia alcançar as reformas essenciais.

Sob os mandatos dos presidentes republicanos Theodore Roosevelt (1904-1908) e William Taft (1908-1912) e do democrata Woodrow Wilson (1912-1916, 1916-1920), uma série de comissões, inquéritos e leis foi estabelecida para investigar e formular as regras básicas de comportamento industrial. Foram elaboradas algumas leis que limitavam a grande concentração de capital em poucas mãos, que passavam a exigir emprego com contrato de trabalho em certos setores, que regulamentavam alguns aspectos da concorrência nos negócios e que definiam a jornada de trabalho e outros benefícios trabalhistas. Na eleição acirrada de 1912, Theodore Roosevelt concorreu contra seu ex-partido, o Republicano, como candidato do Partido Progressista, defendendo um programa extenso de reformas socioeconômicas, forçando os outros candidatos a prometer mudanças semelhantes.

Sem dúvida, a intervenção estatal – defendida em primeira instância pelos movimentos sociais – temperou os excessos mais graves do sistema capitalista. Nova legislação e ação pública mostraram aos ativistas que a mobilização política obstinada podia forçar o governo a tomar um papel ativo em defesa dos interesses das pessoas comuns.

Ao mesmo tempo, no entanto, os direitos de alguns grupos, como os imigrantes, os negros e os pobres, estavam sendo restringidos. Enquanto mulheres ganharam o voto, muitos negros no Sul perderam-no. A obrigatoriedade de alfabetização e a necessidade de residência fixa para a contratação em determinados empregos diminuíram as oportunidades de imigrantes e pessoas muito pobres.

Num balanço geral, as condições fundamentais de vida da maioria dos americanos não mudaram e existe bastante evidência de que as reformas do período serviram tanto aos interesses do povo comum quanto aos da classe empresarial. Preocupada com as recessões econômicas, conflitos sociais e a popularidade crescente do socialismo, a maior parte das elites econômicas e políticas acabou apoiando a necessidade de regulação estatal e muitas das iniciativas reformistas como forma de apaziguar os ânimos e diminuir a pressão por mudanças mais radicais. No nível estadual e municipal, as reformas, em última instância, trouxeram eficiência e estabilidade política por meio da centralização do poder nas mãos de grandes empresários e tecnocratas aliados.

Roosevelt, Taft e Wilson foram, fundamentalmente, conservadores com a adesão firme da maioria das grandes corporações, cujos líderes cultivavam um ideal de eficiência e regulação para garantir estabilidade, paz social e, mais importante, o aumento dos próprios lucros.

Houve "um esforço consciente e bem-sucedido", conta o historiador James Weinstein, "a guiar e controlar as políticas econômicas e sociais de governos federais, estaduais e municipais por parte de vários grupos de empresários no seu próprio interesse de longo prazo". Esse "capitalismo político" pretendeu aliviar a pressão política "vinda de baixo" e manter controle efetivo da economia nas mãos dessas elites. Essa estratégia se tornaria crucial durante os trágicos anos da Primeira Guerra Mundial.

O CADINHO DA PRIMEIRA GUERRA MUNDIAL

O principal desejo dos diversos movimentos progressistas – um Estado nacional intervencionista – foi realizado durante a Primeira Guerra Mundial. Os Estados Unidos entraram na guerra em 1917, dando à Entente do Reino Unido, França e Rússia a ajuda militar crucial para derrotar a Alemanha. Ironicamente, as políticas domésticas do Estado americano, durante o conflito europeu, enterraram os movimentos reformistas, desencadeando uma onda de repressão e autoritarismo no país.

A Primeira Guerra Mundial, nas palavras do presidente Wilson, foi uma guerra pela "democracia e liberdade". A linguagem de liberdade já tinha sido usada pelos Estados Unidos nas suas campanhas imperialistas nas Américas e no Pacífico. Era uma linguagem repleta de noções como a superioridade da raça anglo-saxônica e a inferioridade de latino-americanos e asiáticos bem como a necessidade de o capitalismo americano conquistar mercados e matérias-primas fora do país.

A administração do presidente Taft manteve possessões e esferas de influência dos Estados Unidos em Cuba, Filipinas e América Central. Efetivamente controlando esses países, por meio da cooptação das elites e forças armadas locais e da influência econômica, os Estados Unidos

Operárias durante a Primeira Guerra Mundial. A necessidade de mão de obra industrial durante a guerra resultou na contratação de milhares de mulheres para funções anteriormente restritas aos homens. Nesta foto as operárias estão usando martelos pneumáticos numa fábrica em Nicetown, Pensilvânia, em 1918.

também fizeram várias intervenções militares para sobrepujar ameaças ao seu controle. Tropas americanas intervieram e/ou mantiveram forças de ocupação militar em Cuba (1906-1909, 1917-1922), Haiti (1915-1934), República Dominicana (1916-1924), Nicarágua (1909-1910, 1912-1925) e México (1914, 1916-1919). Refletindo seus preconceitos raciais, os Estados Unidos ajudaram as elites militares brancas de Cuba a esmagar brutalmente uma revolta de soldados negros em 1912. Os Estados Unidos também orquestraram um golpe de Estado na Colômbia que criou o novo país do Panamá, onde logo foi construído um canal entre os oceanos Atlântico e Pacífico para atender aos interesses das corporações americanas. Usando a "diplomacia dos dólares", Taft e Wilson encorajaram bancos americanos a conceder empréstimos a muitos países das Américas, fortalecendo o controle econômico nas mãos dos Estados Unidos. Esses presidentes continuaram a política de Theodore Roosevelt de expandir o capitalismo dos EUA e tentar impor a cultura norte-americana nos países subjugados.

A Primeira Guerra Mundial ofereceu melhores oportunidades aos políticos para a consolidação da supremacia econômica do país e o alívio dos conflitos sociais internos. A linguagem de "nacionalismo", "democracia econômica" e "liberdade" utilizada pelas elites e governos durante a guerra refletiu bem muitas das trajetórias ideológicas dos movimentos progressistas. A guerra, proclamaram, oferecia a possibilidade de racionalizar a sociedade e a economia, trazendo não só eficiência, mas também justiça social. Quase todos os líderes e as bases dos diversos movimentos progressistas, com exceção das alas radicais do movimento sindical e socialista, apoiaram Wilson e a participação do país na guerra.

Durante o conflito, o Estado nacional assumiu poderes econômicos e sociais extraordinários: instituiu novos impostos, criou uma série de órgãos centralizados para organizar a produção e a distribuição bem como regular o trabalho nas indústrias de guerra. Wilson montou o Comitê de Informação Pública e largamente encheu o país com propaganda em favor da guerra.

Patriotismo em nome da democracia e liberdade além-mar (contra Alemanha) e em casa (contra a desigualdade econômica) dominou o discurso oficial do governo e de muitos dos movimentos.

Trabalhando na indústria de guerra, muitas mulheres ganharam uma porção de liberdade, e não foi surpresa que o sufrágio lhes tenha sido estendido nessa época, durante a guerra.

Para manter paz no ambiente industrial, o governo encorajou as empresas a conceder aumentos de salário e melhorias nas condições de trabalho. Sindicatos dobraram seu número de filiados e milhões foram animados com a promessa do fim "da escravidão industrial".

Procurando ampliar as conquistas trabalhistas, em novembro de 1918, uma onda de greves tomou os Estados Unidos, inclusive uma greve nacional de metalúrgicos e ferroviários e uma greve geral na cidade de Seattle. Muitas dessas manifestações foram inspiradas abertamente pela Revolução Russa de 1917.

Porém, a combinação do patriotismo estreito, cultivado em tempos de guerra, com os novos poderes autoritários do governo, a recessão econômica no período pós-guerra e as preocupações com a crescente popularidade das ideias socialistas desencadeou, em 1918-1919, a mais intensa repressão da história americana, a chamada "Caça aos vermelhos". O Espionage Act (Lei de Espionagem), de 1918, restringiu a liberdade de expressão, censurou jornais, e proibiu qualquer atividade contrária aos objetivos do governo na guerra. Centenas de ativistas políticos, como os líderes socialistas Eugene Debs e Kate Richards O'Hare, foram presos. O Congresso autorizou a deportação de imigrantes radicais, prendendo mais de dez mil e expulsando mais de quinhentos, incluindo a anarquista Emma Goldman.

A mídia, as autoridades universitárias e muitas igrejas participaram da orgia de repressão, denunciando qualquer tipo de ideia alternativa. Os patrões colaboraram com o governo para esmagar a IWW e as principais greves, frequentemente com violência brutal, como no caso da paralisação dos metalúrgicos em Gary, Indiana, na qual 18 trabalhadores foram mortos pela polícia.

Afro-americanos enfrentaram o ímpeto do ataque contra os direitos civis dos negros. No Sul, os linchamentos aumentaram de repente em 1918, com bandos brancos matando mais de 70 negros, vários do quais veteranos militares. Em 1919, as tensões causadas pela desmobilização dos exércitos, inflação súbita de preços e falta de emprego e moradia contribuíram para uma atmosfera racial explosiva. Em vários motins urbanos naquele ano, mais de 120 negros acabaram mortos.

O pior distúrbio aconteceu em Chicago, desencadeado pelo assassinato de um jovem negro. Por mais de uma semana, batalhas violentas espalharam-se pela cidade contrapondo brancos e policiais de um lado e negros de outro, matando 23 negros e 15 brancos e ferindo centenas de pessoas.

Motins urbanos contra negros, explica o historiador Alan Brinkley, não eram novidade nos Estados Unidos. Mas o sangrento verão de 1919 em Chicago foi diferente em um aspecto importante: pela primeira vez, negros não só apanharam; eles corajosamente se defenderam. Além de exigir a proteção do governo, a NAACP aconselhou autodefesa. O jovem poeta negro Claude McKay reagiu aos eventos de Chicago registrando:

Como homens nós vamos enfrentar o bando assassino covarde.
Prensados contra a parede, morrendo, mas lutando.

Assim, como vimos, o período de 1900 a 1920 abarcou uma série de desafios ao capitalismo monopolista e a fermentação de diversas tensões sociais, intelectuais e econômicas nos Estados Unidos. Ao mesmo tempo, liberdades foram expandidas e contraídas num impulso reformista contraditório. As elites políticas e econômicas conseguiram incorporar algumas das exigências principais dos movimentos, eventualmente usando o ambiente especial da Primeira Guerra Mundial para acertar as contas com os mais radicais. Os problemas econômicos, os conflitos sociais e raciais e o ambiente repressivo de 1918-1920 puseram fim ao idealismo da era progressista, inaugurando uma sensação geral de desilusão e um dos períodos mais conservadores da história do país, mas que não conseguiu apagar completamente a chama da esperança social que tinha sido ateada anos antes.

DÉCADAS DA DISCORDÂNCIA: 1920-1940

A História das décadas de 1920 e 1930 é um estudo de contrastes em muitos aspectos. Depois da derrota da agenda progressista, os anos 1920 viram um crescimento econômico e a retomada do conservadorismo na sociedade, nas políticas e na cultura. Nessa "nova era" as grandes corporações recuperaram a direção da economia com a ajuda dos governos que, abruptamente, abandonaram reformas, marginalizaram movimentos sociais e instituíram novas restrições contra trabalhadores, mulheres, negros e imigrantes. Porém, a economia robusta acendeu a esperança da população de compartilhar dos novos padrões de consumo, lazer e cultura de massa.

A maior crise econômica da história do capitalismo, na década de 1930, pôs fim às certezas econômicas e sociais dos anos 1920. Bancarrota, desemprego e miséria social em massa caracterizaram os Estados Unidos depois do colapso financeiro do país em outubro de 1929. Diante do que mais tarde foi chamado de "Grande Depressão", o Estado então retomou as propostas reformistas da era progressista, implementando um programa inovador de intervenção estatal em todas as áreas da economia e sociedade.

A severidade da crise econômica e a aparente incapacidade do governo para resolvê-la haviam provocado ampla desilusão com relação ao sistema, o que se refletiu com nitidez no surgimento em massa de renovados movimentos, no desenvolvimento de uma cultura de protesto social e nos questionamentos difundidos na sociedade como um todo.

Apesar dos claros contrastes entre as décadas de 1920 e 1930, não obstante, houve continuidades marcantes. As sementes da crise econômica encontravam-se na especulação financeira, na má distribuição da renda e na produção anárquica do capitalismo dos anos 1920. Enquanto o impulso reformista foi abalado, nessa década, pela contraofensiva do Estado e do capital, movimentos sociais e correntes radicais continuaram engajados nas questões da igualdade racial, social e econômica. Em vários aspectos, aliás, a explosão social e cultural dos anos 1930 foi uma continuação do desencantamento da "nova era".

A NOVA ERA: IMAGEM E REALIDADE

Depois de uma visita aos Estados Unidos em 1923, o romancista inglês D. H. Lawrence escreveu: "Eu nunca estive num país onde o indivíduo tivesse um medo tão terrível de seus compatriotas". Por quê? Vejamos.

Muitos contemporâneos se maravilharam com o crescimento econômico dos Estados Unidos depois da breve recessão do período pós-guerra. Os números eram impressionantes: a produção industrial cresceu 60%, a renda *per capita* aumentou em um terço, o desemprego e a inflação caíram. Avanços tecnológicos nos processos de produção na indústria automobilística (linha de montagem e mecanização), de comunicações (rádio e telefone), eletrônicos e plásticos (eletrodomésticos e outros bens de consumo) criaram produtos inovadores a preços cada vez mais acessíveis. Circulavam entre as massas produtos antes restritos aos ricos – carros, luz elétrica, gramofone, rádio, cinema, aspirador de pó, geladeira e telefone –, o "jeito americano de viver" (*american way of life*) tornou-se o *slogan* exaltado do período.

Esta "sociedade de consumo" – na qual a capacidade de consumir era vista como o principal direito da cidadania – não foi plenamente realizada até depois da Segunda Guerra Mundial. Não há duvida, porém, de que a promessa de consumo em massa brotava no período. A nova indústria de propaganda e *marketing* – ajudada pelos jornais, revistas de grande circulação e rádio, que atraía grande audiência – disseminou a ideia da liberdade associada ao consumo em oposição à ideia da liberdade associada a mudanças nas relações de trabalho. A busca por autonomia econômica e soberania política foi substituída, nas mentes de muitas pessoas, pelas possibilidades de consumo como o elemento essencial de felicidade e cidadania.

As 10 cidades mais populosas dos Estados Unidos entre 1900 e 1940.

Note o crescimento das cidades industriais do Meio-Oeste e Nordeste na primeira metade do século xx, tais como Cleveland, Detroit, Baltimore e Pittsburgh.

	1900		1920		1940	
	Cidade	Pop.	Cidade	Pop.	Cidade	Pop.
1	Nova York	3.437.202	Nova York	5.620.048	Nova York	7.454.995
2	Chicago	1.698.575	Chicago	2.701.705	Chicago	3.396.808
3	Filadélfia	1.293.697	Filadélfia	1.823.779	Filadélfia	1.931.334
4	St. Louis	575.238	Detroit	993.078	Detroit	1.623.452
5	Boston	560.892	Cleveland	796.841	Los Angeles	1.504.277
6	Baltimore	508.957	St. Louis	772.897	Cleveland	878.336
7	Cleveland	381.768	Boston	748.060	Baltimore	859.100
8	Buffalo	352.387	Baltimore	733.826	St. Louis	816.048
9	São Francisco	342.782	Pittsburgh	588.343	Boston	770.816
10	Cincinnati	325.902	Los Angeles	576.673	Pittsburgh	671.659

Fonte: U.S. Census Bureau.

No famoso estudo da cidade de Muncie, Indiana, os sociólogos Robert e Helen Lynd concluíram que a influência da propaganda e das novas opções comerciais de lazer (como o cinema e os esportes profissionais) havia suplantado a política como foco da preocupação pública. Um jornal de Muncie chegou a proclamar: "A expectativa prioritária dos cidadãos americanos com relação a seu país não é mais a do cidadão, mas sim a do consumidor". De fato, a participação nas eleições nacionais, que, em 1896, tinha atingido 80% do eleitorado, despencou para menos de 50% em 1924 e nunca ultrapassou 64% no restante do século xx.

Esse ambiente de crescimento econômico e consumismo fez com que recessão, desemprego e infortúnio social se tornassem memórias distantes no discurso oficial e no popular. Em 1927, o economista Alvin Hansen observou que as "doenças infantis" do capitalismo "estavam sendo mitigadas". Para quem não olhasse para além da propaganda da mídia, de empresários e políticos, o sonho americano da possibilidade de sucesso individual tinha sido aceito por quase todo mundo. O futuro líder trotskyista Farrell Dobbs, naquela época, votava no Partido Republicano, queria abrir o próprio negócio e tinha aspirações de ser juiz.

Mas a realidade era que riqueza econômica e poder político continuaram tendo distribuição muito desigual na sociedade. Enquanto salários reais aumentavam 1,4% ao ano, os lucros de acionistas rendiam 16,4%. No fim da década, um salário de 1,8 mil dólares ao ano foi considerado necessário para manter um padrão de vida minimamente decente, mas o salário médio do trabalhador americano estava no patamar de 1,5 mil dólares. Somente com o trabalho assalariado de vários de seus membros, uma família da classe trabalhadora podia sobreviver. Mesmo assim, 6 milhões de famílias pobres, ou 42% do total da população, viviam com menos de mil dólares por ano. As condições de trabalho e moradia ainda eram precárias. A cada ano, na década de 1920, 25 mil trabalhadores sofriam acidentes de trabalho fatais e 100 mil, acidentes não fatais.

A vida no campo não era melhor. Em 1920, metade da população americana ainda vivia em áreas rurais. Como na indústria, avanços tecnológicos tinham proliferado nas primeiras décadas do século, mas os mercados para produtos agrícolas não acompanhavam os passos da nova eficiência. Consequentemente, houve excedente de produção, os preços baixaram e a renda dos pequenos proprietários inesperadamente declinou. O surgimento de grandes agronegócios estava relegando a pequena fazenda familiar à posição de relíquia histórica. Mais de três milhões de americanos saíram do campo na década de 1920 à procura de trabalho nas cidades.

As aspirações por reformas econômicas e sociais foram abaladas na contraofensiva das empresas, governos e judiciário depois da derrota da explosão sindical de 1919. A classe empresarial e muitos políticos utilizaram a retórica patriótica de democracia e liberdade industrial para exigir relações de trabalho nas indústrias livres da "coerção" sindical.

Algumas corporações ofereceram benefícios tais como a de Henry Ford, que reduziu a jornada semanal de trabalho, aumentou salários e instituiu férias pagas. Outras adotaram "sindicatos da empresa", comitês organizados pelos gerentes das fábricas para servirem como fóruns das demandas dos trabalhadores. A maioria dos empresários, porém, aproveitou-se entusiasticamente do clima conservador e do apoio do Estado para adotar "O Plano Americano" – um programa para esmagar o poder dos sindicatos por meio de intimidação e demissão de ativistas sindicais. Como resultado, a porcentagem de sindicalistas no país abaixou de cinco milhões em 1920 para três milhões em 1929. Os que permaneceram foram forçados a assinar contratos em que faziam concessões aos patrões.

Políticas nacionais sob os governos dos republicanos Warren Harding (1920-1924), Calvin Coolidge (1924-1928) e Hervert Hoover (1928-1932) caracterizaram-se pela retomada de posições econômicas abertamente favoráveis ao livre mercado e à classe empresarial e contrárias à regulação estatal. Muitas das tendências econômicas evidentes na primeira década do século xx – investimentos de capitais em larga escala, integração dos bancos com corporações, concentração e fusão de empresas – continuaram nos anos 1920. A especulação nos mercados financeiros tornou-se cada vez mais popular e lucrativa. Ricos empresários, como Andrew Mellon, locupletaram-se no período desses governos, com a implementação de políticas de cortes nos impostos das corporações e ajuda às indústrias para que pudessem operar com eficiência e produtividade máxima. Leis trabalhistas permaneceram estacionadas e até retrocederam por causa de decisões da Suprema Corte e de governos estaduais que reafirmaram a "liberdade de contrato".

Se os trabalhadores em geral sofreram na década, mulheres, negros e imigrantes tiveram que lidar também com discriminações e violências específicas, além da falta de interesse dos sindicatos e do Estado por seus problemas. Esse foi o caso, por exemplo, do meio milhão de mexicanos que imigraram nos anos 1920 para trabalhar nos campos e nas cidades da Califórnia e do Sudoeste dos Estados Unidos. Fonte de mão de obra barata para agronegócios, construção civil e fábricas, os mexicanos desenvolveram bairros próprios em Los Angeles, El Paso, San Antonio e Denver e, com o tempo, passaram a ter uma forte influência na cultura da região.

Os mexicanos enfrentaram um ambiente social, econômico e político discriminatório, mas não foram os únicos imigrantes a sofrer preconceito. Sentimentos racistas contra estrangeiros e seus descendentes fermentavam na população branca há várias décadas, em grande parte como uma resposta aos problemas sociais – pobreza, doenças, conflito de classe – associados à vinda de imigrantes da Europa Oriental, Europa Meridional e Ásia. O chauvinismo da Primeira Guerra Mundial e a reação antirradical do Red Scare contribuíram para intensificar o clima anti-imigrante. O antissemitismo e a pseudociência da eugenia inundaram a cultura popular e oficial. Foi esse clima de reação que, injustamente, levou dois imigrantes anarquistas, Nicolo Sacco e Bartolomeo Vanzetti, à cadeira elétrica, em 1927.

Charge publicada no jornal diário do Partido Comunista dos Estados Unidos. O título – 23 de agosto de 1927 – refere-se à data da execução dos anarquistas ítalo-americanos Sacco e Vanzetti. A folha de papel embaixo da caveira é a ordem de execução assinada pelo governador do estado de Massachusetts.

Os chauvinistas pressionavam o governo por leis que restringissem a imigração. O Ato de Imigração de 1924 reduziu o número de imigrantes admitidos a 150 mil por ano, menos de 15% da média de um milhão nos anos antes da guerra; mesmo assim, oficiais da imigração raramente permitiram que metade desse número efetivamente entrasse no país. Cotas raciais e étnicas dos prospectivos imigrantes foram adotadas em proporção aos números da "estatística nacional e linguística" de 1790! Como resultado, quase todos os povos asiáticos e muitos europeus foram excluídos da entrada nos Estados Unidos no período. Novas categorias de "cidadão" e "estrangeiro" foram formuladas com base em noções racistas e a fronteira dos Estados Unidos começou a ser policiada pela primeira vez.

A obsessão, durante a Primeira Guerra, com o "Americanismo 100%" resultou num esforço público e privado para "americanizar" imigrantes. Funcionários públicos, educadores, elites empresarias, igrejas e reformistas sociais lançaram programas para ensinar História dos Estados Unidos, costumes e tradições americanas, bem como inglês, numa tentativa de garantir lealdade política e a rejeição de ideais supostamente estrangeiros como o sindicalismo e o socialismo. O Departamento de Sociologia da Ford Motor Company, por exemplo, investigou as casas dos seus trabalhadores imigrantes para avaliar seus móveis, roupas e culinária para confirmar que alcançassem o "padrão americano". A assistência social, tanto a caridade privada quanto a ajuda governamental, ficou restrita aos "cidadãos" e passou a envolver programas de americanização. Em 1919, a maioria dos estados restringia o ensino das línguas estrangeiras nas escolas públicas.

MUDANÇAS SOCIAIS E DESAFIOS CULTURAIS NOS ANOS 1920

Apesar do abafado clima intelectual e social da década de 1920, as mudanças sociais e econômicas continuaram produzindo protesto social e cultural. Uma geração de escritores desencantados, como John dos Passos, Sinclair Lewis, F. Scott Fitzgerald, Ernest Hemingway e Gertrude Stein, criticou a futilidade da sociedade de consumo, as atitudes repressivas do Estado e das corporações e as francas limitações à liberdade individual e aos direitos sociais no país.

Reações à "sociedade moderna" não vieram somente da esquerda: americanos rurais e religiosos revigoraram a defesa de valores tradicionais. As religiões evangélicas, que insistiram na leitura fundamentalista da *Bíblia*, ganharam bastante apoio em alguns estados como Tennessee, em campanhas antisseculares para, por exemplo, banir o ensino da Teoria da Evolução, de Charles Darwin.

O movimento antialcoólico convenceu o governo federal a proibir por lei, em 1920, a fabricação e venda de álcool (a proibição durou 13 anos), o que acabou fortalecendo o crime organizado e dando origem a um próspero mercado negro.

Uma tenebrosa ramificação da "defesa da tradição" foi o ressurgimento da Ku Klux Klan (KKK). Falida desde o fim da década de 1870, renasceu em 1915, no ambiente chauvinista dos tempos de guerra. Um dos primeiros produtos da nova indústria do cinema, o filme *Nascimento de uma Nação*

(1916), do diretor D. W. Griffiths, glorificou abertamente esse grupo racista. Preocupado primariamente com negros, a KKK ampliou sua mensagem de ódio e violenta intimidação nos anos 1920, denunciando imigrantes (especialmente católicos e judeus) e todas as forças (socialistas e feministas) que ameaçaram a "liberdade individual" e "o jeito americano de viver". Até 1925, o grupo conseguiu recrutar quatro milhões de membros, muitos dos quais mulheres e "cidadãos respeitáveis" dos estados do Norte. Apesar do seu extremismo e posterior declínio no fim da década, o grupo, sem dúvida, refletiu sentimentos nativistas bem enraizados na sociedade americana.

A modernidade na comunidade negra expressou-se numa série de movimentos e tendências políticas radicais nesses anos. Como outros americanos, alguns negros também foram influenciados por ideias como anticolonialismo e solidariedade entre trabalhadores, decorrentes dos movimentos socialistas e da inspiração da Revolução Russa. Em 1919, o movimento "Novo Negro", do socialista Hubert Harrison, visionou a emancipação do afro-americano como um projeto a ser levado a cabo por uma aliança multirracial e militante, ao contrário das campanhas meramente legais da NAACP. Embora os movimentos socialistas no país tenham ignorado ou marginalizado a luta contra o racismo, ideias em favor da sindicalização e da classe trabalhadora podiam ser amplamente encontradas nas páginas da imprensa popular negra.

A decepção diante das traições das promessas do governo americano em favor da autodeterminação e democracia para os oprimidos, depois da Primeira Guerra, impulsionou muitos negros ativistas em direção ao que chamavam de "nacionalismo negro" (*black nationalism*). A Associação Universal para o Melhoramento dos Negros (UNIA em inglês), fundada pelo imigrante jamaicano Marcus Garvey, argumentou que negros precisavam formar um movimento separatista para obter a liberdade. Em 1921, Garvey proclamou:

> Em todo lugar, nós ouvimos o grito de liberdade. [...] Desejamos uma liberdade que vai nos elevar ao padrão de todos os homens [...] liberdade que vai nos dar chance e oportunidade de subir até o ápice pleno da nossa ambição e que nós não conseguimos em países onde outros homens predominam.

O líder negro rejeitou a assimilação como também a aliança com brancos e fomentou orgulho na "raça negra". A UNIA montou uma rede de supermercados e outros negócios tocados por negros e aconselhou afro-americanos a voltarem para África, onde eles poderiam criar uma "nova sociedade". A organização e sua influência perderam força quando Garvey foi condenado por fraude em 1923. Mas o apelo ao "nacionalismo negro" nas cidades do Norte, por alguns anos, mostrou a profundidade dos anseios da população negra por alternativas políticas e teria influência significativa mais tarde em movimentos sociais negros nos Estados Unidos e no Caribe.

Nos anos 1920, o chamado "renascimento do Harlem" – o florescimento da arte e pensamento centralizado em um grupo de escritores, artistas, músicos e intelectuais negros de Nova York – explorou as possibilidades da ação cultural e política por meio de uma consciência positiva das heranças e tradições afro-americanas. Esses artistas inovadores desenvolveram a ideia de que a vida intelectual e artística era capaz de valorizar os afro-americanos, desafiar o racismo e promover políticas progressistas no país. Escritores como Jean Toomer, Zora Neale Hurston, Langston Hughes, James Weldon Johnson e Claude McKay e artistas plásticos como Richard Nugent e Aaron Douglas misturaram feições modernas e tradicionais de expressão artística, resgatando história e tradições da comunidade negra. Inspiraram gerações de artistas e ativistas pelos direitos civis e tiveram influência enorme na cultura afro-americana ao longo de todo o século XX.

CRISE ECONÔMICA

As amplas esperanças da nova era faliram na "Quinta Negra", 24 de outubro de 1929. Nesse dia, a Bolsa de Valores nos Estados Unidos caiu em um terço, dando origem à pior crise econômica na história do capitalismo mundial. Muitos especuladores perderam de uma só vez tudo o que haviam investido. Os jornais reportaram 11 suicídios de investidores de Wall Street. Os efeitos no país como um todo alongaram-se pelos anos seguintes. Até 1932, 5 mil bancos americanos haviam falido, a produção industrial caíra 46%, o Produto Interno Bruto (PIB) diminuíra um terço e os preços, a metade. Falta de dinheiro na economia significava um declínio brusco de poder aquisitivo. Indústrias e comerciantes reduziram preços, produção e, mais importante, emprego. Até 1932, mais de 15 milhões de americanos ou 25% do total da população economicamente ativa ficaram desempregados.

Aquele símbolo potente do capitalismo americano, a Ford Motor Company, que, em 1929, empregava 128 mil trabalhadores, contava com somente 37 mil em agosto de 1931. A taxa de desemprego ficou durante a década inteira no nível de 20%, enquanto um terço da mão de obra nacional também teve horas ou salários reduzidos.

Países capitalistas tinham sofrido depressões econômicas no passado, mas nunca enfrentaram uma crise tão severa, longa, e mundial. O presidente Hoover declarou que a crise era um "incidente temporário" que terminaria em dois meses, mas, três anos depois da crise de 1929, a situação econômica estava pior. A integração da economia mundial significou o alastramento da depressão americana pelo mundo inteiro: no fim de 1932, a produção industrial mundial havia diminuído mais de 33%. De repente, os mercados dos produtos agrícolas dos países em desenvolvimento desapareceram. Drásticas consequências econômicas e políticas foram sentidas tanto em Chicago, Toronto, Londres, Berlim e Paris quanto em Calcutá, Xangai, Cairo, São Paulo e Havana.

Analistas como Alan Brinkley apontam três causas principais para a Grande Depressão. Primeiro, à economia americana nos anos 1920 faltava diversificação. O crescimento econômico dependia desproporcionalmente de poucas indústrias, como a automobilística e a da construção civil. Quando as vendas nesses setores diminuíram, o resto da economia não conseguiu compensar. Segundo, a distribuição altamente desigual da renda significava um mercado de consumo truncado. Terceiro, bancos dependiam de muitos empréstimos feitos por fazendeiros, negociantes e países estrangeiros e, quando a economia tombou, os devedores não conseguiram pagar, causando uma reação em cadeia de falências econômicas. A especulação selvagem na Bolsa de Valores foi a faísca que ateou fogo no barril de pólvora de uma economia fundamentalmente exuberante, mas frágil.

TEMPOS DUROS

Para quem está acostumado com a imagem do típico americano abastado do período pós-Segunda Guerra Mundial é difícil conceber a extrema miséria da Grande Depressão. No campo e na cidade, americanos nunca haviam enfrentado tanta pobreza, choque social e desespero quanto nos anos 1930. O escritor e radialista popular Studs Terkel sagazmente chamou sua História oral da década de *Tempos duros*, uma expressão comum usada pelos sobreviventes para descrever aquela época.

Na memória coletiva da década destaca-se a lembrança da adversidade na América rural. Além de ser abatida pela falência econômica, uma grande área do país sofreu uma seca devastadora. A renda familiar nas pequenas propriedades caiu 60% entre 1929 e 1932 e um terço dos proprietários rurais perderam suas terras. Centenas de milhares migraram para cidades ou empregaram-se nos agronegócios, onde trabalhavam por salários baixíssimos, como os "Okies" do estado de Oklahoma, imortalizados pelo romancista John Steinbeck. Trabalhadores rurais, brancos e negros, perambulavam de cidade em cidade em busca de comida e trabalho, dormindo em acampamentos, enquanto outros "corriam nos trilhos" dos trens de frete, procurando em vão subsistência decente.

Milhares de desempregados fazem fila para receber comida em Nova York, 1930.

Nas cidades industriais, as condições de vida tornaram-se igualmente miseráveis. O desemprego paralisou muitas dessas cidades. No estado de Ohio, em 1932, a taxa de desemprego era de 50% em Cleveland, 60% em Akron e 80% em Toledo. Milhões de solteiros desempregados com rostos magros e roupas puídas caminhavam penosamente pelas ruas de todas as cidades, procurando empregos inexistentes. Muitos foram humilhantemente forçados a pedir ajuda da prefeitura ou do Estado cujos poucos órgãos de assistência não acompanharam a crescente necessidade. Favelas proliferaram nas periferias das cidades do Oeste. Foram chamadas "Hoovervilles", uma ironia ao odiado presidente americano, e constituíram marcas pungentes da paisagem urbana na severidade da Depressão.

Mudou a vida econômica e social das famílias durante a Depressão. Ressurgiu a prática de fabricar roupas, manter hortas, cozinhar e fazer todas as refeições em casa. Para economizar, muitas famílias alugaram quartos ou dividiram casas com parentes e outras famílias. Essas mudanças provocaram tensões na vida familiar. Não podendo conseguir emprego ou forçados a pedir assistência, muitos homens abandonaram suas famílias. Taxas de fecundidade e casamento diminuíram pela primeira vez no país desde os primeiros anos do século xix.

As mulheres padeceram não somente pelas condições econômicas ruins, mas também vítimas dos estereótipos sexuais ligados a seu papel social. Nas fábricas, muitas perderam trabalho para os homens, aos quais foi dada prioridade nas poucas vagas existentes. Mesmo assim, em 1939, 25% mais mulheres estavam trabalhando do que em 1930, primariamente porque tinham que contribuir com a economia familiar e também porque os empregos femininos – professoras, funcionárias de lojas e secretárias – foram menos abalados pela Depressão do que os da indústria pesada.

Os negros sofreram mais, frequentemente expulsos das suas terras no Sul e tratados com indiferença nos melhores casos e aberta hostilidade racial nos piores. No Sul, a grande migração continuou, com quatrocentos mil saindo para as cidades do Norte. Nas cidades nortistas, porém, sua taxa de desemprego era de 50%. Brancos desempregados começaram preencher as vagas de faxineiros e porteiros, anteriormente reservadas aos negros. Em 1932, mais de dois milhões de negros estavam recebendo alguma forma de assistência social estatal.

Ocorreu desemprego massivo de mulheres negras, pois sua principal fonte de trabalho minguou quando a classe média deixou de servir-se de trabalhadores domésticos. Entretanto, bem mais acostumadas a trabalhar fora de casa que as mulheres brancas, 38% das negras estavam empregadas em 1939 comparado a 24% das mulheres brancas. No Harlem, apartamentos e casas foram superlotados com a mais alta taxa de densidade populacional na cidade de Nova York. Candidatas ao emprego de doméstica se reuniam em grupos nas esquinas – conhecidas como "mercados de escravos" –, esperando ser contratadas pelas famílias brancas. A prostituição tornou-se uma das poucas opções para algumas mulheres negras.

Certos grupos imigrantes continuaram sentindo os preconceitos raciais profundamente enraizados na sociedade americana. Já enfrentando segregação informal e pouca mobilidade social e econômica, imigrantes e americanos de ascendência latino-americana (a vasta maioria mexicana) e asiática (chineses, japoneses, filipinos e coreanos) foram pressionados a ceder seus empregos para brancos desempregados na Costa Oeste e no Sudoeste. Governos federais, estaduais e municipais implementaram um programa de "Repatriação Mexicana" que ilegalmente deportou ou "voluntariamente repatriou" quinhentas mil pessoas de ascendência mexicana entre 1930-1934, a maioria cidadãos americanos. As autoridades de imigração, conta a historiadora Vicki Ruiz, escolheram mexicanos por serem de país fronteiriço, etnicamente distintos e viverem em bairros facilmente identificáveis.

O *NEW DEAL* DE FRANKLIN DELANO ROOSEVELT

A Depressão confundiu completamente a liderança política dos Estados Unidos. O presidente Hoover e o Congresso, controlado pelos republicanos, tomaram algumas medidas moderadas que tiveram pouco impacto dado o tamanho da crise. Logo, o público se convenceu de que Hoover não se importava muito com seus problemas, o que foi confirmado em 1932 quando ele mandou tropas, lideradas pelos futuros heróis de guerra, general Douglas MacArthur, George S. Patton e futuro presidente Dwight Eisenhower, extinguirem um protesto de veteranos militares em Washington, matando três manifestantes e ferindo centenas.

O candidato do Partido Democrata à presidência, Franklin Delano Roosevelt, ganhou as eleições de 1932 com a promessa de restaurar a confiança na economia e sociedade. Roosevelt era um político sagaz que constantemente invocava a retórica da liberdade do povo comum e mudava suas políticas conforme o ânimo da nação. Quando veteranos manifestaram-se em Washington durante seu governo, ele pessoalmente recebeu seus líderes com cafezinho e conversa amistosa. Como faziam os políticos no mundo inteiro na época, fossem os socialdemocratas da Europa, os stalinistas da Rússia ou os populistas da América Latina, Roosevelt reconheceu que a intervenção estatal massiva era necessária para salvar o sistema econômico e aliviar o conflito social.

Em 1933 e 1934, Roosevelt lançou o primeiro *New Deal* – um pacote de reformas para promover a recuperação industrial e agrícola, regular o sistema financeiro e providenciar mais assistência social e obras públicas. O principal órgão público criado pelas reformas, a Administração da Recuperação

Nacional (NRA em inglês), foi desenhado para controlar a economia por meio de uma série de acordos entre empresários, trabalhadores e o governo, estabelecendo limites para os preços, salários e competição. Programas de planejamento regional, obras públicas e subsídios à construção civil tentaram animar a economia enquanto diversos esquemas de previdência e empregos públicos foram implementados para mitigar o desemprego.

Esse empenho de Roosevelt logo se enfraqueceu: os novos órgãos públicos mostraram-se ineficientes, a economia piorou e desafios significativos foram levantados pela esquerda e por organizações populistas, como a do senador Huey J. Long, de Louisiana, que propôs um programa radical de redistribuição de riqueza. Como resposta política, Roosevelt também radicalizou, lançando o segundo *New Deal*, em 1935, com programas ampliados de assistência social emergencial, impostos sobre fortunas privadas, um sistema de relações industriais que incentivou a sindicalização e a previdência social para os desempregados, crianças, deficientes e aposentados. Três anos depois, legislação foi estabelecida para construir habitação pública, garantir um salário mínimo e limitar a jornada de trabalho. Inteligentemente usando os meios da propaganda política, apelando aos sentimentos de justiça social e fazendo alianças com políticos regionais, sindicatos, intelectuais e muitos imigrantes, Roosevelt e o Partido Democrata construíram um programa político que duraria duas gerações.

Comparado aos estados de bem-estar dos países socialdemocratas da Europa, o *New Deal* de Roosevelt foi modesto. Não recuperou a economia (a Segunda Guerra Mundial o fez) nem redistribuiu renda, mas trouxe em alguma medida segurança econômica para muita gente, transformando as relações entre cidadãos e o Estado por meio da garantia de uma mínima qualidade de vida e proteção social contra adversidades. Imigrantes e sindicatos participaram pela primeira vez na cena política nacional (garantindo o seu apoio ao Partido Democrata até os dias de hoje), americanos rurais receberam novos serviços públicos como eletricidade e os mais pobres, inclusive negros, beneficiaram-se da previdência emergencial. Depois de anos de miséria econômica, muitos americanos ganharam um senso de confiança e progresso.

Mas as limitações do governo Roosevelt foram tão acentuadas quanto os sucessos. Apesar de esforços dos sindicatos, socialistas, feministas e organizações negras, o sistema geral da seguridade social (aposentadoria, seguro desemprego e salário mínimo) não foi universal, sendo diretamente relacionado ao emprego assalariado formal urbano, excluindo muitas mulheres e negros que trabalhavam como empregados domésticos ou no campo. A administração de Roosevelt aceitou muitas das normas raciais da época, por exemplo, segregando abertamente os conjuntos habitacionais. A dependência eleitoral de Roosevelt dos políticos racistas do Sul resultou na derrota de iniciativas contra a discriminação racial e na confinação de trabalhadores e trabalhadoras não brancos nas alas menos generosas e mais vulneráveis do estado do bem-estar.

CULTURA DO PROTESTO: "A RESPOSTA DE BAIXO"

A década de 1930 é frequentemente chamada a "Década Vermelha" e por boas razões. Os esforços persistentes de sindicalistas e radicais, especialmente o Partido Comunista dos Estados Unidos (CPUSA), inspiraram grande parte da população, empurrando a agenda reformista de Roosevelt mais para a esquerda. A crescente influência de intelectuais e artistas de esquerda, evidente em muitos países da Europa e também na América Latina, foi uma expressão do desejo de muitas pessoas por uma alternativa aos horrores da crise econômica.

Nos primeiros anos da Depressão, o desespero dominava grande parte da classe trabalhadora. Muitos desempregados simplesmente se resignaram à crise econômica. Alguns sindicatos e movimentos sociais organizaram esquemas de autoajuda como os pescadores em Seattle e os mineiros de carvão na Pensilvânia, que compartilharam comida e outros serviços entre seus membros e a comunidade. Outros fizeram protestos espontâneos por reivindicações imediatas tais como pequenos proprietários defendendo suas terras, máquinas e casas da expropriação pelos bancos ou desempregados que se manifestaram por emprego e assistência social. O livro de 1933 *Sementes da revolta*, de Mauritz Hallgren, documenta em detalhe centenas desses protestos bravos e desorganizados.

Sem ou com participação de partidos comunistas, os protestos dos desempregados urbanos, pequenos proprietários e trabalhadores rurais nos primeiros anos da Depressão foram importantes para o aumento da confiança da classe trabalhadora e o treinamento de ativistas. Mas não representavam um desafio grande aos governantes locais, estaduais e federais, que, frequentemente, reprimiram as manifestações com violência. Sindicalização em massa foi uma outra história.

Houve poucas greves nos três primeiros desolados anos da crise. Isso mudou espetacularmente em 1934: greves enormes sob a liderança da base e socialistas e comunistas em São Francisco (estivadores), Mineápolis (caminhoneiros) e Toledo (metalúrgicos) obtiveram ganhos impressionantes que inspiraram operários na nação como um todo. Encorajados por essas vitórias, pelos esforços dos movimentos dos empregados, a organização sindical dos comunistas e as promessas de reforma do governo Roosevelt, centenas de milhares de trabalhadores em setores antes ignorados pelo movimento sindical conservador representado pela AFL – fábricas de automóveis, aço, borracha, frigoríficos e muitas outras – sindicalizaram-se em massa no período 1934-39. Até 1939, sindicatos haviam dobrado seus números, abarcando 20,7% da mão de obra nacional.

O Congresso de Organizações Industriais (CIO), uma central sindical alternativa, surgiu para coordenar as campanhas de organização, mas as ondas de greve e outras mobilizações foram de fato animadas e organizadas pela base em 1934-36. Refletindo impulsos mais amplos da sociedade, o CIO levou à frente um programa ambicioso para um estado de bem estar universal. Comunistas tornaram-se líderes importantes nesse novo sindicalismo, ampliando a agenda sindical às lutas contra a discriminação racial e sexual. Agitadores e organizadores desses sindicatos capturaram atenção dos trabalhadores no país com sua mensagem de que a igualdade política significava pouco sem "liberdade" no trabalho. "Nós somos americanos livres", declarou um organizador do CIO nas usinas de aço. "Nós vamos exercer nosso direito fundamental de organizar um grande sindicato industrial."

Depois da revolta inicial de 1934-1936, porém, as tendências burocráticas e antidemocráticas evidentes nos sindicatos do AFL apareceram também no CIO. A liderança estabeleceu uma aliança com o Partido Democrata que acabou refreando a militância sindical. Roosevelt apreciou a adesão do CIO ao *New Deal*, mas não era um amigo confiável dos sindicatos, pois seu projeto também dependia do apoio dos empresários. Em 1937, uma greve do CIO, com o objetivo de sindicalizar todas as usinas de aço no país, foi derrubada pelas antigas táticas de violência e repressão por parte das empresas e do Estado, inclusive dos governadores democratas. Dezoito trabalhadores morreram, centenas ficaram feridos e centenas foram presos. No fim dos anos 1930, os líderes sindicais, inclusive comunistas fiéis à Frente Popular, frequentemente inclinaram-se à política de colaboração com as empresas e ao controle burocrático "de cima", submetendo-se à aliança com os democratas a qualquer custo.

O impacto da crise econômica e as novas alternativas políticas chegaram a influenciar muito a indústria cultural, como o cinema. Os populares "filmes de *gangster*" relataram o desolado pano de fundo da vida na Depressão, com seus políticos corruptos e sua miséria econômica. As "comédias" dos Irmãos Marx e as estreladas por Mae West ridicularizaram instituições tradicionais e convenções sociais e sexuais da classe média. Alguns "dramas", como *O pão nosso,* de King Vidor (1932), e *As vinhas da ira,* de John Ford (1939), abertamente se engajaram na crítica social bem como as "sátiras" de Charlie Chaplin, como *Tempos modernos* (1936). Tais explorações culturais provocaram bastante protesto de grupos religiosos e políticos conservadores, forçando os chefes de estúdios a censurarem suas produções.

Conscientemente, na segunda metade da década, os diretores de programas de rádio e filmes de Hollywood concentraram-se no "escapismo", usando humor e "histórias leves" para distrair as pessoas das atribulações da Depressão e lembrá-las das possibilidades de prosperidade na "América livre". Foi a época dos primeiros filmes de animação de Walt Disney, da exaltação cinematográfica à polícia e ao FBI, dos populares musicais e da honestidade da "América caipira" relatada em *Mr. Smith vai para Washington,* do diretor Frank Capra. O mundo hollywoodiano da fantasia cultivava a crença nas possibilidades de sucesso individual, na capacidade do governo em proteger cidadãos contra o crime e numa visão da América como uma sociedade sem classes.

A gravidade da crise econômica e os crescentes questionamentos políticos e sociais também foram refletidos em outras ofertas culturais da época. Jornalistas e escritores exploraram o tema da vida dos desempregados e dos pobres rurais e sua luta por sobrevivência e dignidade. A Administração das Obras Públicas (WPA) do governo Roosevelt contratou fotógrafos, musicólogos, atores, artistas plásticos, coreógrafos e músicos para documentar e dar expressão à diversidade do povo americano e suas tradições comuns, resultando em projetos inovadores, tais como as fotografias dos pobres migrantes e trabalhadores rurais feitas por Dorothea Lange e Walker Evans, o "teatro do povo", que novamente descobriu os setores humildes da população, seus costumes e preocupações, e as canções e atuações de Paul Robeson, o grande cantor e ator negro e comunista, que louvou a cultura dos afro-americanos em teatros, musicais e ópera. O historiador Eric Foner argumenta que a ideologia de liberdade e o sonho americano foram reconstituídos em formas radicais nesse ambiente cultural: o radicalismo econômico, social e cultural definiu o verdadeiro "americanismo"; a diversidade étnica e cultural foi elogiada como tradição essencial ao espírito do país; e "o jeito americano de viver" passou a significar sindicalismo e "cidadania social" e não a "desenfreada busca pela fortuna". Apesar da sua popularidade no período, a identificação cômoda da esquerda com o "nacionalismo americano" resultaria, mais tarde, em complicações quando o Estado americano passou a atacar frontalmente essa mesma esquerda.

"BOA VIZINHANÇA" E SEGUNDA GUERRA MUNDIAL

Sob os presidentes Hoover e Roosevelt foi implementada a Política da Boa Vizinhança, que pretendia pôr fim às abertas intervenções militares na América Latina em favor de relações econômicas mais estreitas. Oficialmente, Roosevelt e seus militares eram bem menos belicosos com relação aos países latino-americanos: diferentemente do seu tio, Theodore, Franklin Roosevelt nunca tratou os latino-americanos com a expressão pejorativa de *dagos* (vagabundos). Apesar de promover algumas retiradas de tropas, de revogar a Emenda Platt da Constituição Cubana, de acomodar-se ante a nacionalização da indústria petrolífera no México e de tratar com mais respeito público as sensibilidades latino-americanas, os Estados Unidos apoiaram os ditadores Batista (em Cuba), Trujillo (na República Dominicana) e a dinastia Somoza (na Nicarágua).

De 1926 a 1933, tropas americanas ocuparam a Nicarágua para combater a insurgência liderada por Augusto Sandino. Antes de deixar o país, estabeleceram a Guarda Nacional, uma força militar bem treinada e leal aos Estados Unidos. O líder da Guarda Nacional, Antonio Somoza, tomou o poder em 1936 e manteve, com seus filhos, uma ditadura que durou até 1979.

Roosevelt assinou vários acordos comerciais com países latino-americanos e os investimentos dos Estados Unidos na região triplicaram entre 1934 e 1941, aumentando sua influência política por meio do controle econômico. Preocupado com a crescente possibilidade de guerra na Europa e Ásia, Roosevelt também aumentou relações formais com os militares latino-americanos e montou os primeiros esquemas de ajuda financeira na área de desenvolvimento social e cultural, visando ao apoio dos países latino-americanos no caso de guerra.

Mas foram a Europa e o Japão o que mais preocupou os Estados Unidos na década de 1930. Os numerosos laços históricos, culturais e econômicos com a Inglaterra e a França e as ameaças do Japão aos interesses econômicos do país no Pacífico resultaram em crescente preparação para a guerra por parte dos Estados Unidos. O *New Deal* tinha proporcionado estabilidade social no país, mas não sua plena recuperação econômica. A entrada dos Estados Unidos na Segunda Guerra Mundial eclipsaria as políticas domésticas de reforma, trazendo mobilização total, emprego pleno e novas agitações sociais e políticas relacionadas à definição da liberdade e ao sonho americano.

A SEGUNDA GUERRA
E OS EUA COMO "WORLD COP"

A Segunda Guerra Mundial é comumente vista nos Estados Unidos como uma boa guerra do povo contra o fascismo. Certamente, a propaganda utilizada pelo governo fez uso extenso da corajosa luta pela liberdade contra os horrores do nazismo e do militarismo japonês. Mas é preciso separar os motivos dos governos das Forças Aliadas (principalmente, a Inglaterra, a União Soviética e os Estados Unidos), o conduto da guerra e suas consequências, do genuíno ódio pelo fascismo que milhões de americanos demonstraram. O historiador e veterano dessa guerra Howard Zinn pergunta: A guerra foi uma derrota do imperialismo, racismo e militarismo no mundo? O comportamento dos Estados Unidos na condução da guerra e no tratamento de minorias nos Estados Unidos foi justo? As políticas domésticas e externas do período pós-guerra exemplificaram os valores de democracia e justiça social pelos quais milhões haviam lutado na guerra?

Essas questões são essenciais na análise da enorme mobilização feita pelos Estados Unidos na Segunda Guerra Mundial. O país lutou nas duas frentes, da Europa e do Pacífico, perdendo 322 mil combatentes e recebendo 800 mil feridos. O apoio da população à guerra foi quase absoluto, inclusive do CPUSA (Partido Comunista), que trocou de lado quando Hitler invadiu a União Soviética.

A guerra pôs fim à Depressão e ao desemprego, dobrando o PIB do país em quatro anos. Transformou as vidas de muitos trabalhadores, mulheres, imigrantes e negros. O pleno emprego e as mudanças sociais dos anos da guerra criaram espaços sociais e políticos nos quais minorias e mulheres puderam avançar suas lutas pela igualdade e cidadania. Por outro lado, os ganhos sociais e econômicos da guerra foram limitados e eventualmente enfraquecidos no consenso pós-guerra. O patriotismo estrito, fomentado em tempos de guerra, e os preconceitos raciais, há muito existentes, resultaram em violações contínuas de direitos civis, especialmente contra negros e a população nipo-americana.

Os Estados Unidos saíram da guerra como líder militar e econômico do mundo. A economia do país passou a ser controlada mais do que nunca pelas grandes corporações que moldaram um consenso político nos anos 1950, garantindo melhores salários para muitos trabalhadores em troca do controle conservador da economia e sociedade. Esse acordo foi baseado numa política fortemente anticomunista, que levou o país a uma guerra "fria" contra ameaças "radicais" além-mar e dentro das fronteiras nacionais. No entanto, sobreviveram vozes alternativas deplorando a conformidade social e cultural, a falta de direitos civis e os limites da afluência econômica.

GUERRA TOTAL NA EUROPA E ÁSIA

A segurança nacional e considerações imperialistas guiaram a política externa dos Estados Unidos nos anos 1930 e 1940. A invasão italiana da Etiópia (em 1935), a Guerra Civil Espanhola (de 1936 a 1939), na qual cidadãos americanos foram proibidos por seu governo de lutar no lado republicano, a tomada da Áustria (em 1938) e as invasões da Polônia e da Tchecoslováquia por Hitler (em 1939) – nenhum desses eventos provocou a entrada dos Estados Unidos na guerra.

Foi a briga entre os impérios do Pacífico que garantiu a participação dos Estados Unidos no conflito mundial. Convencido de que a única opção econômica do país era a expansão territorial, o Japão invadiu a China no fim dos anos 1930 e começou a expandir-se pelas colônias francesas, holandesas e inglesas no Sudeste da Ásia, procurando matérias-primas, novos mercados e mão de obra barata. Os Estados Unidos, que controlavam as Filipinas e várias ilhas no oceano Pacífico, tinham motivos semelhantes para manter uma forte presença na região. Ao longo de 1940 e 1941, os dois poderes imperiais não conseguiram entrar em acordo sobre suas respectivas esferas de influência. No dia 7 de dezembro de 1941, a Força Área Japonesa fez um ataque surpresa à principal base naval dos Estados Unidos, situada em Pearl Harbour, no Havaí, danificando severamente a frota norte-americana no

Pacífico. No dia seguinte, o Congresso Americano declarou guerra contra o Japão e, três dias depois, os aliados do Japão, Alemanha e Itália, declaram guerra contra os Estados Unidos.

No entanto, o governo Roosevelt estava se preparando para a guerra há três anos, apesar da oposição de alguns elementos das elites econômicas e políticas. De fato, poucos políticos se preocupavam com as perseguições políticas de Hitler. Alguns eminentes americanos como o industrial Henry Ford, o famoso aviador Charles Lindbergh e o embaixador dos Estados Unidos na Inglaterra, Joseph Kennedy, pai do futuro presidente JFK, abertamente simpatizavam com aspectos do regime nazista. Mas Roosevelt e a maioria da elite reconheceram que o expansionismo da Alemanha e do Japão representaria uma perigosa ameaça aos interesses econômicos americanos.

O desejo de aumentar seu império informal moldou as decisões de Roosevelt com relação à guerra. Não havia dúvida de que os Estados Unidos apoiariam a Inglaterra e a França, mas como e de quanto seria a ajuda ainda tinha que ser resolvido. Começando em 1940, o governo americano diversas vezes emprestou dinheiro e armas à Inglaterra abalada por fortes ataques aéreos alemães. Mas a ajuda teve um preço alto: as autoridades americanas sacaram da Inglaterra as reservas de ouro e seus investimentos estrangeiros e restringiram exportações inglesas no mundo inteiro. Negociantes americanos expandiram sua presença em mercados antigamente controlados pelos ingleses. Reclamou mais tarde o ministro de Relações Externas do Reino Unido, Anthony Eden, que os americanos esperavam que as colônias "logo que libertadas dos seus senhores, fossem dependentes econômica e politicamente dos Estados Unidos".

Os Aliados tinham algumas vantagens decisivas diante de seus inimigos. As forças armadas conjuntas dos Estados Unidos, Inglaterra, Rússia e seus parceiros tinham clara superioridade numérica, além de recursos naturais quase ilimitados e capacidade industrial relevante situados nos Estados Unidos e Canadá, países distantes das frentes de batalha. Os Aliados também eram vistos como libertadores pelas populações ocupadas pela Alemanha e pelo Japão, desfrutando de apoio crucial dos movimentos de resistência na Europa e na Ásia.

Mesmo assim, "guerra total" foi necessária para vencer as formidáveis forças da Alemanha e do Japão. Dezoito milhões de americanos se alistaram nas Forças Armadas e dez milhões serviram fora do país. A guerra envolveu campanhas massivas por territórios, tais como as batalhas na África do Norte (1942-1943), Sicília (1943), França (1944), ilhas do Pacífico (1943-1945) e, finalmente, na Alemanha (1945).

Novas teorias de guerra foram desenvolvidas e testadas. Na Europa e Japão, a "doutrina da ofensiva aérea estratégica", por exemplo, foi usada para bombardear cidades inteiras, incluindo fábricas e bairros residenciais, visando a enfraquecer o moral do inimigo. Roosevelt condenou os ataques aéreos dos alemães e italianos na Etiópia, Espanha, Holanda e Inglaterra como o "barbarismo inumano que profundamente chocou a consciência da humanidade". Os bombardeios incendiários das cidades alemãs e japonesas pelos Aliados em 1944-1945, no entanto, foram igualmente brutais.

O ataque da força área inglesa, canadense e americana contra a cidade de Dresden na Alemanha nos dias 13 a 15 de fevereiro de 1945, por exemplo, matou mais de 30 mil pessoas. Esse tipo de ataque "convencional" contra 64 cidades japonesas em 1945 matou mais civis no total do que as duas bombas atômicas. Um assalto de 334 aviões americanos contra Tóquio, nos dias 9 e 10 de março de 1945, massacrou 100 mil pessoas e incinerou 41 quilômetros quadrados da cidade. O general da Força Área Americana Curtis LeMay falou depois da guerra: "Acho que se nós tivéssemos perdido, eu seria julgado como criminoso de guerra".

A decisão de Harry Truman, que se tornou presidente depois da morte de Roosevelt em abril de 1945, de lançar duas bombas atômicas contra as cidades japonesas de Hiroxima e Nagasaki é o mais controverso ato militar da guerra. A análise convencional sustenta que a decisão de usar armas atômicas era justificada, pois os japoneses não iriam se render e essa era a única forma de acabar com a guerra mais rapidamente e com o menor número de baixas pelo lado americano. Alguns historiadores, porém, argumentam que havia sinais de que os japoneses queriam terminar o conflito e que os ataques atômicos contra o Japão pretenderam proclamar ao mundo que os Estados Unidos eram a maior potência militar do planeta. As bombas atômicas, nas palavras do físico inglês P. M. S. Blackett, em 1948, foram "não tanto o último ato militar da Segunda Guerra Mundial quanto a primeira grande operação da Guerra Fria diplomática com a Rússia". Qualquer que seja a interpretação mais persuasiva, o uso de armas atômicas introduziria um novo elemento perigoso nas relações internacionais do pós-guerra.

A falta de ajuda às vítimas do Holocausto também é uma das falhas morais mais penosas da Segunda Guerra Mundial. Antes e durante a guerra, os Estados Unidos e muito outros países aliados recusaram-se a abrir suas portas à imigração de judeus que fugiam da opressão, sem falar de sindicalistas, socialistas, deficientes físicos, ciganos, lésbicas, gays e outros, que eram sistematicamente perseguidos pelos nazistas. Quando a forte evidência do extermínio em massa de judeus foi divulgada em 1943, a mídia e o governo americano em grande parte ignoraram esse horrível acontecimento, refletindo um amplo antissemitismo existente na sociedade como um todo. Grupos judeus, pessoas de esquerda e militantes dos direitos civis pressionaram o governo para facilitar a imigração de refugiados do nazismo e sugeriram que o governo americano bombardeasse as linhas de trem que levavam judeus e outros prisioneiros aos campos de extermínio na Polônia, mas essas sugestões foram constantemente vetadas como desvios aos objetivos militares dos Aliados. Se era de fato uma guerra genuína contra o fascismo, por que as vítimas principais do nazismo não tiveram prioridade na estratégia militar dos Aliados?

Os Estados Unidos e a União Soviética emergiram da guerra como os grandes vencedores. A grande maioria dos povos do mundo opôs-se ao fascismo e militarismo da Alemanha nazista e do Japão, mas forças americanas de ocupação na Europa e Ásia conscientemente trabalharam com antigas elites para restabelecer muitos aspectos antidemocráticos e conservadores da velha ordem, ajudando os novos governos a reprimir iniciativas radicais, como, por exemplo, suprimindo sindicatos e reprimindo comunistas no Japão nos anos 1940 e 1950. Os impérios coloniais e informais da França, Inglaterra e dos Estados Unidos, é claro, foram mantidos.

GUERRA TOTAL NOS ESTADOS UNIDOS

A luta contra as potências do Eixo demandou uma mobilização ideológica e econômica total dentro dos Estados Unidos. Nos primeiros meses depois do ataque contra Pearl Harbour, a febre patriótica estava em alta. Milhões de jovens homens e mulheres alistaram-se nas Forças Armadas. Um apelo por trabalhadores da defesa civil rendeu 12 milhões de voluntários e a população aceitou com certa docilidade o racionamento de comida e produtos essenciais. Vinte e cinco milhões compraram títulos do governo usados para financiar a guerra. Muitos americanos acreditavam que realmente era uma guerra do povo.

Mas o sacrifício exigido pela guerra precisava ser reforçado por ações do governo. A primeira tarefa era esmagar qualquer oposição. O Ato Smith, estabelecido em 1940 em preparação para a participação no conflito,

Neste cartaz, desenhado por ocasião da Primeira Guerra Mundial, o Tio Sam conclama os americanos a se alistarem no exército. O mesmo cartaz foi também amplamente usado na Segunda Guerra Mundial.

criminalizou qualquer oposição à guerra bem como a advocacia de doutrinas revolucionárias. Socialistas, pacifistas, dissidentes religiosos, bem como as dezenas de milhares que se recusaram ao serviço militar obrigatório, enfrentaram forte perseguição. Em 1941, o governo condenou 18 militantes trotskistas por suas atividades contra a guerra e suas ideias revolucionárias. O CPUSA ativamente apoiou o julgamento, porém, depois da guerra, foi vítima da mesma legislação, usada para persegui-lo.

O objetivo mais importante era convencer a todos da justiça fundamental da participação no conflito mundial. Roosevelt expressou publicamente os objetivos da guerra na ideia da defesa das "quatro liberdades": expressão, religião, segurança econômica e democracia. Apesar da natureza e dos limites dessas liberdades serem definidos de forma bastante vaga, a ideia foi utilizada para ganhar apoio para a guerra. O Escritório de Informação da Guerra, fundado em 1942 para mobilizar a opinião pública, lançou uma campanha ampla de propaganda, empregando a imprensa, o rádio, o cinema e outras mídias para incitar a mobilização econômica, social e cultural. A indústria cultural juntou-se aos esforços em favor dos Aliados. "Tio Joe" Stalin tornou-se um ícone popular nos quadrinhos e em Hollywood.

De 1941 a 1945, o governo federal dos Estados Unidos gastou US$321 bilhões, o dobro do que havia sido gasto nos 150 anos anteriores e dez vezes os custos da Primeira Guerra Mundial. Uma serie de órgãos reguladores foi montada já no primeiro ano da guerra para supervisionar produção, distribuição e relações industriais. O sistema de seguridade social permaneceu, mas as agências mais inovadoras do *New Deal*, inclusive a WPA, foram abolidas. Numa tentativa de ganhar a adesão do empresariado, Roosevelt ofereceu amplos incentivos às grandes corporações – empréstimos a juros baixos, concessões em impostos, contratos sem risco – para gerar produção, resultando em espantosos lucros e mais concentração de riqueza e poder econômico até o fim da guerra. Os lucros das corporações cresceram de US$ 6,4 bilhões, em 1940, para US$ 10,8 bilhões em 1944.

As grandes empresas, cada vez mais no controle da economia de guerra, e seus aliados na mídia e na política contestaram com sucesso muitos dos direitos econômicos e sociais prometidos nos anos 1930. Roosevelt sinalizou em 1943 que a guerra era mais importante do que qualquer reforma socioeconômica. O "liberalismo" do Partido Democrata veio a ser definido durante a guerra não como a reforma radical das instituições do capitalismo americano, desejada pelos movimentos sociais dos anos 1930, mas sim como um programa de gastos públicos e política fiscal para garantir emprego pleno, mínima previdência social e consumo em massa sem que afetassem as prerrogativas das grandes empresas e seu controle econômico do país. A campanha de Roosevelt pela reeleição em 1944 ofereceu algumas reformas econômicas populares, mas as vitórias dos republicanos, no Congresso e no Senado, bem como o ambiente conservador do pós-guerra puseram fim às esperanças de mudanças mais profundas acalentadas por socialdemocratas e radicais.

Se o idealismo dos anos 1930 foi truncado pelas necessidades da guerra definidas pelas elites, a guerra também criou condições para ganhos econômicos e avanços do impulso reformista entre a classe trabalhadora. Controle de preços, pleno emprego e a ação dos sindicatos aumentaram a renda familiar mais do que em qualquer outro período no século xx. Em troca do apoio dos sindicalistas ao esforço de guerra, ou seja, a garantia de não fazerem greves, o governo apoiou oficialmente campanhas de sindicalização. Isso resultou num aumento de 33% da proporção de sindicalizados em relação à mão de obra nacional não agrícola, o mais alto nível na história. Entretanto, apesar do acordo de não parar a produção, intensamente apoiado pelo CPUSA, houve 15 mil greves durante a guerra por melhorias salariais e de condições de trabalho, frequentemente contra empresas com políticas antissindicalistas, envolvendo quase 7 milhões de trabalhadores.

Mulheres, negros e imigrantes também gozaram de algumas melhorias. Apesar de durar pouco e não desafiar fundamentalmente as noções discriminatórias de gênero existentes, a guerra aumentou o número de mulheres trabalhando em 60%, dando em alguma medida independência econômica a essas "combatentes sem armas", nas palavras de um cartaz de propaganda do governo. Algumas feministas contabilizam a atuação das americanas em tempos de guerra como um grande ganho simbólico.

Afro-americanos continuaram migrando para as cidades do Norte a procura de trabalho na indústria de guerra.

A demanda por mão de obra atraiu milhares de mexicanos para o Oeste, mas também, pela primeira vez, para as cidades industriais de Chicago, Nova York e Detroit.

A chance de conseguir um emprego estável e bem pago na indústria representou um ganho significativo para mulheres e minorias, dando confiança às campanhas pelos direitos civis e contra a discriminação.

A experiência da guerra ampliou o desejo de mulheres, imigrantes e negros por mais igualdade e liberdade. Em alguns sindicatos, mulheres de fato conseguiram avanços nas questões da paridade salarial, creches e licença maternidade, estabelecendo precedentes para sua luta contra o machismo nas décadas seguintes. O pluralismo étnico promovido durante os anos 1930 para inclusão dos imigrantes brancos da Europa do Sul e Leste (com a exceção de alemães e italianos) foi continuado durante a Guerra: o preconceito étnico foi visto como uma ameaça à unidade requerida pela guerra e a diversidade étnica tornou-se parte essencial de uma nova definição do americanismo. Sindicalistas negros, como A. Philip Randolph, e os ativistas no Congresso pela Igualdade Racial (CORE), grupo fundado em 1942 como uma alternativa mais radical à NAACP, promoveram manifestações para pressionar o governo federal a investigar práticas de discriminação racial nas indústrias de guerra. Muitas indústrias foram forçadas a contratar negros e rever classificações ocupacionais discriminatórias.

As atitudes raciais do governo e da sociedade, porém, mudavam lentamente e, frequentemente, ressurgiam as antigas tensões violentas. Discriminação e, às vezes, violência física eram realidades enfrentadas pelos novos imigrantes mexicanos, como no motim racista em junho de 1943, em Los Angeles, mas novamente foram os negros a sofrerem mais com o racismo. As Forças Armadas permaneceram quase totalmente marcadas pela segregação mesmo com 700 mil negros alistados. Não menos de 242 motins raciais, provocados por tensões econômicas e sociais relativas a emprego e moradia, explodiram em 47 cidades em 1943, inclusive Detroit, onde 34 pessoas (25 negros e nove brancos) morreram e 700 ficaram feridas. "O Norte não existe mais" – lamentou uma senhora negra chorando depois dos eventos terríveis na cidade – "tudo agora é o Sul".

A hipocrisia racial atingiu um pico com o tratamento dado aos nipo-americanos. Investigações dos serviços de inteligência confirmaram que a comunidade de ascendência japonesa, 75% dos quais detinham cidadania, não representava nenhuma ameaça à condução da guerra. A histeria antijaponesa, expressa no refrão popular "O único 'japa' bom é o 'japa' morto", contudo, resultou numa política de perseguição em massa com o apoio de quase toda a população. Nenhum grupo significativo, mesmo o CPUSA ou organizações pelas liberdades civis, protestou quando Roosevelt assinou uma ordem executiva em fevereiro de 1942 mandando o exército prender todos os 110 mil nipo-americanos na Costa Oeste. Perdendo seus negócios, casas e bens, eles ficaram em campos de prisioneiros no interior pelo tempo que durou a guerra, sem direitos democráticos, justamente os direitos pelos quais a guerra havia sido travada.

Jovens esperando a inspeção de bagagem num "Centro de Assembleia" em Turlok, Califórnia. A imagem mostra o deslocamento compulsório de americanos de ascendência japonesa para campos de prisioneiros no interior durante a Segunda Guerra Mundial.

PLANEJANDO A ORDEM PÓS-GUERRA E A GUERRA FRIA

Os Estados Unidos saíram da Segunda Guerra Mundial como a mais poderosa nação da terra. Suas forças armadas ocuparam o Japão e uma grande parte da Europa Ocidental. Além disso, muitas bases militares estabelecidas em países aliados durante a guerra ficaram intactas. Economicamente, os Estados Unidos detinham a maioria do capital de investimento, produção industrial e exportações no mundo, controlando até dois terços do comércio mundial, enquanto grandes partes da Europa e Ásia estavam devastadas.

Crescimento econômico contínuo exigia estabilidade política nacional e internacional. O governo democrata chefiado por Truman (1945-1952), sob a pressão dos seus partidários do Sul, dos republicanos, e do empresariado, abandonou suas intenções de empreender mais reformas sociais, favorecendo uma aliança entre empresas, governo e Forças Armadas com concessões limitadas à classe trabalhadora. Comentou Charles E. Wilson, presidente da General Motors, que o melhor cenário seria uma "economia permanente de guerra".

O número de beneficiados da seguridade social existente aumentou nos anos 1950, mas outros avanços econômicos foram bloqueados. A crescente preocupação com a ameaça da União Soviética manteve alto o orçamento militar, enquanto reformas – como um plano de saúde nacional e mais habitação pública – foram derrubadas no Congresso, sob a pecha de socialistas. O bloco radical-liberal do *New Deal* acabou definitivamente quando o Ato Taft-Hartley, de 1947, enfraqueceu vários direitos de sindicatos, inclusive impondo um juramento de lealdade contra o comunismo a todos os sindicalistas, resultando na expulsão do CIO de numerosos filiados e de 11 sindicatos (liderados pelos comunistas) inteiros, num total de quase um milhão de trabalhadores.

Na cena internacional, a Organização das Nações Unidas (ONU), fundada em 1944, foi oficialmente desenhada como um órgão de cooperação internacional para manejar conflitos internacionais. Em realidade, logo acabou dominada pelos países ocidentais mais poderosos e pelo novo poder mundial, a União Soviética. Se os programas de desenvolvimento social e econômico da ONU e sua autoridade moral gozavam de algum prestígio, sua capacidade para prevenir conflitos era bastante limitada, pois as cinco grandes potências com direito de veto das decisões atuavam sempre nos seus próprios interesses.

Mesmo antes do fim do conflito, os Estados Unidos planejaram uma ordem econômica pós-guerra, na qual o país poderia conquistar novos mercados e expandir oportunidades por meio de investimentos estrangeiros sem restrições ao fluxo de capital e bens. Em 1944, negociações entre Inglaterra e Estados Unidos culminaram na fundação do "sistema Bretton-Woods" para manejar a economia internacional. Incluíram o Fundo Monetário Internacional (FMI), instituído em 1945 para regular trocas financeiras internacionais sob o dólar americano, e o Banco Internacional de Reconstrução e Desenvolvimento (hoje, Banco Mundial), para promover investimentos estrangeiros e a reconstrução de economias destruídas pela guerra. O grande poder econômico e político dos Estados Unidos, depois da guerra, fez com que essas duas instituições mantivessem os interesses econômicos americanos em primeiro plano pelas quatro décadas seguintes.

Desenvolvimentos políticos na época moldaram esses arranjos econômicos internacionais. Crescentes tensões entre os Estados Unidos e a União Soviética, sobre a divisão de poderes políticos e econômicos na Alemanha até o fim dos anos 1940, culminaram na Guerra Fria. Os dois superpoderes e suas alianças rivais disputaram a dominância econômica, política e militar mundial no período pós-guerra. Motivados pela segurança nacional, expansão econômica e vantagem militar internacional, ambos mantiveram controle dos seus aliados e de outras esferas de interesse por meio da força bruta ou da influência econômica. O Plano Marshall de 1948, no qual os Estados Unidos emprestaram US$16 bilhões para reconstruir a

Roosevelt, Churchill e Stalin em Yalta, Ucrânia, em fevereiro de 1945.
A divisão de possíveis áreas de influência territorial no mundo
pós-guerra começou com discussões entre os líderes dos Aliados.

Europa, e outros programas de desenvolvimento econômico no pós-guerra tiveram tanto motivos políticos quanto econômicos: a ajuda econômica seria usada para fortalecer os parceiros não comunistas e prevenir, nesses países, desafios radicais à hegemonia norte-americana com ações como as empreendidas para domar os poderosos partidos comunistas da Itália e França no fim dos anos 1940.

A "paz" formal entre os Estados Unidos e a União Soviética, durante a Guerra Fria, baseada na ameaça mútua das armas nucleares, resultou na militarização da economia americana. Essa economia passou a ser fortemente relacionada à produção de armas e outros produtos da guerra sob o controle do que o próprio presidente Dwight Eisenhower (1952-1960) chamou de "complexo militar-industrial". O mais alto padrão de vida no mundo foi baseado em grande parte nos gastos militares americanos, que atingiram o pico de 20% da produção nacional durante a Guerra da Coreia.

A Guerra Fria tornou-se "quente" quando os Estados Unidos intervieram na dividida Coreia, em 1950, para ajudar o ditador da parte Sul do país depois de esta ter sido invadida pelas tropas do ditador comunista da parte Norte. A Guerra da Coreia tornou-se uma "guerra por procuração", na qual cada um dos lados tinha o apoio de uma das duas superpotências. A guerra também serviu como pretexto para convencer o Congresso americano da necessidade de aumentar o orçamento militar e de os EUA procurarem conter a influência do poderoso partido comunista do Japão e o governo comunista da China. Com duração de três anos, a guerra foi enormemente sangrenta, matando ou ferindo 140 mil soldados americanos e três vezes esse número entre os coreanos do Norte e seus aliados chineses. Dois milhões de civis morreram no conflito, que terminou com a mesma divisão territorial que havia no início, uma tradução precisa da Guerra Fria como um todo.

A Guerra Fria na América Latina começou no fim dos anos 1940, quando movimentos favoráveis à mudança política e econômica surgiram em muitos países do continente e acabaram refreados ou esmagados pelas elites locais com a ajuda dos Estados Unidos. Manipulando a retórica do anticomunismo, os Estados Unidos mantiveram os países latino-americanos na esfera da influência ocidental por meio de invasão, orquestração de golpes, obstáculos à reforma social e apoio técnico e político a regimes militares repressivos. O Departamento de Estado e a Agência Central de Inteligência (CIA em inglês), por exemplo, promoveram, planejaram e executaram a derrubada do governo reformista de Jacobo Arbenz na Guatemala em 1954. Preocupados com a ameaça que reforma agrária, redistribuição de renda e democracia política representavam para os latifundiários, os Estados Unidos, como aponta o historiador Greg Grandin, viram a Guatemala e outros casos semelhantes na América Latina em grande parte através das lentes ideológicas da Guerra Fria. Ações como essa se multiplicariam nas próximas décadas na América Central e Sul, especialmente depois da Revolução Cubana em 1959. Os Estados Unidos, nesse período, tornaram-se o "World Cop" (o "policial do mundo").

A histeria contra o comunismo foi replicada em casa com a nova "Caça aos vermelhos" dos anos 1950. Conhecida popularmente como Macartismo, a campanha contra a subversão em todos os aspectos da vida americana foi muito mais abrangente do que a carreira bizarra do senador anticomunista, Joseph McCarthy. As investigações publicadas contra a suposta subversão de intelectuais, artistas e funcionários do governo federal, que resultaram em inúmeras demissões, centenas de sentenças de prisão e algumas execuções (como a do casal comunista Julius e Ethel Rosenberg) tornaram McCarthy o rosto público do anticomunismo. Os filmes *Culpado por suspeita* (1993) e *Boa noite e boa sorte* (2005) retratam bem o clima tenso do período.

Governos estaduais e locais bem como instituições universitárias, clubes sociais, comunidades artísticas, certas mídias e movimentos sindicais também estabeleceram programas para garantir a "lealdade" dos seus funcionários ou membros e a promoção dos "valores americanos". Outras formas de discriminação frequentemente utilizaram-se do medo do comunismo para, por exemplo, reprimir homossexuais no funcionalismo público. Como no caso da repressão contra os nipo-americanos do tempo da Guerra, poucos denunciaram esses ataques contra liberdades civis e vários intelectuais, artistas e público em geral abertamente apoiaram a repressão. Esse período sombrio da história americana dificultou extremamente a possibilidade de crítica ao governo americano, enfraquecendo, por uma década, todos os impulsos reformistas e consolidando uma cultura oficial de conformidade social.

SOCIEDADE E CULTURA NA GUERRA FRIA

A imagem dos anos 1950, na memória coletiva, centra-se na prosperidade econômica e na estabilidade familiar. Nessa visão, todo mundo na época tinha emprego estável e ampla oportunidade de mobilidade social. A televisão, o cinema e a literatura de grande público destacaram famílias harmoniosas:

pai trabalhador, mãe dona de casa e alguns filhos morando nos crescentes subúrbios em casas com quintais próprios e suas indefectíveis cercas brancas.

Sem dúvida, essas imagens capturam aspectos da realidade da época. O PIB dos Estados Unidos saltou em 250% entre 1945 e 1960, com renda familiar crescente e baixas taxas de desemprego e inflação. A classe trabalhadora obteve acesso sem precedentes à economia de consumo de massa, sindicatos ganharam melhores salários e a expansão de benefícios, e o estado de bem-estar garantia em alguma medida a segurança econômica. Debaixo da superfície, porém, a sociedade afluente dos anos 1950 testemunhou contradições e desafios marcantes.

O crescimento econômico foi inegável, mas nem todo mundo compartilhou da prosperidade. Em 1960, um quinto das famílias americanas vivia abaixo do nível oficial de pobreza estabelecido pelo governo e muitas outras sobreviveram apenas com a mínima segurança e conforto. A distribuição da renda não mudara muito: a população 20% mais rica continuou controlando 45% de toda renda, enquanto a 20% mais pobre controlava somente 5%. Indígenas, relegados às reservas no interior dos Estados Unidos, eram as pessoas mais pobres no país. Idosos e trabalhadores rurais de todas as etnias e as populações afro-americana e latino-americana estavam desproporcionalmente entre os indigentes. Devido à discriminação e à falta de dinheiro, esses grupos raramente desfrutavam a "maravilhosa vida suburbana", concentrando-se nos centros das cidades, onde empregos, comércios e serviços públicos tornavam-se cada vez menos acessíveis.

Os anos 1950 são comumente vistos como uma das décadas mais reacionárias para as mulheres, que foram ideologicamente confinadas aos papéis de mãe e esposa na família nuclear e a uma atuação limitada na sociedade e na cultura. Certamente, muitos elementos da reação doméstica da Guerra Fria, que combateu sexualidades alternativas, certas expressões culturais e as análises como as do livro da feminista Betty Friedan, *A mística feminina*, reforçam essa imagem.

Os efeitos do que a historiadora Stephanie Coontz chama de "armadilha da nostalgia" seriam formidáveis nas próximas décadas: muitos americanos cresceram com a crença de que o pai trabalha e a mãe cuida da casa, dos filhos e das necessidades emocionais da família. As políticas do estado de bem-estar, educação e outros serviços públicos baseavam-se nesse conjunto de ideias sobre a mulher e a família.

Mas esse retrato difundido nunca foi a realidade para muitas mulheres nessa década de mudanças importantes. Houve um crescimento constante na proporção de mulheres casadas economicamente ativas: em 1960, um terço trabalhava fora de casa, complicando a ideia do "salário familiar" centrado no homem, o coração da ideologia sexual dominante. Essa tendência contribuiu para o uso crescente de contraceptivos, práticas de aborto e atitudes diferenciadas com relação a sexo, resultando numa pressão das mulheres para transformações nas práticas médicas e nas leis que regulavam a reprodução e a sexualidade. Taxas de divórcio começaram a aumentar e formas diversas de família, que não a família nuclear, tornaram-se a norma. Continuando as tendências dos anos de guerra, lésbicas aproveitaram oportunidades de emprego e educação superior para criar seus próprios espaços sociais e culturais nas grandes cidades. Ativistas sindicalistas aproveitaram-se da ideologia democrática dos seus sindicatos e do clima da Guerra Fria para barganhar pelas necessidades especiais das mulheres no trabalho e combater o machismo dos seus colegas e chefes. Todas essas mudanças provocariam novas atitudes e ideias sobre o papel das mulheres na visão das próprias mulheres, do governo e dos homens, construindo as fundações do movimento feminista e dos avanços legislativos que se materializariam dos anos 1970 e 1980.

Os anos 1950 também foram um período crucial na construção de um dos movimentos sociais mais importantes da história, o da luta pelos direitos civis. Martin Luther King Júnior e outros homens justamente se tornaram heróis das famosas batalhas contra discriminação racial, novamente lançadas depois de anos de medo da Guerra Fria e no encalço da decisão da Suprema Corte, em 1954, proibindo segregação nas escolas. Porém, como o historiador Charles Payne argumenta sobre o movimento pelos direitos civis: "Os homens lideraram, mas as mulheres organizaram". Os boicotes a ônibus, manifestações e outras mobilizações políticas contra segregação e violência racial no Sul nos anos 1950 foram iniciados por mulheres como Rosa Parks, Jo Ann Gibson Robinson e Ella Baker, ativistas de base que tiveram um papel crucial no sucesso do movimento, que continuaria na década de 1960.

Muito da indústria cultural reforçou atitudes homogêneas, "brancas" e acauteladas em favor do capitalismo, do consumo e da conformidade social. A televisão – controlada por três grandes redes e seus patrocinadores corporativos – substituiu o rádio e o cinema como a principal diversão das famílias americanas. Já em 1962, 90% das famílias tinham uma televisão e a indústria cultural desempenhava papel crucial na disseminação do consumismo e do apoio aos valores sociais e culturais do capitalismo americano. Os mais populares seriados da televisão – *Papai sabe tudo, Eu amo Lucy* e *As aventuras de Ozzie e Harriet* – glorificaram o modelo de família nuclear americana e o "jeito americano de viver". Muitas das ofertas culturais de Hollywood na década também celebraram as virtudes do capitalismo americano. *Sindicato de ladrões* (1954), do diretor Elia Kazan, que denunciou pessoalmente "comunistas" de Hollywood ao governo, conta a história da corrupção num sindicato de estivadores, uma alegoria sobre os supostos perigos do protesto social. Os jornais e as revistas de grande circulação bem como as produções intelectuais convencionais da época elogiavam o bem-estar do país, o suposto "fim da ideologia" e o triunfo dos valores do mercado capitalista.

Família americana reunida em torno da televisão no fim dos anos 1950.

No entanto, a televisão e o cinema podiam expressar de forma não intencional as contradições da sociedade americana. Ao mesmo tempo em que eram tratados como subordinados, muitas mulheres, trabalhadores e jovens eram encorajados a abraçar ideias de igualdade e liberdade.

Celebrando a afluência da classe média branca, os seriados de televisão, por exemplo, mostravam o que muitas pessoas supostamente podiam conquistar na sociedade graças às oportunidades oferecidas. Isso podia tanto acentuar a alienação quanto o desejo por mudança.

Na ficção, a alienação juvenil e os constrangimentos proporcionados pelas desigualdades sociais são evidentes nas obras dos escritores da "geração *Beat*", como o romancista Jack Kerouac e poeta Alan Ginsburg, e dos cineastas do "filme *noir*", Fritz Lang e Nicholas Ray – o último também dirigiu James Dean no clássico retrato dos jovens alienados, *Rebelde sem causa* (1955). Intelectuais e escritores, como C. Wright Mills, Paul Goodman, Margaret Mead e Arthur Miller, também produziram obras populares que criticaram a conformidade cultural, as atitudes discriminatórias e as barreiras à cidadania plena nos Estados Unidos.

A música popular foi mais uma área cultural de manifestação de descontentamento. Não é surpresa que afro-americanos, os mais marginalizados da sociedade americana, tenham fornecido o principal componente, o blues, da nova linguagem musical, o *rock and roll*. Novos canais de rádio espalharam-se pelo país, descobrindo novas e lucrativas audiências entre jovens brancos e afro-americanos para essa música rebelde, que remetia a desejos sexuais e provocações às normas da classe média branca. Roqueiros brancos, como Elvis Presley, Buddy Holly e Bill Haley, bem como músicos negros, como Chuck Berry, Little Richard e B. B. King, passaram a ser os ícones da "geração do *baby boom*", o grande magote de jovens nascidos durante e logo depois da Segunda Guerra Mundial. A atração de muitos brancos pela música de raiz afro-americana propiciou um rompimento parcial com construções contemporâneas de diferença racial, influenciando as lutas políticas para inclusão social dos anos 1960 e 1970.

RUPTURAS DO CONSENSO: 1960-1980

Longe das previsões de alguns intelectuais nos conservadores anos 1950, as diversas rebeldias sociais e políticas dos anos 1960-1970 mostraram que descontentamentos e conflitos continuaram existindo nos EUA.

Socialmente, os governos democratas de John F. Kennedy (1960-1963) e Lyndon B. Johnson (1963-1968) tentaram consolidar um *"New Deal* suavizado". Ao mesmo tempo, os dois presidentes entusiasticamente comprometeram o país com uma guerra sangrenta no Vietnã e levaram o mundo à beira do precipício do aniquilamento nuclear, numa desastrosa tentativa de conter o crescimento do comunismo. Amparados pelas mudanças demográficas e econômicas do período, essas políticas sociais e militares temerárias e o fracasso em resolver antigos problemas sociais, como o racismo, provocaram uma explosão de diversos movimentos sociais – por direitos civis, paz, liberdade sexual e cultural – que contestaram bravamente as definições estabelecidas de progresso, liberdade e cidadania.

Na década de 1970, essa "crise de autoridade" no país continuou. Além disso, problemas econômicos voltaram a assustar com a crise mundial do petróleo, a crescente concorrência na competição, com a Alemanha e o Japão, por mercados mundiais, e a dificuldade em promover crescimento econômico no mesmo ritmo e intensidade que o *boom* dos anos 1950 e 1960.

Com a consolidação dos iniciais ganhos das lutas, os movimentos sociais se dividiram politicamente quanto à estratégias e táticas frente à cooptação e repressão das autoridades, entrando em declínio à medida que os governos de Richard Nixon (1968-1974), Gerald Ford (1974-1976) e Jimmy Carter (1976-1980), bem como novos grupos conservadores, tentaram liderar novamente uma contraofensiva e impor ordem e estabilidade à sociedade americana.

O FENÔMENO JOHN F. KENNEDY E O ESTADO LIBERAL

Poucos presidentes gozaram de tanta popularidade quanto John F. Kennedy. Jovem e bem-apessoado, herói de guerra e o primeiro presidente católico, Kennedy foi uma consequência das aspirações liberais não satisfeitas do tempo do *New Deal*. Seu assassinato inesperado em novembro de 1963 e a sua subsequente mitificação na memória coletiva como "a grande esperança liberal" têm mascarado a timidez da sua agenda liberal doméstica e sua política aguerrida de contenção do comunismo. Como congressista e senador nos anos 1950, John F. Kennedy lealmente apoiou o impulso anticomunista tanto quanto seu irmão mais novo, Robert, um jovem advogado que trabalhava como assessor de Joseph McCarthy. O historiador da Universidade de Harvard e ex-assessor do presidente Kennedy Arthur Schlesinger Jr. corretamente descreveu o liberalismo do pós-guerra não como uma "esquerda madura", mas sim como um "centro vital". Em outras palavras, o liberalismo não representava nenhuma ameaça à ordem estabelecida pelo capitalismo.

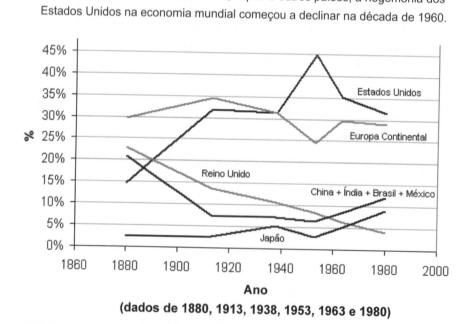

Distribuição da produção industrial no mundo.
Frente à concorrência da Alemanha, Japão e outros países, a hegemonia dos Estados Unidos na economia mundial começou a declinar na década de 1960.

Fonte: Paul Bairoch, International Industrialization Levels from 1750-1980, em *Journal of European Economic History*, vol. 11, 1982, pp. 296-304.

Na verdade, foi o presidente Johnson quem mais se empenhou em reformas sociais e econômicas. Os chamados "programas da Grande Sociedade", lançados durante seu mandato, proporcionaram serviços médicos para idosos e pobres, deram modesto "vale comida" para os mais destituídos como viúvas e mães solteiras e destinaram mais dinheiro federal à educação, obras públicas, treinamento ocupacional e moradia. Esses programas sociais contribuíram em parte para a redução da pobreza de 21% da população total em 1959 para 12% em 1969, mas o crescimento econômico geral foi, provavelmente, mais importante que essas intervenções políticas.

Johnson não conseguiu o efeito desejado de acabar com a miséria econômica completamente. Ele considerou a pobreza não o resultado de diferenças no poder econômico e de falhas nas instituições econômicas, mas sim da carência de habilidades, treinamento e motivação entre os pobres. Consequentemente, relativamente pouco dinheiro (uns US$ 3 bilhões) foi gasto em programas sociais. Isso, combinado com os cortes nos impostos do mesmo governo (de US$12 bilhões), fez com que as adversidades econômicas de muitas comunidades persistissem. Para os negros, opina o historiador Robin Kelley, Johnson não fez uma "guerra" contra pobreza, mas sim uma "escaramuça", que teria pouco impacto no longo prazo, especialmente durante os governos de Richard Nixon e Gerald Ford, que gradualmente revogariam os programas moderados de Johnson.

A economia mudou nessa época, afetando os trabalhadores em geral, mas especialmente as pessoas dos bairros pobres e negros das grandes cidades. Depois da Segunda Guerra Mundial, a indústria começou a se deslocar: migrando primeiro para os subúrbios brancos das grandes cidades e depois para os estados antissindicais do Sul e eventualmente para outros países, no Caribe, América Latina e Ásia. A segurança e a estabilidade econômica da população em geral duraram pouco, enquanto a reestruturação do capital lentamente minava os ganhos dos trabalhadores do setor industrial.

Políticas urbanas do governo federal contribuíram para a reestruturação econômica. Por meio de subsídios às empresas de construção civil, incentivos à aquisição da casa própria e investimentos massivos na construção de estradas e na infraestrutura, o Estado mudou a geografia econômica do país, favorecendo mais as regiões suburbanas, rurais e brancas no Sul, Sudoeste e Oeste, onde o conservadorismo reinava em políticas locais e no empresariado e onde os sindicatos e movimentos sociais não eram tão fortes. Se, em 1930, menos de um terço da população residia em casa própria, em 1960, quase dois terços já o fazia, sendo, porém, a maioria branca. De fato, a maior porção das despesas dos "programas da Grande Sociedade" foi canalizada para comunidades brancas.

Enquanto as regiões suburbanas se beneficiaram desproporcionalmente do crescimento econômico e da política federal, os bairros pobres dos centros das cidades sofreram alguma "revitalização urbana". Com dinheiro federal, governos locais destruíram bairros decadentes pobres e negros nos centros das cidades, substituindo-os por prédios comerciais, condomínios fechados de classe média e alta e instituições cívicas como universidades e centros médicos. Os antigos residentes foram enviados à habitação pública, segregada, construída com o mínimo de qualidade e instalações e frequentemente longe de empregos e serviços, criando, nas palavras do historiador urbano Arnold Hirsch, um "segundo gueto". Enfim, a reestruturação industrial e a política federal acabaram criando um verdadeiro "*apartheid* racial" nas metrópoles americanas a partir dos anos 1970, com, de um lado, subúrbios brancos mais prósperos, cujos residentes se preocupavam em diminuir os impostos e valorizar seus imóveis, e, de outro, pobres bairros negros e latino-americanos no centro da cidade, cujos residentes se tornavam cada vez mais dependentes da ajuda estatal.

A estagnação e, depois, o declínio da hegemonia econômica dos Estados Unidos nos anos 1970 pioraram essas divisões sociais. A crise de energia associada ao boicote dos produtores de petróleo árabes (em resposta à guerra com Israel em 1973) demonstrou a dependência crescente dos Estados Unidos com relação aos recursos naturais do Golfo Pérsico. A recessão de 1974-1975 seria o primeiro de uma série de choques econômicos periódicos que continuaria até o século XXI.

"CONTENDO O COMUNISMO"

Quando perguntado, em 1961, por um jornalista sobre a crescente intervenção dos Estados Unidos no Vietnã, Bobby Kennedy, secretário de Justiça no governo do seu irmão, JFK, negou sua importância, respondendo: "Nós temos 30 Vietnãs". De fato, nos primeiros anos da década de 1960, os Estados Unidos tinham "consultores militares" em muitos países do mundo, organizando ações políticas e militares com governos e militares aliados contra as forças opositoras, geralmente comunistas ou movimentos reformistas. Mas Kennedy desdenhou demais a importância de dois países nos quais os Estados Unidos tinham interesses cruciais: Cuba e Vietnã.

Kennedy e Kruschev. Os presidentes dos dois países mais poderosos do mundo se reuniram em Viena em junho de 1961 para discutir as suas respectivas esferas de influência.

CUBA

A menos de duzentos quilômetros do sul do estado da Flórida, um país pequeno, Cuba, desafiou o imperialismo norte-americano. Ante a relutância dos Estados Unidos em reconhecer o novo governo e ajudar o país depois da Revolução Nacionalista de 1959, o líder cubano Fidel Castro radicalizou em 1960 e 1961, nacionalizando a economia, que antes era controlada pelos interesses econômicos americanos. Castro aproximou-se cada vez mais da União Soviética, assinando, com o país líder do bloco comunista, vários acordos comerciais.

Em represália, a administração de Eisenhower implementou um embargo parcial aos bens cubanos no fim de 1960. Kennedy rompeu relações diplomáticas com Cuba logo depois de assumir o poder em 1961.

Fidel Castro, sagazmente, utilizou-se da mídia norte-americana para defender os interesses do seu país. Em setembro de 1960, discursou na Assembleia Geral da ONU, protestando contra a agressão americana e se hospedando num hotel no Harlem para mostrar sua solidariedade com as lutas negras. Castro, que já tinha atraído o apoio de alguns intelectuais americanos durante sua luta guerrilheira em 1957-1959, recebeu a adesão de um grupo da "Nova Esquerda" (a tendência esquerdista que surgia então nos EUA), o Comitê de Justiça para Cuba.

A clara ameaça ideológica representada por Cuba motivou o governo Kennedy a tomar medidas mais duras. Clandestinamente treinando refugiados cubanos contra Castro, orquestrou uma invasão à ilha no dia 17 de abril de 1961. A operação foi um fracasso total: a maioria dos 1,5 mil invasores acabaram capturados ou mortos. Blindados pelo seu forte anticomunismo e desconhecendo o povo cubano, Kennedy e seus assessores leram mal a situação política em Cuba, achando que cubanos iriam se levantar contra Castro. Enganaram-se porque as políticas sociais e econômicas do regime comunista em Cuba eram populares na época.

No ano seguinte, Castro, cada vez mais próximo da União Soviética, concordou com a instalação de mísseis nucleares soviéticos em Cuba. Em outubro de 1962, os americanos confrontaram os soviéticos e o mundo viu-se à beira de uma guerra nuclear. Novos documentos, liberados somente décadas depois do episódio, revelaram que os líderes políticos e militares dos Estados Unidos, inclusive os irmãos Kennedy, estavam mesmo prontos a começar uma guerra nuclear. A guerra só não ocorreu porque os dois superpoderes acabaram negociando uma saída. Um acordo entre Kennedy e o líder soviético, Kruschev, definiu a retirada dos mísseis em troca da promessa de que os Estados Unidos não mais invadiriam Cuba.

Nos anos seguintes, vários esquemas da CIA para assassinar Castro falharam e até hoje as relações entre Cuba e os Estados Unidos são tensas, com o embargo comercial dos Estados Unidos estrangulando as possibilidades de desenvolvimento econômico na ilha.

A TRAGÉDIA DO VIETNÃ

O Vietnã era uma ex-colônia francesa que foi dividida em duas pelo tratado que finalizou a Guerra da Coreia. O exército guerrilheiro comunista de Ho Chi Minh, que tinha derrubado os franceses, controlava a parte Norte do país e contava com numerosos seguidores na parte Sul, organizados pelo grupo guerrilheiro, o Viet Cong. No Sul, o ditador Ngo Dinh Diem governava com ajuda militar e econômica dos Estados Unidos. Em resposta à campanha repressiva de Diem contra seus simpatizantes, o líder nortista Minh lançou a luta armada em 1959, ganhando bastante apoio e território nas áreas rurais do Sul. Os Estados Unidos, desconfiados da habilidade de

Diem em conter a guerrilha, aprovaram um golpe militar que depôs o ditador em 1963, que foi substituído por uma série de juntas militares até 1967, quando um novo presidente foi eleito. Entrementes, os Estados Unidos estavam enviando tropas para ajudar a luta contra o Norte. Quando Kennedy assumiu o poder em 1961, havia 400 "consultores" militares americanos no Vietnã; no mês do seu assassinato, 18 mil soldados americanos estavam no Vietnã. Seis anos mais tarde, o envolvimento militar americano cresceria para 540 mil soldados.

Os Estados Unidos acreditavam que, com sua poderosa capacidade militar, poderiam infligir mais danos ao inimigo, forçando-o eventualmente a abandonar a guerra. De 1965 a 1972, a campanha mais intensiva de bombardeamento da história, empreendida pelos americanos, seguiu com a intenção de enfraquecer o moral do Vietnã do Norte. Os Estados Unidos também procederam a um "programa de pacificação" cujo propósito era, em primeira instância, ganhar "corações e mentes" da população local com propaganda e assistência social. Enfrentando resistência, passaram a adotar uma sistemática de destruição de aldeias e de remoção forçada de camponeses, pretendendo manter a ordem e diminuir o apoio logístico que a população dava ao Viet Cong. Durante a guerra, os americanos mantiveram o controle nas cidades, mas não conseguiram conquistar o campo, onde vivia a maioria das pessoas, dada a característica agrícola do país.

Os frequentes massacres da população civil vietnamita por tropas americanas – divulgados pela mídia na época e, mais tarde, explorados em filmes como *Platoon* (1986), *Nascido para matar* (1987) e *Alucinações do passado* (1990) –, além do grande impacto no Vietnã, afetaram o moral de muitas tropas americanas e a opinião pública nos Estados Unidos. O mais conhecido foi a chacina de My Lai, em 1968. No dia 16 de março, uma companhia de soldados liderados pelo tenente William Calley juntara quinhentos idosos, mulheres e crianças da aldeia de My Lai numa trincheira e, obedecendo a ordens de Calley, abriu fogo contra todos os prisioneiros. Divulgado à mídia por soldados comuns, o massacre horrorizou muitos americanos. Diante da repercussão negativa no país que se acreditava baluarte da civilização e do mundo livre, houve um julgamento. Entretanto, somente Calley foi condenado, recebendo uma sentença de três anos em prisão domiciliar. Em 1971, o coronel Oran Henderson declarou que toda Brigada Americana "tem seu My Lai escondido em algum lugar", querendo dizer que muitos atos covardes como esse haviam sido cometidos contra populações civis em nome da guerra.

Com o apoio da população vietnamita e o emprego de táticas criativas, o Viet Cong e Ho Chi Minh conseguiram paralisar militarmente os Estados Unidos.

Em 1970, a maioria da população americana estava contra a guerra (como veremos mais adiante), o que forçou o governo dos Estados Unidos a recuar, com os últimos soldados saindo do Vietnã em 1974.

No saldo da guerra, 57 mil soldados americanos morreram e 300 mil ficaram feridos, enquanto 4 milhões de vietnamitas foram mortos. Era a primeira guerra que os Estados Unidos perdiam em 150 anos, agonizando uma geração de americanos, rasgando ideologicamente a nação e dando inspiração a movimentos anti-imperialistas no mundo inteiro.

AMÉRICA DO SUL E ORIENTE MÉDIO

Cuba e Vietnã mostraram que mesmo o mais poderoso país no mundo era vulnerável. Em outros países, porém, os norte-americanos fizeram valer seus interesses econômicos e políticos com grande sucesso.

A Guerra Fria continuou nos anos 1960 e 1970 e os EUA nela atuaram por meio de apoio militar, financeiro e político a governos anticomunistas ou de intervenções diretas. Colaboraram, por exemplo, com os golpes militares no Brasil em 1964, no Chile em 1973, no Uruguai em 1974, na Argentina em 1976, na Indonésia em 1965, no Congo em 1963, todos sustentados por uma repressão brutal das oposições e constantes violações de direitos humanos. Num esforço cultural e simbólico paralelo, o governo americano estabeleceu a Aliança para o Progresso, para coordenar ajuda desenvolvimentista ao "Terceiro Mundo", e os Corpos de Paz, que enviavam jovens americanos para trabalhar em projetos sociais em países pobres. As duas organizações visaram a exportar valores americanos de livre mercado, consumismo e democracia liberal e, em troca, obter o apoio político de países pobres na sua rivalidade com a União Soviética.

Além da União Soviética, com quem os Estados Unidos negociou uma série de acordos sobre armas nucleares nos anos 1970, a região mais importante para a política externa do país era o Oriente Médio.

Os países industrializados como os Estados Unidos interessavam-se pela área por causa das suas enormes reservas de petróleo, essenciais para a economia industrial. Os Estados Unidos ajudaram na criação do Estado de Israel (1948), que se tornaria o maior aliado dos americanos na região em troca de apoio financeiro e armas. Governos americanos também colaboraram na construção de regimes clientelistas árabes. Na Arábia Saudita, os Estados

Unidos cortejaram a monarquia reacionária, procurando sua ajuda na orquestração de golpes de Estado no Irã (em 1953) e no Iraque (em 1962), em benefício de grupos mais favoráveis aos interesses norte-americanos.

Os Estados Unidos conseguiram estabelecer hegemonia no Oriente Médio através desses Estados clientelistas nos anos 1960, mas a custo de aprofundar antagonismos entre povos e Estados que explodiram em várias guerras ao longo dos anos 1960 e 1970, plantando as sementes de tensão e ódio contra suas políticas entre a população muçulmana mundial.

O MOVIMENTO POR DIREITOS CIVIS

Segregação formal e informal, linchamento e violência policial, discriminação no emprego, na educação e nos serviços públicos, falta de direitos políticos, pobreza extrema – tudo isso caracterizava a vida de negros nos Estados Unidos depois da Segunda Guerra Mundial. Eles, porém, não foram vítimas passivas. Importantes organizações políticas negras haviam atuado na primeira metade do século, mas as condições dos anos 1950 e 1960 propiciaram o estouro de um movimento em massa.

Inundados com as mensagens de liberdade e prosperidade do discurso oficial e popular alimentado nessas décadas, mas não desfrutando plenamente do progresso econômico e social, negros, no Sul e Norte, construíram o mais importante movimento social na história dos Estados Unidos, o "movimento por direitos civis".

Os variados grupos, organizações e pessoal que constituíram o movimento por direitos civis atuavam no Sul e Norte, na cidade e no campo, envolviam mulheres e homens, líderes e organizadores, diversas estratégias e táticas, e lutavam por direitos econômicos, políticos e pela dignidade social. Enfrentavam, entretanto, a hostilidade e o descaso dos políticos. A palavra *liberdade* era definida, nesse movimento, de forma ampla, significando igualdade, poder, reconhecimento, direitos e oportunidades.

A nova fase da luta negra começou a chamar inicialmente a atenção com os protestos bem-sucedidos contra a segregação nos serviços públicos no estado sulista do Alabama em 1955. Com o tempo, ampliou-se e produziu líderes como o poderoso orador Dr. Martin Luther King Junior, um pastor batista da Geórgia, que fundou a Conferência de Liderança Cristã, em 1957, para coordenar e impulsionar a luta por direitos baseada na "desobediência civil", uma forma de resistência pacifista, cujo pioneiro havia sido o nacionalista indiano Mahatma Gandhi. Luther King seria o mais importante líder do movimento, cultivando uma política fortemente moral e religiosa que apelava à retórica americana do valor da liberdade bem como à da justiça social bíblica. Igrejas negras foram centrais na mobilização ideológica e prática do movimento.

Por outro lado, por uma confluência de questões domésticas e globais – as primeiras mobilizações e as batalhas acirradas contra a segregação racial, a decisão da Suprema Corte, nos anos 1950, contrária à discriminação em escolas e universidades públicas, e os movimentos anticoloniais na África –, universitários negros sentiram-se estimulados a agir. Manifestações estudantis contra segregação em restaurantes, cinemas, bibliotecas e rodoviárias proliferaram, de 1960 a 1963, em grande parte no Sul, mas também em várias cidades nortistas. Dessas mobilizações, surgiu o Comitê Sulista de Coordenação Não Violenta (SNCC em inglês), organizado por estudantes e ativistas como Stokely Carmichael, Ella Baker e Bob Moses.

O Congresso da Igualdade Racial (CORE), um antigo grupo do Norte que tinha lutado contra a discriminação no emprego desde a Segunda Guerra Mundial, passou a organizar "viagens da liberdade" em 1961, transportando negros e brancos do Norte em ônibus interestaduais para, simbolicamente, quebrar a segregação no transporte público. O SNCC organizou protestos semelhantes entre 1961 e 1964, que culminaram no "Verão da Liberdade", de 1964, quando universitários brancos e negros do Norte viajaram para o Sul para ajudar os negros de lá a tirarem título eleitoral. A política inclusiva e democrática do SNCC e sua "cultura de protesto" – usando canções, comícios, e outras práticas de solidariedade – ajudaram a forjar um sentimento de comunidade e abrandar o medo gerado pela resposta violenta dos brancos. A coragem e o humanismo universal dos movimentos por direitos civis influenciariam lutas semelhantes nos Estados Unidos, como as do "Movimento do Índio Americano" e as de comunidades latino-americanas na Califórnia e Nova York. Internacionalmente, os católicos da Irlanda do Norte adotariam as políticas e canções dos negros americanos nas suas lutas contra os britânicos no fim dos anos 1960.

As mobilizações atingiram seu ápice em 1963: de junho a agosto, o Departamento de Justiça documentou mais de 1.412 manifestações distintas; em uma semana de junho, mais de 15 mil americanos foram presos por conta de protestos em 186 cidades. Em agosto de 1963, uma passeata conhecida como Marcha de Washington trouxe até a capital 200 mil manifestantes para ouvir Luther King em seu famoso discurso *Eu tenho um sonho*.

Ativistas por direitos civis continuaram a longa tradição de intelectuais negros ao se preocupar com políticas internacionais como o anticolonialismo na África, ironizando na sua literatura, como fez o escritor James Baldwin por exemplo, que muitos países africanos ganhariam independência antes que afro-americanos pudessem comprar uma xícara de café numa lanchonete para brancos.

Jovem manifestante por direitos civis, na Marcha por Emprego e Liberdade em Washington no dia 28 de agosto de 1963.

Policiais, políticos locais e a grande maioria da população branca do Sul responderam com brutalidade às reivindicações que abalavam seu poder. Militantes em passeatas foram atacados pela polícia e por brancos contrários; milhares foram espancados e presos. Igrejas negras sofreram atentados e ativistas foram assassinados.

Em abril de 1963, Luther King organizou uma série de protestos não violentos em Birmingham, Alabama. Em frente às câmeras da televisão nacional, o chefe de polícia da cidade supervisionou pessoalmente ataques contra a manifestação, prendendo centenas de pessoas e usando cachorros de ataque, gás lacrimogêneo, aparelhos de choque elétrico e jatos de água contra os manifestantes, inclusive crianças e idosos. A cobertura de eventos como esse na mídia chocou a nação e teve impacto importante no apoio crescente de brancos e negros em favor de direitos civis e no próprio governo, que foi forçado a agir.

De acordo com a memória coletiva, os presidentes Kennedy e Johnson, bem como a polícia federal, o FBI, eram simpáticos à luta antirracista. *Mississipi em chamas* (1988), filme que conta a história dos assassinos dos ativistas James Chaney, Andrew Goodman e Michael Schwerner, retrata como heróis o FBI e o governo federal. Nada pode estar mais longe da verdade. Os irmãos Kennedy eram altamente acautelados, desprezando os movimentos militantes e seus líderes, inclusive King, e relutantemente oferecendo poderes federais para proteger os ativistas no Sul, geralmente tarde demais e com forças insuficientes. Assessores de Kennedy interferiram na Marcha de Washington, censurando discursos militantes e vetando ações mais radicais. Ao contrário do filme, o FBI ignorou muita violência racial e somente interveio quando detectou grande ameaça à estabilidade social. Além disso, o chefe do FBI, o veterano anticomunista e racista J. Edgar Hoover, fez uma campanha clandestina contra King, grampeando seus telefones e o chantageando, além de enviar-lhe uma carta anônima sugerindo que se suicidasse. Um relatório do Senado, em 1976, concluiu que o FBI tentou "destruir" Luther King.

Pressionado por ativistas e simpatizantes do movimento e preocupado com os efeitos negativos das crises raciais na opinião mundial, o governo de Johnson estabeleceu vários atos legislativos, em 1964-1967, proibindo discriminação no emprego, nos serviços públicos e nas eleições. A partir desse ponto, então, o fim da discriminação econômica e da pobreza entre os negros passou a ser o principal objetivo do movimento. Luther King propôs a criação de uma legislação em favor dos pobres e introduziu a questão da "ação afirmativa para negros". Os veteranos ativistas A. Philip Randolph e Bayard Rustin propuseram um "Orçamento de Liberdade": US$ 100 bilhões seriam destinados em 10 anos a criar empregos e desenvolver os bairros pobres. Esta última ação não saiu do papel, mas serviu como uma importante reivindicação simbólica. Campanhas locais feitas por sindicatos conseguiram a implantação de alguns programas de ação afirmativa em empresas. E, finalmente, os abusos mais extremos de discriminação formal acabaram desmantelados.

Outras campanhas econômicas, porém, faliram, como "O Movimento pela Liberdade em Chicago", liderado por Luther King, que enfrentou forte violência de residentes brancos e a oposição da prefeitura democrata de Richard J. Daley e não conseguiu atrair suficiente apoio entre negros.

Os ganhos econômicos ficaram restritos aos programas sociais de Johnson conhecidos popularmente como a "Guerra contra a pobreza", e aos programas de "ação afirmativa" implementados por ele em 1965, que se estenderiam, em 1975, a todas as instituições que recebessem dinheiro ou fizessem negócios com o governo federal. Influenciadas pelas ações do governo federal, muitas universidades e até algumas empresas também implementaram programas de "ação afirmativa" e "sistemas de cotas" na década de 1970.

A frustração com os limites e a lentidão das mudanças e as animosidades enraizadas em séculos de opressão foram o caldo de cultura dos 341 motins urbanos de negros em 265 cidades, que explodiram entre 1963 e 1968. Reação à brutalidade da polícia foi, frequentemente, a causa imediata dos distúrbios que mataram 221 pessoas e deixaram dezenas de milhares presos, a maioria negros.

As limitações da legislação formal, a miséria econômica contínua, a insatisfação com a política de cooptação/repressão e a influência de correntes políticas esquerdistas deram origem à segunda fase do movimento negro. Ativistas negros ampliaram seu discurso político, criticando não somente a discriminação, mas também a exploração econômica e a política internacional norte-americana. Nos seus dois últimos anos da vida, King radicalizou, definindo transformação social em termos econômicos, combatendo a pobreza e a falta de poder inclusive entre muitos brancos, e fazendo críticas cáusticas à Guerra do Vietnã. Não é surpresa ter sido assassinado em Memphis em 1968, durante uma visita de apoio a uma greve de trabalhadores negros.

Sindicalistas negros e socialistas, como Grace Lee e James Boggs, em Detroit, tiveram um papel importante em ligar as lutas contra racismo a questões econômicas nas fábricas e ao imperialismo norte-americano. Nos anos 1970, a Liga Revolucionária de Trabalhadores Negros teve algum sucesso em organizar metalúrgicos negros em várias fábricas automobilísticas.

Muitos outros negros abraçaram a Nação do Islã, um movimento político e religioso muçulmano que pregava ideais militantes de autoajuda e separatismo. O "nacionalismo negro" se fortaleceu com a crescente popularidade de Malcolm X, um ex-líder da Nação do Islã, que argumentava em favor da autodefesa contra a violência racista. Defendia também a valorização das tradições afro-americanas, o apoio a movimentos revolucionários no Terceiro Mundo e, eventualmente, coalizões progressistas multirraciais. Conforme se pode ver na biografia cinematográfica feita pelo diretor Spike Lee (1992), Malcolm X veio a ser tão popular nas comunidades negras quanto Luther King, de quem ele se aproximou antes de também ser assassinado em 1965.

Movimentos "black power" (poder negro) emergiram na segunda metade da década no encalço de Malcolm X, combinando "nacionalismo cultural" (que valorizava tradições afro-americanas) e luta militante contra a discriminação racial. O Partido dos Panteras Negras, fundado por universitários negros na Califórnia em 1968, apelou para a "autodefesa armada" contra policiais racistas e fez alianças com progressistas brancos contra a guerra, a exploração e a opressão social de todo o tipo. Os panteras ganharam bastante popularidade nos bairros negros das cidades grandes com sua "política de orgulho negro", sua propaganda militante e seus programas de assistência social voltados à comunidade. Um relatório do FBI elaborado em 1970 relata que "25% da população negra tem grande respeito pelos panteras negras, incluindo 43% de negros com menos de 21 anos de idade". Justamente por causa dessa popularidade ampla, a organização foi esmagada brutalmente, entre 1969 e 1971, pelo FBI com muitos dos seus líderes assassinados ou presos em ações policiais.

Na frente cultural, as canções populares e religiosas do movimento por direitos civis passariam a inspirar um grande número de artistas que trataram dos temas "poder negro" e "orgulho da raça" em gêneros musicais como o soul, o rhythm and blues e o funk. Essas linguagens sustentaram a energia dos movimentos por direitos civis e black power. Os artistas mais politizados, como Gil Scott Heron e Solomon Burke, ligaram suas músicas diretamente aos movimentos sociais.

Outros, por sua vez, adotaram um hibridismo cultural, social e intelectual que misturou tradições africanas e afro-americanas, simbolizado pela ampla adoção de nomes africanos (especialmente entre ativistas), pela proliferação dos estudos africanos e afro-americanos nas universidades e pela imensa popularidade (uma audiência de 80 milhões) da minissérie de televisão *Raízes* (1977), do escritor afro-americano Alex Haley, que conta a história de sete gerações da sua própria família, das origens na África Ocidental aos Estados Unidos dos anos 1970.

Ao final das contas, os ganhos dos movimentos negros dos anos 1960 e 1970 foram contraditórios. Havia mais rostos negros nas manifestações culturais, nos esportes profissionais e na política. Negros podiam comer em restaurantes, hospedar-se em hotéis e usar serviços públicos. No Norte e no Sul, escolas em áreas de população misturada acabaram com a política de segregação. "Ações afirmativas" e, particularmente, "cotas raciais" permitiram que mais negros ingressassem nas universidades e no funcionalismo público. Negros de classe média chegaram a exercer poder político em muitas cidades grandes. No governo federal, presidentes Johnson e Nixon indicaram alguns negros para posições importantes e criaram programas para empresários negros. A classe média negra se expandiu.

Mas, como o *New York Times* relatou em 1977, mesmo onde negros ocupam posições de poder político, "brancos sempre retêm o poder econômico". A maioria dos negros permaneceu desproporcionalmente pobre. Em 1977, a renda da família negra era somente 60% da renda da família branca. Desindustrialização, reestruturação econômica e políticas federais alargaram os guetos pobres, cujos residentes sofreram com moradia, educação e serviços públicos de baixa qualidade e com a violência e a ação das gangues, que brotaram da miséria econômica e do desespero social. Comentou o *New York Times,* em 1978, a respeito dos lugares em que tinha havido motins urbanos nos anos 1960: "com algumas exceções, têm mudado pouco, e as condições de pobreza se expandiram na maioria das cidades".

A NOVA ESQUERDA, A LIBERDADE SEXUAL E A CONTRACULTURA

A nova esquerda refere-se a uma variedade de movimentos sociais nos anos 1960 caracterizados por valorização da juventude, ideias antielitistas e ênfase no combate à hipocrisia e à alienação da sociedade americana em detrimento da preocupação com luta de classes e miséria econômica.

Seria um erro demarcar demais as diferenças entre a velha esquerda (associada a sindicatos, à classe trabalhadora e ao socialismo) e os novos movimentos, pois houve algumas continuidades em pessoal, ideais, estratégias e táticas. A nova esquerda, porém, tendia a atuar entre os estudantes e os grupos e povos oprimidos (como negros e vítimas do imperialismo americano), alimentando movimentações contra a Guerra do Vietnã, pelos direitos estudantis nas universidades e por maior liberdade individual na vida cotidiana. Enfatizava a democracia participativa, a espontaneidade e as "ações diretas", tendências táticas e estratégicas que caracterizavam movimentos sociais no mundo inteiro na época.

O grupo mais importante era o Estudantes para Uma Sociedade Democrática (SDS em inglês), a organização nacional de estudantes, fundada em 1962. Produtos do *baby boom* e da expansão da educação superior, muitos estudantes, fortemente inspirados pelos movimentos negros, começaram a organizar sua solidariedade para com a luta por direitos civis, o desenvolvimento econômico em comunidades pobres e, especialmente, o movimento contra a Guerra do Vietnã. O SDS chegou a ter seções em milhares de faculdades, com dezenas de milhares de afiliados, e trabalhou com muitos outros grupos.

A primeira grande mobilização do movimento estudantil ocorreu na Universidade da Califórnia, em Berkeley, em 1964, a favor do direito de estudantes organizarem atividades políticas no *campus*. Nos anos seguintes, o SDS e outras organizações montaram campanhas nacionais contra a guerra e contra o serviço militar obrigatório. Cerca de 50 mil jovens americanos fugiram para o Canadá para escapar ao serviço militar. Até 1968, manifestações, motins e ocupações foram comuns em faculdades por todo o país. Várias grandes manifestações nacionais feitas em Washington entre 1967-1970 inflamavam a oposição à guerra, quebrando o consenso político nacional e enfraquecendo a resolução dos governos de continuar o conflito. Gradualmente, artistas, políticos locais, muitos sindicalistas, jornalistas, esportistas e até empresários passaram a ser contra a guerra por razões morais, políticas ou por causa da instabilidade social gerada por ela. O boxeador Muhammad Ali recusou-se a servir o exército no que chamou de "guerra dos homens brancos", explicando-se: "Nenhum vietnamita já me chamou de preto". Em 1971, 61% da população se opôs à guerra.

Pesquisas na época mostraram que os setores menos escolarizados e mais pobres foram inicialmente muito mais contrários à guerra do que a classe média. Todos os movimentos negros se juntaram aos protestos contra a atuação dos EUA no Vietnã, bem como muitos latino-americanos, afinal, jovens negros, latinos e brancos pobres eram recrutados desproporcionalmente pelas Forças Armadas.

Os protestos antiguerra desembocaram na ampla desobediência entre militares e no envolvimento de veteranos nos movimentos. Mais de 50 jornais alternativos contra a guerra circularam em bases militares nos Estados Unidos em 1970. O número de desertores quase dobrou: de 47 mil, em 1967, para 90 mil, em 1971. O Pentágono reportou que 209 oficiais foram mortos pelos seus próprios soldados somente em 1971 e que numerosos soldados desobedeceram ordens. O jornal francês *Le Monde* comentou, em 1970, que é comum ver "o soldado negro, com seu punho esquerdo levantado em desafio a uma guerra que ele nunca considerou sua". O movimento Veteranos do Vietnã Contra a Guerra, liderado por Ron Kovics, cuja história inspiradora seria narrada no filme *Nascido em 4 de julho*, trouxe significativa autoridade moral ao movimento antiguerra.

O clima de protesto criado pelos movimentos contra a guerra e por direitos civis inspirou outros grupos oprimidos a se organizarem no seu próprio interesse, mais notavelmente o movimento feminista.

Mulheres constituíram 40% da mão de obra economicamente ativa em 1970, mas ainda sofriam de discriminação no emprego, na família e na sociedade como um todo. A atmosfera tumultuada da década de 1960 criou condições para o ressurgimento do feminismo e de lutas contra a discriminação sexual.

Como no movimento feminista do período da Primeira Guerra Mundial, na nova fase houve várias tendências. Em 1966, a escritora feminista Betty Friedan fundou a Organização Nacional de Mulheres (NOW), que se devotou à obtenção da igualdade sexual plena em todos os aspectos da sociedade, adotando os convencionais *lobbies* para obter legislação e aliando-se a políticos do Partido Democrata simpáticos a sua causa. Mulheres nos movimentos estudantis, por direitos civis e antiguerra, começaram criticar o machismo de colegas ativistas homens e a falta de mulheres na liderança dos movimentos. Feministas radicais surgiram em 1968, ampliando suas críticas às instituições tradicionais do casamento, da família e às relações heterossexuais.

Revistas e jornais feministas espalharam-se. Mulheres cada vez mais se destacaram na cultura pop, na mídia, nas universidades e nas políticas públicas. Já nos anos 1960, vários atos legislativos proibiram a discriminação sexual no emprego e, em 1973, por decisão da Suprema Corte, o aborto foi legalizado no país.

No encalço dessas vitórias feministas, outros grupos questionaram publicamente valores sexuais dominantes na sociedade. Lésbicas e gays organizaram-se em movimentos "para a liberação gay". Sua referência mais marcante foi a sublevação contra a repressão policial ocorrida no bar Stonewall, em Nova York, em 1969. Como acontecia com o movimento feminista, ativistas lésbicas e gays estavam dando continuidade às políticas e práticas de "formação de comunidade" iniciadas por militares durante e logo depois a Segunda Guerra Mundial.

Os anos 1960 e 1970 viram também uma série de rebeliões "de base" com muitas greves direcionadas aos patrões, ao governo e até à liderança sindical, como a greve de 200 mil trabalhadores dos correios em 1970. Movimentos "de base" de mineiros e de caminhoneiros criticaram a burocracia, a corrupção e o conservadorismo dos seus líderes sindicais, conseguindo democratizar alguns aspectos do movimento sindical ligados às suas atividades profissionais.

Nessa atmosfera de inúmeras bandeiras democráticas e cidadãs, ambientalistas movimentaram-se contra a preocupante destruição do meio ambiente.

Igrejas, professores, estudantes e ativistas por direitos humanos organizaram campanhas de solidariedade junto às vítimas de ditaduras no Brasil, no Chile e na Argentina.

Os movimentos sociais dos anos 1960 moldaram e foram influenciados por novos desenvolvimentos culturais. Críticas aos valores e convenções da classe média foram expressas em novos estilos de vida. O mais famoso exemplo é o dos hippies, que usaram roupas rústicas, cabelos compridos e drogas, rejeitando a banalidade da sociedade moderna, expressando desejos sexuais e instintos individuais mais livremente e procurando refúgio numa vida mais simples e pacífica, seja em bairros boêmios como o Haight-Ashbury, em São Francisco, seja em comunas rurais que se espalharam pelo país. Poucos abraçaram essa vida completamente, mas muitas dessas novas práticas sociais refletiram-se em correntes culturais na sociedade como um todo.

O espírito da rebeldia encontrou espaço na literatura, no jornalismo, nas artes plásticas, no cinema e até na televisão, mas foi a música popular que expressou mais brilhantemente as correntes políticas e sociais do período. Desenvolvimentos na música popular na época contavam com uma dinâmica interna própria de expressão estética e exigências de sucesso comercial, mas processos sociais e políticos mais amplos influenciaram a inovadora expressão musical da época. O centro criativo da efervescência da música popular brotou nos compromissos políticos e sociais contra a alienação, o militarismo e o racismo. Artistas folk como Bob Dylan, Joan Baez, Pete Seeger, Phil Ochs e Judy Collins cresceram junto com os movimentos, e suas músicas de protesto eram hinos das manifestações da época. Bob Dylan, cuja principal fonte de influência era o compositor comunista dos anos 1930 e 1940 Woody Guthrie, constituiu uma ligação entre as tradições radicais da música folk e a nova "geração de protesto".

O rock and roll – uma fusão criativa das antigas tradições americanas negras e brancas de blues, jazz e folk – tornar-se-ia a forma mais popular da música nos Estados Unidos e em várias outras partes do mundo na época. Naqueles anos agitados, refletia e expressava os impulsos pela liberação, pessoal e da comunidade, que permeavam a contracultura, bem como a frustração e a rebeldia juvenil. A "invasão inglesa" dos Beatles, Rolling Stones, The Who e Led Zeppelin, bandas que baseavam suas composições, em grande parte, na música blues, "trouxe de volta" aos Estados Unidos os ritmos fortes, a sensualidade e a agressividade característicos do rock and roll. Mesmo entre os músicos menos politizados, houve uma predisposição a rebelar-se contra as conformidades sociais e cruzar fronteiras raciais, sociais, regionais ou sexuais. A apaixonada e violenta versão do hino nacional executada por Jimi Hendrix, no famoso festival de música de Woodstock, em 1969, deu expressão à revolta e à confusão reinantes na juventude. A canção "Mercedes Benz", na voz de Janis Joplin, ridicularizava o consumismo ao mesmo tempo em que afirmava o desejo de se tornar rico, rezando a Deus por um Mercedes Benz, pois todos "dirigem Porsches, eu preciso me compensar". Eventualmente, nas palavras do historiador Bryan Palmer, esses impulsos do rock "se despedaçariam numa autorreferência niilista e em introspecção obscura". Drogas e comercialização eclipsariam o gênio criativo do rock, cada vez mais incorporado aos canais convencionais. Em muitos aspectos, o recuo do espírito opositor do rock and roll acompanhou o declínio dos movimentos sociais, a nova crise econômica e a retomada do poder por parte de políticos conservadores no fim dos anos 1970.

A CONTRAOFENSIVA CONSERVADORA

Historiadores chamam os anos 1960 de a "longa década", pois muito da mudança social e cultural dessa década foi sentido ao longo dos anos 1970. Fazendo campanhas, em 1968 e 1972, para restaurar "a lei e a ordem", o presidente Nixon, não obstante, continuou algumas das iniciativas liberais que tinham marcado os governos Kennedy e Johnson. Nixon e seu sucessor, Gerald Ford, queriam acabar com as heranças do *New Deal*, mas números expressivos continuaram apoiando o Estado presente e atuante. Apesar de contar com novos membros apontados por Nixon, a Suprema Corte acelerou a expansão das noções de igualdade, cidadania e proteção da liberdade individual iniciada nos anos 1950. A retirada das últimas tropas americanas do Vietnã e a renúncia do presidente Nixon, por abuso de poder em 1974, marcaram o ápice da "crise de autoridade" nos Estados Unidos. Americanos nunca tinham desfrutado de tantas liberdades sociais e individuais.

Porém, as estruturas da economia capitalista permaneceram intactas e, como sempre, estavam vulneráveis à instabilidade. O aumento súbito do preço de petróleo, em 1973, deu margem a uma crise econômica, com inflação e reestruturação industrial, transtornando as certezas econômicas do período pós-guerra. A cada ano, entre 1973 e 1981, a renda de trabalhadores diminuiu 2% e o poder aquisitivo em geral baixou ao nível de 1961.

Presidente Richard Nixon deixa a Casa Branca em agosto de 1974, depois de renunciar
por causa do escândalo conhecido como "Watergate".
Nixon foi oficialmente perdoado pelo presidente Gerald Ford no mês seguinte.

Os movimentos sociais se desmobilizaram depois dos ganhos iniciais ou se enfraqueceram por causa de divisões internas e da retomada da repressão por parte das autoridades.

Mesmo depois do fracasso no Vietnã, os Estados Unidos mantiveram sua postura imperialista, intervindo em vários países para impedir ameaças a sua hegemonia político-econômica.

Nem todos os americanos nos anos 1960 haviam apoiado a expansão das liberdades. No fim dos anos 1970, uma "nova direita" surgiu e lançou um projeto feroz para "restabelecer a autoridade social".

McGLOBALIZAÇÃO
E A NOVA DIREITA: 1980-2000

A crise econômica mundial de 1973 provocou a conversão rápida de economistas, políticos e jornalistas americanos em fortes defensores da "economia livre". Diferentemente dos políticos liberais dos anos 1930 em diante, os governos republicanos de Ronald Reagan (1980-1988), George Bush Sr. (1988-1992) e do democrata Bill Clinton (1992-2000) reagiram às preocupantes recessões com políticas neoliberais – retirada do Estado da regulação da economia e cortes nos programas sociais.

Uma "nova direita" passou a dominar a vida intelectual, cultural, política e grandes setores da mídia norte-americana, especialmente depois da queda do muro de Berlim em 1989. Ocorreram, com frequência, intervenções norte-americanas robustas na América Latina, Ásia e Oriente Médio nas décadas de 1980 e 1990. Nestas intervenções, *liberdade* veio a ser redefinida como nos anos 1920 e 1950: o direito de o capitalismo norte-americano florescer livremente.

Diante das dificuldades de conseguir lucros no mesmo nível de antes e das pressões da competição global, as corporações introduziram novos métodos de produção e gerenciamento para melhorar a produtividade, resultando em reduções salariais e mais desemprego. Uma minoria pequena no topo da sociedade enriqueceu, enquanto grande parte da população viu sua renda estagnar ou declinar. Muitos ganhos econômicos e sociais do *boom* econômico do período pós-guerra foram gradualmente minados, bem como as aberturas culturais dos anos 1960, colocando os sindicatos e os movimentos sociais na defensiva.

A ERA DO NEOLIBERALISMO

Neoliberalismo foi a resposta das elites econômicas e políticas à crise dupla que emergiu nos anos 1970. Primeiro, o capitalismo americano enfrentou uma "crise de acumulação", isto é, a diminuição das taxas de lucro obtidas depois da Segunda Guerra Mundial. Segundo, os movimentos sociais dos anos 1960 ameaçaram os detentores do poder. Empresários e políticos criaram então um consenso político, no fim dos anos 1970, compartilhado por democratas e republicanos e apoiado intelectualmente por fundações, *lobbies*, e institutos educacionais de direita e grandes setores da mídia, centrado na privatização de muitos serviços públicos, na retirada do Estado de muitas áreas de previdência social e na desregulamentação da indústria.

Eleito presidente em 1980, o ex-ator de Hollywood Ronald Reagan aproveitou-se do discurso da "liberdade americana" para criticar programas sociais e econômicos voltados a trabalhadores e pobres, argumentando que a prosperidade do país dependia da saúde de empresas e defendendo seu direito de funcionar com mercados livres e baixos impostos. Assim, impostos foram cortados em 25% e regulamentações da economia, do meio ambiente e do direito do consumidor foram desmanteladas. Cortes sucessivos nos programas sociais voltados para a população carente caminharam ao lado de acordos de livre comércio negociados em nível internacional para abolir restrições à expansão de mercados internacionais. Divisões políticas entre os republicanos e democratas continuaram durante os governos de Reagan, Bush e Clinton, relativas a detalhes e ao grau de neoliberalismo, mas ambos os partidos defenderam a necessidade de reduzir gastos sociais e remover obstáculos ao desenvolvimento das empresas. De fato, os cortes da previdência social feitos por Clinton, nos anos 1990, foram mais drásticos do que aqueles promovidos pelos governos republicanos. Em 1994, Clinton declarou que "a era do governo grande acabou", não obstante a existência de uma enorme dívida do governo federal, no ano 2000, devido a crescentes gastos militares e à queda na arrecadação por conta da redução de impostos.

As corporações aproveitaram-se das recessões, das pressões da competição global e das políticas conservadoras para abater o custo de seus negócios, resultando num ataque frontal aos direitos trabalhistas e aos sindicatos. A norma do período pós-guerra para a negociação de novos contratos entre capital e trabalho, com aumentos de salário e melhorias de condições e benefícios, foi substituída por um sistema de eliminação de benefícios e diminuição de salários. As empresas, em geral, resistiam vigorosamente a campanhas de sindicalização com a intimidação de ativistas, enquanto seus gerentes negociavam duramente com os sindicatos existentes. A demissão de 11 mil controladores de voo pelo presidente Reagan, em 1981, durante uma greve considerada ilegal, estabeleceu o padrão. Grandes empresas, como Hormel, International Paper, Greyhound e Caterpillar, beneficiaram-se de greves longas para incapacitar e quebrar sindicatos, usando permanentemente "trabalhadores substitutos", protegidos pela polícia. Nesse ambiente econômico, trabalhadores tornaram-se mais dispostos a aceitar contratos com concessões e relutantes em fazer greve. Em 2000, somente 13,5% da mão de obra nacional era sindicalizada, aproximadamente o mesmo nível de 1930.

Empresas também enfraqueceram sindicatos, lograram reduções em salários e disciplinaram seus trabalhadores por meio da ameaça de fechar fábricas ou mudar negócios para outras regiões ou países. Uma onda de fechamentos de fábricas ocorreu nas regiões tradicionais de indústria no meio-oeste e nordeste do país nas décadas de 1970 e 1980. Na indústria automobilística, o número de empregos permanentes caiu de 940 mil, em 1978, para 500 mil, em 1982. A crescente mobilidade transnacional de bens e capital contribuiu para essa tendência. A competição estrangeira reduziu as vendas de produtos feitos nos Estados Unidos e muitas empresas mudaram a produção para outros países ou compraram peças e produtos de vendedores internacionais. A historiadora Dana Frank argumenta que, ironicamente, os sindicatos estavam colhendo os frutos do seu apoio a uma política externa anticomunista, que permitiu que as multinacionais norte-americanas montassem operações em muitos países com poucos direitos trabalhistas e mão de obra barata.

Houve, entretanto, períodos de crescimento econômico e criação de empregos nas décadas de 1980 e 1990, mas recessões continuaram perturbando a economia americana, ameaçando os poucos ganhos sociais conquistados. Além disso, em vez de montar carros ou eletrodomésticos, o típico emprego novo consistia em fritar batatas no McDonald's ou vender roupas no shopping, frequentemente em tempo parcial ou com contrato temporário.

As 10 maiores cidades nos Estados Unidos, 1960-2005.
Note o declínio populacional relativo das cidades do Nordeste e Meio-Oeste
na região hoje conhecida como o Cinturão de Ferrugem, e o impressionante
aumento da população nas cidades de Califórnia, Texas e Arizona,
assim como Los Angeles, Phoenix e Houston, San Antonio, San Diego,
Dallas e San Jose, no chamado Cinturão do Sol.

	1960		1980		2005	
	Cidade	Pop.	Cidade	Pop.	Cidade	Pop.
1	Nova York	7.781.984	Nova York	7.071.639	Nova York	8.143.197
2	Chicago	3.550.404	Chicago	3.005.072	Los Angeles	3.844.829
3	Los Angeles	2.479.015	Los Angeles	2.966.850	Chicago	2.842.518
4	Filadélfia	2.002.512	Filadélfia	1.688.210	Houston	2.016.582
5	Detroit	1.670.144	Houston	1.595.138	Filadelfia	1.463.281
6	Baltimore	939.024	Detroit	1.203.339	Phoenix	1.461.575
7	Houston	938.219	Dallas	904.078	San Antonio	1.256.509
8	Cleveland	876.050	San Diego	875.538	San Diego	1.255.540
9	Washington	763.956	Phoenix	789.704	Dallas	1.213.825
10	St. Louis	750.026	Baltimore	786.775	San Jose	912.332

Fonte: U.S. Census Bureau. Os números de 2005 são estimativas.

Desde os anos 1970, trabalhadores têm produzido mais e ganhado menos nos EUA. Em 1992, um trabalhador típico trabalhava 163 horas a mais por ano que em 1972, o que representa quase um mês a mais de trabalho ao ano. O salário mínimo em 1998 valia 22% menos que em 1968. As divisões marcantes de classe, supostamente erradicadas no *boom* econômico, voltaram como uma vingança. As 5% famílias mais ricas testemunharam um aumento de 64% na renda entre 1979 e 2000; 60% das famílias não tiveram alteração (somente porque mulheres entraram no mercado de trabalho, o que compensou as perdas); e 20% das famílias sofreram uma perda na renda. Em 1965, executivos de corporações ganhavam vinte vezes mais do que um trabalhador da indústria; em 1989, a razão havia triplicado para 56:1; em 1997, já era 116:1.

O NOVO IMPERIALISMO

A derrota dos Estados Unidos no Vietnã feriu o orgulho das elites políticas e econômicas. Mas o fim do sistema colonial no período pós-guerra não significou o desaparecimento do imperialismo americano. Seu principal objetivo sempre foi o de abrir oportunidades de investimento às corporações americanas, utilizando seu vasto poder econômico e militar para controlar outros países e conter a ameaça de inimigos, que, no período da Guerra Fria, eram a União Soviética e qualquer país que se aproximasse direta ou indiretamente da esfera de influência comunista. Esse objetivo se tornou mais crucial no contexto de crise econômica e globalização entre 1970 e 2000. Sob Reagan, Bush e Clinton, "o império contra-atacou" a "síndrome do Vietnã" numa nova série de intervenções diplomáticas, militares e econômicas no mundo.

Anticomunista feroz, o presidente Reagan ocupou a Casa Branca com intenções de acelerar a contenção do comunismo mundial e parou os avanços na área do desarmamento nuclear que governos americanos tinham negociado nos anos 1970. Propôs um ambicioso programa chamado "Guerra nas Estrelas" – o uso de *lasers* e satélites para proteger os Estados Unidos de mísseis soviéticos. A União Soviética viu essa iniciativa como agressão, recusando-se a prosseguir nas negociações sobre armas nucleares. A oposição massiva de europeus e americanos ao acirramento das relações entre os dois superpoderes – em 1982, na maior manifestação da história do país, dois milhões protestaram em Nova York contra armas nucleares – resultou na retomada de negociações em 1983. A União Soviética, cuja influência econômica e política sempre foi deliberadamente superestimada pelas forças da inteligência norte-americana para justificar a Guerra Fria, sucumbiu no fim dos anos 1980 à crise econômica e à divisão política interna, deixando os Estados Unidos sem seu maior inimigo.

Antes disso, a guerra fria contra o comunismo teve continuidade na chamada "Doutrina Reagan", uma política de ajuda aos movimentos anticomunistas no Terceiro Mundo, chamados "guerreiros da liberdade" pelos presidentes Carter e Reagan. Tais "guerreiros" incluíram ex-apoiadores do genocídio de Pol Pot, no Camboja, e a guerrilha direitista em Angola. Não é surpresa o fato de o governo americano não ter considerado, na sua definição de liberdade, legítimos os movimentos contra o *apartheid* na África do Sul nem forças contrárias a ditaduras pró-americanas, como, por exemplo, as da América Central.

De fato, foi no "quintal" dos Estados Unidos, o Caribe e a América Latina, que a luta contra o comunismo foi mais fortemente travada por Reagan. Em 1982, Reagan invadiu a ilha de Granada, no Caribe, cujo governo socialista queria implementar reformas. Na América Central, o governo americano treinou e bancou guerrilhas anticomunistas contra o governo socialista dos sandinistas na Nicarágua (que derrubou o ditador pró-americano, Somoza, em 1979) e providenciou assistência militar e econômica aos governos e às forças militares de El Salvador e da Guatemala.

Em 1989, presidente George Bush Sr. invadiu brutalmente o Panamá para demolir o governo de um ex-aliado, Manuel Noriega, que contrariara os interesses dos Estados Unidos.

Essas últimas intervenções da Guerra Fria na região foram altamente sangrentas: centenas de milhares de civis foram mortos, frequentemente por esquadrões da morte cujos integrantes se formaram na "Escola das Américas", um centro de treinamento contra insurgência montado pelos Estados Unidos, primeiramente no Panamá e, depois, na Geórgia, EUA. A transição à democracia nos países da América Central nos anos 1990 foi administrada por governos norte-americanos, garantindo regimes favoráveis aos seus interesses na região.

Contrariando o argumento de que o Estado nacional perdeu sua importância no contexto de globalização, as multinacionais sediadas nos Estados Unidos dependiam cada vez mais do poder econômico e militar do Estado americano para garantir-lhes mercados desimpedidos. O FMI e o Banco Mundial, uma vez criticados pelos neoliberais por serem obstáculos à expansão do livre mercado, forçaram muitos países, inclusive Argentina, Brasil, Chile e Uruguai, a aceitarem programas de ajustamento estrutural em troca do alívio de dívidas. Debaixo da propaganda de criar "novos paradigmas de desenvolvimento", o FMI e o Banco Mundial serviram como fiadores dos empréstimos lucrativos dos bancos americanos. Semelhantemente, os Estados Unidos utilizaram as negociações sobre comércio mundial para impor sua hegemonia de "livre-comércio", o que justificou que outros países procurassem proteger seus próprios capitalistas. Basta enfatizar que os beneficiados dessas políticas externas dos Estados Unidos também incluíram elites locais que se aproveitaram do neoliberalismo para se enriquecer e consolidar seu poder político.

Os maiores problemas internacionais enfrentados pelos Estados Unidos nos anos 1980 foram a perda do Irã depois da revolução popular que derrubou o xá em 1979 e a tomada do Afeganistão pela União Soviética no mesmo ano. A CIA lançou a maior guerra secreta da história no Afeganistão, recrutando fundamentalistas islâmicos para lutar contra a União Soviética. O apoio dado aos grupos Al-Qaeda e Talibã, que conseguiram ao final vencer os soviéticos e estabelecer um regime religioso antidemocrático, mais tarde assombraria os Estados Unidos.

O regime clientelista do Irã foi central, nas décadas de 1960 e 1970, no que se refere à estratégia dos Estados Unidos de assegurar reservas de petróleo na região do Golfo Pérsico. A Doutrina Carter, baseada na Doutrina Monroe, foi desenhada para estender a hegemonia militar dos Estados Unidos na região.

Comentou a revista *Business Week*, em 1980, que os Estados Unidos tinham que desenvolver uma "geopolítica mineral" como resposta a movimentos políticos locais que desafiavam os interesses econômicos americanos no mundo. O governo Reagan reorganizou as forças armadas, criando um Comando Central especificamente responsável pelo Oriente Médio que atuou ao lado do Iraque na guerra contra o Irã nos anos 1980, contra o Iraque na primeira Guerra do Golfo em 1991, contra o regime Talibã na guerra do Afeganistão em 2001 e novamente contra o Iraque em 2003.

A Nova Ordem Mundial dos anos 1990 foi uma hierarquia complexa de Estados e interesses econômicos lutando por influência. Os Estados Unidos não foram os únicos imperialistas, mas ficaram firmemente no topo da hierarquia, especialmente depois da queda do regime soviético.

A NOVA DIREITA E OS MOVIMENTOS SOCIAIS

Permaneceram alguns dos direitos políticos formais conquistados nos anos 1960 e 1970 por mulheres, negros e imigrantes, como a proibição da discriminação racial e sexual na sociedade civil e nas políticas públicas. A discriminação aberta contra mulheres, minorias raciais, gays e lésbicas tornou-se bem mais rara na linguagem, na cultura popular, na mídia e na sociedade "educada". Mas o progresso em direitos sociais e a expansão de liberdades não seguiram uma trajetória linear: mudanças econômicas, fragmentação dos movimentos sociais, novas contestações políticas e velhos problemas sociais também marcaram as décadas de 1980 e 1990.

A população americana mudou nos anos 1980 e 1990. O declínio da taxa de fecundidade e o aumento na expectativa da vida produziram uma população relativamente velha com consequências para a economia e os serviços públicos. Mais pessoas tornaram-se dependentes da aposentaria e da saúde pública, bem como dos hospitais e dos caros planos de saúde privados. Uma grande porção dos americanos não tinha planos de saúde, usando serviços médicos públicos e aumentando os gastos estatais nessa área.

Além disso, a falta de trabalhadores jovens forçou os Estados Unidos a permitirem aumento da imigração no fim do século xx. Depois da abolição de cotas raciais nas leis de imigração nos anos 1960, o número de imigrantes aumentou de forma constante. Em 2000, 10% da população do país havia nascido fora dos Estados Unidos. A proporção da população de ascendência europeia branca caiu para menos de 80% da população, contra os 90% de 1950. Latino-americanos e asiáticos foram os dois grupos de imigrantes mais numerosos: até 1997, 14% da população tinha ascendência latino-americana, e imigrantes da China, Vietnã, Tailândia, Coreia, Índia e Filipinas constituíam 4% da população. Também havia mais de oito milhões de muçulmanos nos Estados Unidos em 2000. Cidades grandes, como Los Angeles, Nova York, Chicago e Miami, tornaram-se cada vez mais multiculturais, trazendo novas contribuições à sociedade americana e fomentando debates sobre o impacto dos "novos americanos" na educação, no trabalho e na cultura.

A comunidade negra de classe média mostrou vários avanços na época devido às heranças do movimento por direitos civis dos anos 1960. Negros entraram nas profissões qualificadas em números mais expressivos e, devido à "ação afirmativa" e a seu próprio esforço individual, constituíram, nos anos 1990, 12% dos estudantes de ensino superior, um aumento significativo comparado aos 5% no fim dos anos 1970. A proporção de negros que se formaram no ensino médio e que continuaram os estudos no ensino superior igualou-se à dos brancos em 2000, embora mais negros que brancos, proporcionalmente, não conseguissem completar o ensino médio. Ao mesmo tempo, porém, muitos programas de ação afirmativa nas universidades foram arrasados sob a pressão de desafios legais lançados por grupos discordantes.

No Sul, em alguns municípios e estados, até o poder político do voto negro foi minado. Depois do Ato de Direito de Voto de 1965, vários governos municipais e estaduais controlados por brancos redesenharam os distritos eleitorais, diminuindo a proporção de eleitores negros em determinadas áreas e, portanto, seu efetivo poder eleitoral. Alguns também desqualificaram potenciais eleitores negros nos dias de eleição com procedimentos fraudulentos. Em 1982, o Congresso aprovou um novo Ato de Direito de Voto que estabeleceu uma série de diretrizes igualitárias para o legítimo redesenho dos distritos, baseado no princípio de "equilíbrio racial" dentro dos distritos. Em 1993, na decisão "Shaw contra Reno" da Suprema Corte, mais conservadora depois da nomeação de novos juízes por Reagan e George Bush Sr., essa parte do Ato foi revogada, proibindo o uso de qualquer critério racial na redefinição dos distritos. Efetivamente, isso deixou intactos numerosos distritos eleitorais no Sul, que foram redesenhados para diluir a força eleitoral dos negros.

A Casa Branca de Bill Clinton não contestou a decisão da Suprema Corte. Ironicamente, seu vice-presidente, Al Gore, perdeu a eleição para presidente em 2000 justamente por causa de fraudes que negaram a milhares de eleitores negros do estado da Flórida o direito de voto. A manutenção dos resultados dessa eleição pela Suprema Corte mostrou como mesmo os direitos formais são frágeis no contexto de mudanças políticas e ideológicas.

A situação econômica nos guetos negros dos centros das cidades piorou ao longo dos anos 1970 e 1980. Um terço da população negra ficou abaixo da linha de pobreza, sem recursos suficientes para educação e outros serviços públicos, carente de emprego, treinamento e oportunidade. No fim dos anos 1990, a renda familiar branca ficou quatro vezes maior que a das famílias negras. A estrutura familiar foi abalada: somente 38% das crianças negras moravam em famílias biparentais em 2000. Um quarto das crianças negras vivia na pobreza. A redução do estado de bem-estar, ao longo dos anos 1980 e 1990, também piorou as condições da vida de negros desproporcionalmente em relação aos brancos. Frustração com o racismo ainda existente, poucas oportunidades econômicas e violência policial provocaram vários motins urbanos desencadeados por questões raciais em Miami, Nova York e outras cidades nos anos 1980 e 1990.

Proporção da renda agregada nos EUA, 1967-2001.
Depois de uma série de recessões
entre as décadas de 1970 e 2000 e políticas neoliberais,
os ricos ficaram mais ricos e os pobres ficaram mais pobres.

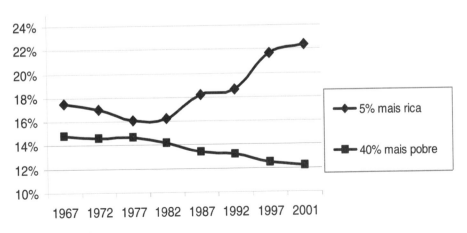

Fonte: U. S. Census Bureau.

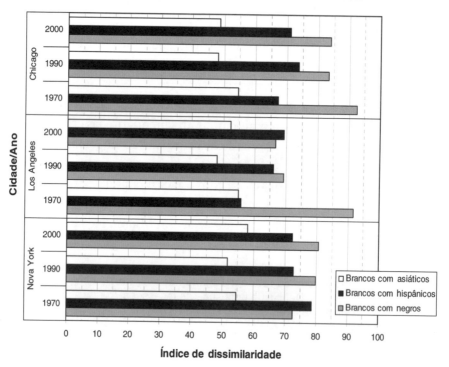

Segregação residencial (índice de dissimililaridade).
Apesar dos ganhos do movimento por direitos civis, a segregação residencial nas maiores cidades dos Estados Unidos permanece alta. O índice de dissimilaridade avalia se um grupo é distribuído numa área metropolitana da mesma maneira que um outro grupo. Um valor igual ou maior a 60 é considerado alta dissimilaridade. Significa que 60% ou mais dos membros de um grupo teriam que mudar para uma outra área da cidade para que os dois grupos ficassem distribuídos igualmente. Valores entre 40 e 50 são moderados, e menores ou iguais a 30, indica baixa dissimilaridade.

Fonte: The State of Public Segregation, American Communities Project, Brown University.

O evento mais marcante nas "relações de raça" na época foi a rebelião urbana de Los Angeles, em 1992. Em março de 1991, um motorista negro, Rodney King, foi parado na estrada e brutalmente espancado pela polícia. Uma pessoa filmou o incidente, que acabou amplamente divulgado pela mídia. Os quatro policiais julgados pela violência foram absolvidos, um ano mais tarde, por um júri branco. A população pobre de Los Angeles explodiu em reação: por cinco noites seguidas, multidões enfurecidas queimaram prédios, saquearam lojas e lutaram contra a polícia. Cinquenta e oito pessoas morreram, 2,3 mil ficaram feridas, 9,5 mil foram presas, mais de mil prédios foram destruídos e 10 mil danificados. Os danos financeiros somaram US$ 1 bilhão.

A rebelião em Los Angeles foi diferente de outros motins urbanos do século XX em três aspectos. Primeiro, a ira dos manifestantes foi alimentada não somente pelo racismo, mas também pelo profundo mal-estar econômico que tinha germinado há décadas na cidade. "Preste atenção ao que essas pessoas estão roubando" – comentou na ocasião a poetiza Meri Nana-Anna Danquah –, "comida, fraldas, brinquedos". Segundo, as pessoas envolvidas na rebelião eram de origem diversa. De acordo com a polícia, de todos os presos, 30% eram negros; 37% latino-americanos; 7% brancos e 26% "outra etnia ou desconhecida". Terceiro, além de atingir símbolos do poder público, os participantes direcionaram muito da sua fúria contra lojistas coreanos instalados nos bairros pobres negros e latino-americanos da cidade. Como o historiador Mike Davis concluiu, a sublevação de Los Angeles foi uma "revolta social híbrida" dos pobres multirraciais e um conflito interétnico, refletindo simultaneamente os novos rumos e os velhos enigmas da sociedade americana.

De todos os ganhos dos anos 1960, as mudanças na vida das mulheres foram as mais profundas e irreversíveis. As posturas dominantes sobre o papel e o direito das mulheres, a sexualidade e a família se alteraram significativamente, com certos valores da contracultura passando para o senso comum e com muitos estilos de vida tornando-se aceitos pela população em geral. Em 1980, mais da metade das mulheres casadas trabalhavam fora de casa, a taxa de divórcio aumentara e atitudes mais liberais com relação à sexualidade prevaleciam. Campanhas contra abuso sexual de mulheres e regulamentações contra o comportamento machista – no funcionalismo público, nas universidades e até em muitas corporações – foram bem-sucedidas e passaram a ser respeitadas.

Novamente, a questão de classe complicava a questão de gênero: mulheres de fato melhoraram a sua posição relativa aos homens, mas, em grande parte, porque o salário dos homens havia diminuído. A renda média das mulheres era de 54% com relação a dos homens em 1996, uma melhoria se comparada aos 39% de 1985.

Entretanto, as mulheres sofreram intensamente com os cortes nos serviços públicos, especialmente muitas mães solteiras que se viram obrigadas, sob as reformas de Clinton, a trabalhar em serviços públicos tais como limpeza de parques e ruas – o termo em inglês é *workfare*, que é um jogo de palavras, misturando *work* (trabalho) com *welfare* (bem-estar social) – ou fazer cursos de capacitação profissional em troca de previdência social. Isso também minou os salários e o poder de barganha dos sindicatos de funcionários públicos, cujos membros eram em boa parte mulheres.

O Congresso e muitos estados também proibiram o uso de dinheiro público para custear abortos nos anos 1970 e 1980, reduzindo o acesso de mulheres pobres a esse serviço.

Gays e lésbicas aumentaram sua visibilidade na vida americana nessas décadas, apesar da existência contínua de preconceitos. Comunidades de gays e lésbicas foram consolidadas nas grandes cidades, postas em evidência pelas passeatas anuais do Dia do Orgulho Gay, que atraíram enorme público em cidades como Nova York e São Francisco. Mas a violência física não era incomum e poucos ganhos legais foram de fato conquistados. Nos anos 1980 e 1990, além disso, os gays foram as primeiras pessoas a enfrentar a agonia da aids, que matou mais de 427 mil americanos até 2000. As melhorias no tratamento da doença foram impressionantes, mas não houve pleno acesso dos pobres aos avanços médicos.

Se é verdade que algumas das heranças dos anos 1960 permaneciam na sociedade americana de 2000, é também evidente que as ondas de protesto social tinham diminuído. Os grandes movimentos sociais dos anos 1960 e 1970 se enfraqueceram por causa da repressão, de novas pressões políticas e econômicas e das divisões internas. Lutas contra a opressão, entretanto, não desapareceram, continuando no nível local e às vezes atraindo atenção nacional e mobilização intensa, como algumas grandes manifestações em Washington nos anos 1990 em resposta às ameaças ao direito de aborto. Mas as políticas de identidade e separatismo, cada vez mais comuns nos movimentos contra o racismo, o machismo e a homofobia da época, contribuíram para a fragmentação política e acirrados debates internos. Diante de toda essa situação, muitos se desiludiram e abandonaram a militância nos movimentos. Diversos ativistas também passaram a se dedicar a políticas eleitorais e judiciais, cujos representantes, o Partido Democrata e o Judiciário, pouco compromisso tinham com propostas de transformações sociais mais radicais.

Talvez a característica mais importante da passagem para o século XXI tenha sido o maior sucesso de uma nova força política – oposta às mudanças dos anos 1960 – em organizar e avançar seu projeto social. A "nova direita" refere-se a um conjunto de correntes políticas, intelectuais, religiosas e culturais, que surgiu nos anos 1950 e 1960 de várias fontes: eleitores brancos dos subúrbios preocupados com os impostos e os valores de suas propriedades, o término forçado da segregação racial e os "excessos" dos movimentos sociais dos anos 1960; intelectuais urbanos neoconservadores preocupados com a intromissão do Estado na economia e o declínio do respeito à autoridade; religiosos, em grande parte cristãos evangélicos, contrários aos novos valores sexuais e morais que emergiram dos anos 1960; e pessoas que compartilhavam várias dessas feições.

Desde os anos 1950, esses grupos defenderam políticas de "lei e ordem", a autonomia local, cortes na previdência social, a inviolabilidade da propriedade privada e a economia livre – ideais frequentemente relacionados a preocupações raciais, isto é, opondo-se à luta dos negros por direitos civis e econômicos. Formaram a base de apoio para vários governos estaduais e municipais nos anos 1960 e 1970, como o do governador Ronald Reagan, na Califórnia, e de George Wallace, no Alabama, bem como desafiaram as máquinas federais eleitorais dos partidos Republicano e Democrata, tentando quebrar o consenso liberal do *New Deal*. Consolidaram-se na década de 1980 com a eleição de Reagan e de Bush Sr., bem como com a extensão da sua influência na mídia, na vida intelectual e na cultura pop.

Os vários elementos da nova direita sagazmente construíram abastadas redes de mídia e fundações de pesquisa, nos anos 1970 a 2000, para fazer avançar suas ideias conservadoras. A Olin Foundation, por exemplo, bancou pesquisas, relatórios, publicações e programas de televisão e rádio com a intenção de criticar atitudes econômicas, sociais e culturais liberais, conter a ação da "mídia liberal" e influenciar eleitores e políticos. Várias redes de televisão cristãs surgiram com programação focalizada nos "valores familiares tradicionais" e no "jeito americano de viver". Emergiram dessas redes dois poderosos líderes políticos, Pat Robertson, da Coalizão Cristã, e Jerry Falwell, da Maioria Moral.

Em 1980, mais de 70 milhões de americanos se descreveram como "cristãos renascidos", quase um terço da população total. Enquanto alguns evangélicos consideravam sua religião a base para justiça social e racial, a maioria se preocupou em combater a expansão de valores seculares e liberais na sociedade e cultura. Defenderam o imperialismo americano, a economia livre e a autonomia nas políticas locais.

Mas o combate pelo que diziam ser "os valores cristãos" se concentrou mais nos debates contra feminismo e os movimentos homossexuais. Evangélicos criticaram o feminismo, a homossexualidade, o aborto, o divórcio, "a falta geral de autoridade social" e o ensino da Teoria da Evolução nas escolas. Sua influência nas políticas dos anos 1980 e 1990 não foi pouca. Nos anos 1970, uma mobilização de mulheres conservadoras já tinha derrubado a Emenda de Direitos Iguais aprovada pelo Congresso em 1972 para eliminar barreiras à participação plena de mulheres na vida pública. Nos anos 1980, conservadoras religiosas lançaram campanhas contra o aborto, para muitos "o pior pecado da revolução sexual", chamando seu movimento de "O Direito à Vida". Conseguiram pressionar Reagan e Bush a impor restrições ao financiamento de abortos e até ao direito de médicos informarem pacientes da saúde pública a respeito do aborto. Os grupos mais militantes do movimento organizaram piquetes e campanhas de desobediência civil diante das clínicas de aborto, constrangendo e agredindo médicos e mulheres. Vários médicos foram assassinados por extremistas e algumas clínicas sofreram atentados à bomba, como é bem relatado no impressionante filme *O preço de uma escolha* (1996), estrelado por Cher, Sissy Spacek, Anne Heche e Demi Moore.

Reagan (1911-2004), um ex-ator de Hollywood que cumpriu dois mandatos presidenciais, tornou-se símbolo da nova direita nos Estados Unidos. Entre 1981-1989, deu início à diminuição do estado de bem-estar, da regulação da indústria e dos impostos. Sua agressiva política externa anticomunista e o consequente aumento das Forças Armadas resultaram numa enorme dívida pública de US$ 2,6 trilhões, em 1988.

MÍDIA, CULTURA POP E GUERRAS DA CULTURA

As novas tecnologias e as tendências conservadoras na política e na sociedade fortemente influenciaram a produção cultural do fim do século xx. O computador pessoal, a internet (originalmente inventada para uso militar), o e-mail, o vhs, o dvd e a televisão paga, usados regularmente, em 2000, pela vasta maioria dos americanos, revolucionariam muitos aspectos da vida cotidiana, mas não transformam as estruturas da sociedade. A promessa democrática das novas mídias foi eclipsada por objetivos mais amplos: a busca de mercados e audiências lucrativas resultou na padronização e banalização da cultura, que foi altamente susceptível aos ventos políticos da época.

A mídia, seja nas formas convencionais da imprensa, rádio e televisão, seja na internet, se consolidou em enormes conglomerados, frequentemente em combinação com corporações de outros setores. A corporação General Electric, por exemplo, que produz de eletrodomésticos a armas nucleares, é dona da grande rede de tv nbc. Temendo a retirada dos seus patrocinadores e refletindo os valores dominantes dos governos conservadores, as gigantes da mídia americana limitaram a diversidade do discurso político, desviando atenção do seu próprio poder e criando o que intelectuais de esquerda como Noam Chomsky e Edward Herman chamaram de "manufatura do consentimento". De fato, a mídia fez um papel central no avanço da ideologia neoliberal, argumentando que o "mercado livre" é a melhor maneira de resolver problemas sociais e políticos. Poucas vozes alternativas ou críticas a esse respeito encontram espaço na mídia americana convencional.

A rede de televisão Fox ilustra bem a influência conservadora da mídia na era de Reagan, Bush e Clinton, combinando programação convencional de dramas, comédias e esportes com noticiário francamente conservador. As redes tradicionais de televisão, nbc, cbs, abc e cnn, mudaram seu conteúdo em resposta aos lucros do seu competidor, evitando a reportagem investigativa e crítica. Durante a Primeira Guerra do Golfo, os grandes jornais e redes de televisão se autocensuraram ou seguiram sem contestação as diretrizes governamentais, que bloquearam muita informação sobre a intervenção militar norte-americana. Vários repórteres acabaram demitidos por expressar opiniões críticas. A liberdade de expressão é garantida nos Estados Unidos, mas os principais meios de comunicação tornaram-se fortemente ligados ao governo e às elites políticas na época.

Nos anos 1980 e 1990, as redes de televisão segmentaram suas audiências criando programas específicos para mulheres, negros, imigrantes, residentes urbanos e rurais. Evitaram críticas à sociedade e suas tribulações, geralmente usando formatos convencionais. Na televisão, a diversidade da sociedade começou a ser mostrada: novos seriados passaram a abordar histórias de alguns negros, lésbicas, gays e mulheres solteiras. As vidas dos trabalhadores americanos, porém, foram negligenciadas: a vasta maioria dos personagens na televisão passou a retratar somente a classe média e alta, como se trabalho, aflição econômica e conflito social fossem invisíveis. No encalço dos anos 1960, quando a questão do aborto foi tratada na comédia *Maude* em 1972, a rede CBS apresentou o episódio apesar de protestos; em 1991, quando a personagem principal da comédia *Murphy Brown* estava decidindo se queria levar adiante a gravidez, o show se tornou uma controvérsia nacional, com o vice-presidente dos Estados Unidos, Dan Quayle, "aconselhando" a personagem a não fazer o aborto e criticando a falta de moralidade na televisão. A "vida negra" nos Estados Unidos foi retratada principalmente por meio de seriados como o *Cosby Show*, que conta a história de uma família de classe média alta, tocando superficialmente nas questões raciais que os negros enfrentavam no país. O escapismo e a celebração pouco sutil do "jeito americano de viver" não haviam mudado muito desde os anos 1950.

Os estúdios de cinema e gravadoras de música popular conseguiram reter a criatividade e o conteúdo social da sua produção cultural no fim dos anos 1970. Para serem ouvidos, músicos tinham poucas opções a não ser a submissão a empresas poderosas como Columbia e Sony. Como as redes de televisão e a indústria de *marketing*, produziram LP's, fitas e, mais tarde CDs para mercados segmentados por tipo, idade, gênero e raça. Novas formas de música como o punk, o new wave e o rap foram rapidamente incorporadas e suavizadas pela indústria cultural, enquanto a música que trata de temas sociais foi relegada ao segmento de "música de protesto". Hollywood criou megaproduções para audiências em massa, às vezes tratando de assuntos delicados como a aids, como no filme do diretor Jonathan Demme, *Philadelphia* (1993), mas raramente tomando riscos políticos.

Houve exceções a essas tendências dos meios de comunicação de massa. A mídia alternativa sobreviveu e até se expandiu com a internet. Empresas independentes lançaram produtos cada vez mais sofisticados e frequentemente alternativos. Mesmo as gravadoras gigantescas produziram opções alternativas e inovadoras, como os trabalhos de Bruce Springsteen, Rage Against the Machine, Green Day, Annie DiFranco, Pearl Jam e Nirvana, que chamaram a atenção de muitos americanos com seus temas de rebeldia, desespero e crítica social. Música rap e a cultura hip hop desenvolveram discursos sobre pobreza, racismo e brutalidade da polícia muito contrários ao *status quo*. Diretores inovadores como David Lynch e John Sayles também tiveram espaço para romper com as fórmulas vulgares de Hollywood. Numa série de documentários de sucesso de público, Michael Moore criticou, a seu modo peculiar, a concentração de riqueza, a hipocrisia política e o militarismo da sociedade americana. Mas para cada filme de Moore ou John Sayles, houve uma dúzia de filmes como *Pearl Harbor* (2001), do diretor Michael Bay, uma descarada distorção da história americana em favor do conservadorismo.

Nos anos 1990, a nova natureza multicultural da sociedade americana passou a ser o foco de debates chamados "as guerras da cultura". Nos anos 1970, programas de estudo de questões de gênero, afro-americanas, de povos nativos e de outras minorias surgiram nas universidades e começaram ter influência nos currículos do ensino médio e na vida intelectual em geral.

Escritores e pesquisadores tentaram legitimar o pluralismo cultural e investigar a natureza e os limites da chamada cultura ocidental. Resgataram as biografias de artistas e escritores pertencentes a minorias, estudaram a história e as questões relativas às mulheres e à classe trabalhadora em vez de somente estudar "mortos, brancos, homens".

Em contrapartida, grupos conservadores passaram a afirmar que as críticas feitas ao racismo, ao machismo, à homofobia e a alguns aspectos da cultura ocidental representavam elas próprias uma forma de "intolerância". O termo "politicamente correto" – que havia sido cunhado originalmente pela esquerda nos anos 1970, em especial os defensores da liberdade de expressão e da pluralidade cultural – foi apropriado pela direita, nos anos 1980 e 1990, que passou a usá-lo num outro sentido. Tornou-se um termo derrisório empregado para desqualificar os defensores do multiculturalismo, da ação afirmativa e dos novos rumos no pensamento. Chamar alguém de "politicamente correto" significava, agora, insinuar ser essa pessoa louca, radical demais ou, simplesmente, uma verdadeira chata. Atualmente, nos EUA, esse epíteto ainda é um jeito de estigmatizar um argumento ou uma pessoa sem entrar no mérito se as ideias defendidas fazem sentido ou não (por isso, a esquerda norte-americana não adota mais o termo). William J. Bennett, secretário de Educação do governo de Ronald Reagan, foi o primeiro a usar pejorativamente o termo "politicamente correto", que, a partir de então, tornou-se a palavra de ordem da "nova direita".

Autores como Allan Bloom, Roger Kimball e E. D. Hirsch escreveram livros de sucesso criticando a "ignorância" e a "imoralidade" dos jovens e culpando os professores da geração de 1960 pelas deficiências juvenis.

O órgão do governo federal, o National Endowment for the Humanities (NEH), que fomenta pesquisas universitárias nos Estados Unidos, passou a aplicar critérios políticos na escolha de projetos a financiar. Dois eventos da época ilustram a mudança do clima político-cultural nos Estados Unidos. Em 1992, o NEH convidou um grupo de historiadores sob a direção do proeminente historiador Gary Nash para redigir o que seriam as diretrizes nacionais para o estudo de História nas escolas do país. A proposta do grupo, que incluiu alguns elementos de multiculturalismo, foi duramente atacada por conservadores culturais e posteriormente rejeitada. Em 1994, o principal museu histórico no país, o Smithsonian, em Washington, organizou uma exibição sobre o lançamento das bombas atômicas contra o Japão na Segunda Guerra Mundial. Os curadores sutilmente incluíram textos com argumentos de historiadores que questionavam os motivos do presidente Truman e evidenciavam as consequências horríveis dos ataques. Por 10 meses, as Forças Armadas, veteranos, políticos e grupos conservadores fizeram uma forte campanha contra o suposto "revisionismo histórico" da exibição, forçando o museu a cancelá-la.

O FIM DA HISTÓRIA?

O final do século XX constituiu um novo consenso conservador, reduzindo o papel do Estado na economia e na sociedade americanas e contendo muitas das liberdades sociais e culturais que haviam sido conquistadas pelos movimentos sociais. A América, proclamou em 1989 o intelectual conservador Francis Fukuyama, triunfou em casa e no mundo depois da queda da União Soviética. De fato, nas suas celebradas palavras, chegou-se ao "fim da História" com nenhum desafio previsto ao capitalismo americano.

O tom triunfante de Fukuyama, porém, não podia esconder duas tendências importantes que afetavam os Estados Unidos. Políticas neoliberais não resolveram fundamentalmente a crise econômica provocada pela superprodução e a baixa taxa de lucros. Até o fim dos anos 1990, a instabilidade econômica geral e os enormes orçamentos militares geraram uma dívida nacional sem precedente e crescentes questionamentos da economia política do governo. Surgiram também diversas reações internacionais contra muitos aspectos da globalização capitalista e da influência dos Estados Unidos na política, na economia e na cultura de outros povos.

Dois eventos marcantes que abriram o novo milênio exemplificam os principais dilemas enfrentados pelos Estados Unidos. O primeiro aconteceu no dia 30 de novembro de 1999, quando 40 mil manifestantes confrontaram os líderes do mundo industrializado na reunião da Organização Mundial de Comércio, em Seattle, para protestar contra as injustiças da crescente globalização da economia. O segundo ocorreu no dia 11 de setembro de 2001, quando o grupo terrorista fundamentalista islâmico Al-Qaeda atacou Nova York e Washington numa série de atentados que mataram mais de 2,5 mil pessoas. Ambos ilustram graves problemas econômicos e políticos herdados do século XX.

O sistema político e econômico americano mostrou seu dinamismo ao longo do século XX, superando as aflições econômicas, mantendo um alto padrão de vida e garantindo sua democracia liberal. Mas a sociedade americana também enfrentou várias questões sérias. As questões não resolvidas criaram problemas que ameaçaram a estabilidade econômica e social nos primeiros anos do século XXI: recessão, dívida nacional, escândalos corporativos, crescente desigualdade social e permanência de antigos problemas raciais.

A democracia plena prometida pelo sistema passou a significar não a verdadeira liberdade política, mas a economia livre sem a resolução das iniquidades econômicas e sociais. Como mostraram a Batalha de Seattle, em 1999, as críticas à reação lenta e à insuficiente ajuda do governo federal dada às vítimas do devastador furação Katrina em 2005, em Nova Orleans, que afetou desproporcionalmente a população negra, e a greve nacional montada por imigrantes latino-americanos em 2006 para combater as restrições legais contra imigrantes, setores expressivos da população norte-americana continuaram contestando as definições restritas de liberdade.

CONCLUSÃO

"Para o bem e para o mal, o destino do planeta está associado aos Estados Unidos da América."

PARA FINALIZAR

"Todo Império perecerá": assim profetiza o historiador Jean-Baptiste Duroselle.[1] Como de hábito, centros de poder crescem despertando adversários e admiradores. Os opositores notam sinais inequívocos de um colapso iminente do poderio de Washington; seus admiradores exaltam o dinamismo e a capacidade de adaptação da nação norte-americana. Para uns, os EUA são a síntese de todo mal que reina no mundo, para outros, o melhor dos mundos possíveis; para todos, um fato insuperável na análise do globo.

Percorremos quatro séculos da história dos Estados Unidos, desde as tímidas tentativas de colonização da era elizabethana até a hegemonia atual. A variedade de seus personagens inclui de falcões ultraconservadores a ativistas de esquerda, de libertários a reacionários. Terra de contrastes absolutos, os EUA são o país com a maior população carcerária do planeta e também local de intensos debates sobre direitos humanos e igualdade. Em nenhum outro país se fazem tantas atividades físicas e se cultua tanto o corpo e, dialeticamente, os norte-americanos apresentam taxas de obesidade em proporção epidêmica. É a terra dos puritanos, do cinturão da *Bíblia*, do politicamente correto e da ação afirmativa para grupos como os negros. Exibe, da mesma forma, níveis alarmantes de violência sexual, de jogo, de vícios e de drogas. Nenhum outro povo está tão presente em tantos locais do planeta e poucas sociedades ignoram de forma tão clara a existência de outras culturas. Qualquer enfoque sobre os Estados Unidos da América parece destinado à parcialidade.

Nunca uma sociedade desnudou-se tanto para o mundo. Os dramas pessoais, históricos e políticos dos norte-americanos são estampados em músicas e filmes. A sociedade dos EUA exibe-se em cinemas da China, do

Brasil e da Polônia. Jantamos com dramas familiares do Colorado ou com plantões médicos em Los Angeles. Damos audiência para detetives de Nova York. Desconhecemos as taras secretas dos cidadãos de Kiev, na Ucrânia, ou de Lagos, na Nigéria; mas já vimos muitos filmes e programas de televisão sobre estupradores e assassinos em série dos Estados Unidos. Sendo sede imperial, eles concentram o mundo e todo seu corolário de boas ou péssimas ações. Denunciamos as ambiguidades da cidadania norte-americana como se o resto do planeta estivesse submerso em absoluta liberdade e igualdade. O mundo atolado em violência e injustiça lança um dedo acusador contra a sociedade norte-americana. Talvez seja esse o traço mais extraordinário dos Estados Unidos da América: sua utopia fracassada e realizada de "povo eleito" constitui um universo em torno do qual todos gravitamos e que amamos odiar.

Uma parte expressiva de analistas do mundo inteiro afirma que o fim do poder dos EUA instaurará uma sociedade de ordem e paz. Os debates se a política externa de cada país deve ser anti ou pró-americana polarizam as relações mundiais. Tornou-se hábito reclamar da arrogância do governo de Washington, como se algum governo imperial do passado tivesse sido humilde, filantrópico ou expandido seu poder em busca da melhoria coletiva da humanidade. Para piorar nossa angústia, a alternativa é difícil: os governantes mais antiamericanos na Ásia ou América Latina não parecem garantir a possibilidade de um mundo mais confiável ou justo.

O que este livro desejou evitar foi a visão polar e simplista de bem e mal muito lineares. Pelo percurso histórico que fizemos, identificamos eixos importantes para entender uma sociedade que, em grande parte, acreditou-se guiada por Deus e eleita para um destino especial. Em nome dessa eleição, indivíduos tiveram sua conduta moldada e nações perderam territórios: era "o destino manifesto pela Divina Providência". O discurso religioso de eleição, também utilizado por muitos outros povos no passado, foi somado a uma reflexão iluminista que serviu de guia para a independência pioneira dos Estados Unidos da América. O movimento de 1776 foi modelo para muitos outros. Todo o continente americano lembrou-se do impacto da jovem e pequena nação que ousou enfrentar, com sucesso, a maior potência da época.

Sendo a primeira Constituição escrita no mundo atlântico, a norte-americana instituiu na prática o que tantos franceses tinham sonhado: divisão de poderes e sociedade que elege a lei como guia para a desejada igualdade de todos. Como fazer conviver esse ideal de liberdade impressionante e forte com a realidade de um capitalismo excludente, da opressão de mulheres, negros e pobres e com a agressão permanente a populações indígenas e a vizinhos como o México foi a resposta dialética de todo o século XIX.

A violenta Guerra Civil exibiu ao mundo os problemas estruturais desse propósito. Tanto os nortistas como os sulistas acreditavam que estavam exercendo um direito garantido pelos ideais de liberdade da Independência e da Constituição. Qual seria a correta interpretação da ideia de liberdade foi caso levado ao campo de batalha. Com as opiniões sobre a Constituição, houve uma enorme gama de interesses econômicos e políticos que causaram a morte de mais de 600 mil norte-americanos.

O modelo nortista vitorioso aprofundou a Revolução Industrial e aumentou muitos choques sociais. Uma nova forma social emergia a duras penas com o ingresso em massa de imigrantes de todo tipo e com a expansão para áreas externas como Cuba e Filipinas. A América foi a terra da oportunidade que consumiu tantas outras vidas. No sonho do imigrante fundiram-se messianismo religioso e teoria liberal: o êxito de alguns invocava a proteção divina e o resultado racional do esforço. Surgia polaridade entre *winners* e *losers* (vencedores e perdedores), baseada num senso comum de esforço pessoal. Quem perde, é porque é incompetente, quem vence obtém vitória pelo esforço pessoal: essa é a crença básica do senso comum norte-americano até hoje.

As duas guerras mundiais trouxeram a novidade do poder mundial. Com profundas divisões, a sociedade dos EUA embarcou nos conflitos e assumiu o papel de potência global. Poucas pessoas entendem a esforço titânico de convencimento do eleitor norte-americano para sair do isolacionismo. Esse esforço pode ser detectado, por exemplo, no governo Wilson durante a Primeira Guerra Mundial ou nos governos do início do século XXI falando do Oriente Médio. Por um lado, os idealistas insistindo no papel difusor dos grandes conceitos da política dos EUA como a liberdade; por outro, os críticos insistindo no tema de que os generais mais importantes do exército de Washington eram o General Electric e o General Motors.

Como quase todas as sociedades, a norte-americana edificou sua frágil unidade constituindo inimigos. Indígenas e franceses foram os primeiros adversários. Os ingleses foram importantes, especialmente ao bombardearem Nova York e queimarem Washington nas lutas contra a independência. No século XIX, novamente os indígenas viraram o outro a ser combatido, pois estavam no caminho para as riquezas do Oeste. Também mexicanos foram constituídos em ameaça ao modelo dos EUA. Massas de imigrantes deixaram sem ação parte da elite e dos jornais, que denunciavam, com insistência, os riscos da imigração à identidade dos "verdadeiros" EUA. No século XX, soldados alemães e tropas japonesas foram enfrentados com metralhadoras e armas nucleares. Após a Segunda Guerra Mundial, os comunistas tornaram-se o grande desafio no maniqueísmo analítico que sempre seduziu uma parte dos norte-americanos. A cada nova configuração, certa parcela da sociedade americana usava o perigo real ou aparente para constituir o "quem somos" em oposição ao "quem devemos evitar ser". Por ora, a figura do terrorista parece preencher bem a necessidade historicamente permanente do inimigo constituído: cada inimigo ajudou a colocar mais uma pedra na formação da identidade americana e, de muitos modos, a ocultar contradições internas da sociedade dos EUA. Nesse sentido, cada inimigo foi duplamente útil.

O mais curioso é que quase todos os imigrantes logo apagam sua origem e duvidam do outro recém-chegado. Os ingleses vindos no século XVII reclamam dos alemães que chegam à Pensilvânia. Descendentes de suecos horrorizam-se com o advento dos irlandeses. Italianos católicos torcem o nariz para a massa de judeus russos aportada em Nova York. Negros recém-libertados do horror da escravidão concorrem a contragosto com trabalhadores chineses. Os imigrantes latino-americanos, maior minoria dos EUA neste século XXI, conseguem ressuscitar os discursos sobre a identidade anglo-saxônica do país. Os imigrantes que chegaram na segunda-feira olham com desconfiança para os chegados na quarta-feira.

Quando usamos um computador ou acendemos uma lâmpada, há nisso muito do empreendedorismo e criatividade dos EUA. O mesmo furor industrial e criativo está na base do aquecimento global. Para o bem e para o mal, o destino do planeta está associado aos Estados Unidos da América. Compreender isso também faz parte do esforço deste livro.

NOTA

[1] Historiador francês (1917-1994). Autor de *Tout empire périra. Théorie des relations internationales.* Publicado em português como *Todo Império perecerá* (Brasília: UnB, 2000).

BIBLIOGRAFIA

AGNEW, Jean-Cristophe; ROZENZWEIG, Roy. *A Companion to Post-1945 America*. Malden, Mass.: Blackwell, 2006.

APTHEKER, Herbert. *Uma nova história dos Estados Unidos*: a era Colonial. Rio de Janeiro: Civilização Brasileira, 1967.

AZEVEDO, Cecília. Culturas políticas em confronto: a política externa norte-americana em questão. *Anais Eletrônicos do VI Encontro da ANPHLAC*. UEM-PR ANPHLAC, Maringá, 20 a 23 de junho de 2004.

BARSKY, Robert F. *A vida de um dissidente: Noam Chomsky*. São Paulo: Konrad Editora do Brasil, 2004.

BONFIM, Manoel. *América Latina*: males de origem. 2. ed. São Paulo: TopBooks, 2005.

BRADBURY, Malcom; TEMPERLEY, Howard (ed.). *Introdução aos estudos americanos*. Rio de Janeiro: Forense Universitária, s/d.

BRINKLEY, Alan. *The Unfinished Nation*: A Concise History of the United States. V. II, From 1865. Nova York: McGraw Hill, 2004.

CALLINICOS, Alex. *New Mandarins of American Power*: The Bush Administration's Plans for the World. Cambridge: Polity Press, 2003.

DAVIS, Mike. *A ecologia do medo*: a fabricação de um desastre. Rio de Janeiro: Record, 2001.

D'EMILIO, John; FREEDMAN, Estelle. *Intimate Matters*: A History of Sexuality in America. Nova York: Harper and Row, 1988.

DENNING, Michael. *The Laboring of American Culture in the Twentieth Century*. Nova York: Verso, 1998.

DIGGINS, John Patrick. *The Proud Decades*: America in War and Peace, 1941-1960. Nova York: W.W. Norton, 1988.

DUROSELLE, Jean-Baptiste. *Todo império perecerá*. Brasília/São Paulo: UNB/Imprensa Oficial do Estado, 2000.

EYERMAN, Ron; JAMISON, Andrew. *Music and Social Movements*: Mobilizing Traditions in the Twentieth Century. Cambridge: Cambridge University Press, 1998.

FARBER, David. *The Age of Great Dreams*: America in the 1960s. Nova York: Hill and Wang, 1994.

FONER, Eric. *The Story of American Freedom*. Nova York: W.W. Norton, 1998.

FRASER, Steve; GERSTLE, Gary (orgs.). *Ruling America*: A History of Wealth and Power in a Democracy. Cambridge: Harvard University Press, 2005.

JOHNSON, Chalmers. *The Sorrows of Empire*: Militarism, Secrecy and the End of the Republic. Nova York: Henry Holt, 2003.

HARMAN, Chris. *A People's History of the World*. Londres: Bookmarks, 1999.

HARVEY, David. *A Brief History of Neo-Liberalism*. Oxford: Oxford University Press, 2005.

_____. *O novo imperialismo*. São Paulo: Loyola, 2004.

HERTSGAARD, Mark. *A sombra da águia*: por que os Estados Unidos fascinam e enfurecem o mundo. Rio de Janeiro/São Paulo: Record, 2003.

HIRSCH, Arnold. *Making the Second Ghetto*: Race and Housing in Chicago, 1940-1960. Nova York: Cambridge University Press, 1983.

JUNQUEIRA, Mary A. *Estados Unidos*: a consolidação da Nação. São Paulo: Contexto, 2001.

LIPSITZ, George. *Rainbow at Midnight*: Labor and Culture in the 1940s. Champaign: University of Illinois Press, 1994.

MOODY, Kim. *An Injury to All*: The Decline of American Unionism. Londres: Verso, 1986.

MOOG, Vianna. *Bandeirantes e pioneiros*. 3. ed. Porto Alegre: Globo, 1956.

MOORE, Michael. *Stupid Wite Men*: uma nação de idiotas. 5. ed. São Paulo: Francis, 2003.

MORISON, Samuel Eliot; COMMAGER, Henry Steele. *História dos Estados Unidos da América*. São Paulo: Melhoramentos, s/d., t.1.

MORSE, Richard M. *O espelho de Próspero*. São Paulo: Companhia das Letras, 1988.

PALMER, Bryan D. *Cultures of Darkness*: Night Travels in the Histories of Transgression [From Medieval to Modern]. Nova York: Monthly Review Press, 2000.

PINSKY, Jaime et al. (org.). *História da América através de textos*. 6. ed. São Paulo: Contexto, 1990.

PRADO, Eduardo. *A ilusão americana*. 6. ed. São Paulo: Alfa-Omega, 2001.

RAMPELL (ed.). *Progressive Hollywood*: A People's Film History of the United States. Nova York: The Disinformation Company, 2005.

REVEL, Jean-François. *A obsessão antiamericana*: causas e inconsequências. Rio de Janeiro: UniverCidade, 2003.

RODGERS, Daniel T. *Atlantic Crossings*: Social Politics in a Progressive Age. Cambridge: Belknap Press of Harvard University Press, 1998.

RUIZ, Vicki. *From Out of the Shadows*: Mexican Women in Twentieth-Century America. Nova York: Oxford University Press, 1998.

SCHOULTZ, Lars. *Estados Unidos*: poder e submissão. Bauru: Edusc, 1998.

SELLERS, Charles et al. *Uma reavaliação da História dos Estados Unidos*. Rio de Janeiro: Jorge Zahar, 1990.

SUGRUE, Thomas J. *The Origins of the Urban Crisis*: Race and Inequality in Postwar Detroit. Princeton: Princeton University Press, 1996.

SYREU, Harold C. *Documentos históricos dos Estados Unidos*. São Paulo: Cultrix, 1980.

TAKAKI, Ronald. *A Different Mirror*: A History of Multicultural America. Nova York: Little, Brown and Company, 1993.

TERKEL, Studs. *Hard Times*: An Oral History of the Great Depression. Nova York: W.W. Norton, 2000.

WEINSTEIN, James. *The Corporate Ideal in the Liberal State, 1900-1918*. Boston: Beacon Press, 1968.

WILLIAMS, Rhonda Y. *The politics of public housing*: Black women's struggles against urban inequality. Nova York: Oxford University Press, 2004.

ZINN, Howard. *A People's History of the United States, 1492-Present*. Nova York: Harper Collins, 2003.

ICONOGRAFIA

p. 27: "A chegada dos ingleses à Virgínia", Theodor de Bry, 1590. **p. 36:** "First Earl of Strafford", Wenceslaus Hollar, 1641, gravura. **p. 41:** John White. **p. 43:** Século XIX, gravura. **p. 45:** Direita: "The landing of the pilgrims at Plymouth, Massachusetts", Currier&Ives, 1876, litografia. **p. 49:** "Harvard Hall", autor desconhecido, *c.*1672-1682, gravura de madeira pintada à mão. **p. 52:** Século XIX, litografia. **p. 56:** Sem título, Malden, *c.*1695. **p. 57:** "Tecelagem caseira", autor desconhecido, início do século XIX, gravura em madeira. **p. 61:** "Pocahontas", século XVIII. **p. 64:** "Grilhões e algemas de ferro", séculos XVIII e XIX. **p. 65:** Esquerda: Século XIX, litografia; direita: Anúncio em jornal oferecendo recompensa pela captura de escravos, Kentucy, 1838. **p. 68:** Século XIX, litografia. **p. 73:** Caricatura, *Pennsylvania Gazette*, 1754. **p. 78:** "O massacre de Boston", Paul Revere, s.d., gravura colorida à mão. **p. 80:** "The Able Doctor or America Swallowing the Bitter Draught", Paul Revere, 1774. **p. 84:** "Sociedade de Senhoras Patriotas de Edenton", sátira inglesa, autor desconhecido, 1775. **p. 86:** Cópia da Declaração da Independência, 4 de julho de 1776. **p. 87:** "O espírito de 1776", Archibald M. Willard, 1891, óleo sobre tela. **p. 90:** William Walcutt, 1854. **p. 93:** "Scene at the Signing of the Constitution of the United States", Howard Chandler Christy. **p. 95:** "American Commissioners of the Peace Negotiating", Benjamin West. **p. 97:** "Whashington inaugurations", Amos Doolittle, 1790. **p. 107:** "A cotton plantation on the Mississipi", Currier&Ives, 1884, litografia. **p. 108:** "The World's Railroad Scene", Illinois Central Railroad, 1882, litografia. **p. 113:** "Battle of Spotsylvania", Kurz&Allison, 1892, litografia. **p. 121:** Cartaz de divulgação do livro *A Cabana do Pai Tomás*, Harriet Beecher, século XIX. **p. 124:** Timothy

O'Sullivan, 1862. **p. 131:** "Abraham Lincoln at the Independence Hall", Jean Gerome Ferris. **p. 152:** "Thomas A. Edison", autor desconhecido, 1879. **p. 153:** Imigrantes europeus, 1902. **p. 155:** "O verdadeiro ponto de vista dos Gigantes do Truste", autor desconhecido, 1900. **p. 156:** "The Great East River Suspension Bridge", Currier&Ives, 1881, litografia. **p. 162:** "The Buffalo Hunt", Currier&Ives, 1862, litografia. **p. 180:** National Archives and Records Administration. **p. 182:** Photographs and Print Division, Schomberg Center for Research in Black Culture, The New York Public Library. **p. 189:** Revista *Sufragist*, 10 de agosto de 1918. **p. 193:** National Archives and Records Administration. **p. 202:** "The Case of Sacco and Vanzetti", Cartoons from Daily Worker. **p. 207:** The Library of Congress. **p. 214:** National Archives and Records Administration. **p. 222:** National Archives and Records Administration. **p. 226:** National Archives and Records Administration. **p. 228:** National Archives and Records Administration. **p. 233:** National Archives and Records Administration. **p. 239:** National Park Service. **p. 245:** National Archives and Records Administration. **p. 254:** Nixon Presidential Materials Project. **p. 270:** Ronald Reagan Presidential Library.

OS AUTORES

Leandro Karnal

Doutor em História Social pela Universidade de São Paulo (USP) e especialista em História da América, é professor de História da Universidade Estadual de Campinas (Unicamp). Foi chefe do Departamento de História da mesma instituição. É membro da Associação Nacional de História (ANPUH) e da Associação Nacional de Pesquisadores de História Latino-Americana e Caribenha (ANPHLAC). Publicou diversos livros e artigos nas áreas de História e Ensino, entre eles *EUA: a formação da nação*, *História na sala de aula* (organização) e *História da cidadania* (coautor), todos esses publicados pela Contexto.

Sean Purdy

Doutor em História pela Queen's University (Canadá), atualmente é professor de História da América (com ênfase nos Estados Unidos) do Departamento de História da Universidade de São Paulo (USP). Foi professor da Temple University, Filadélfia (EUA) e da Universidade de Brasília (UnB). Atua na área da História Social do Trabalho da América do Norte e Estudos Comparativos sobre as Américas. É autor e colaborador de diversos livros e revistas científicas no Brasil, Canadá, Estados Unidos e Inglaterra. É membro do conselho editorial da revista histórica canadense *Labour/Le Travail*.

Luiz Estevam Fernandes

Mestre e doutorando em História Cultural pelo Instituto de Filosofia e Ciências Humanas da Universidade Estadual de Campinas (IFCH-Unicamp), é docente do programa de pós-graduação *lato sensu* da mesma instituição. Professor de História do ensino fundamental e médio, também é coautor de *História na sala de aula*, publicado pela Contexto.

Marcus Vinícius de Morais

Mestre em História Cultural pela Universidade Estadual de Campinas (Unicamp), é professor do ensino médio na região de Campinas e do projeto Viver Arte em São Paulo. É coautor de *História na sala de aula*, publicado pela Contexto.